NAURA HAYDEN

WIE MAN EIN GUTER LIEBHABER WIRD

Aus dem Englischen
von Natascha Wolf

Deutsche Erstausgabe

WILHELM HEYNE VERLAG
MÜNCHEN

HEYNE ALLGEMEINE REIHE
Nr. 01/9052

Titel der Originalausgabe
ISLE OF VIEW

Redaktion: Werner Heilmann

ISBN 3-453-07502-1

WARNUNG

Dieses Buch birgt so viel Liebeskraft in sich, daß es
Ihr Leben verändern wird!

Inhalt

Vorwort

Es gab Zeiten, in denen ich geliebt wurde, und es gab Zeiten, in denen ich nicht geliebt wurde. Geliebt zu werden ist besser.

Sophie Tucker sagte dies in bezug auf reich bzw. arm sein, und daß reich sein natürlich besser sei; aber ich finde, daß Liebe unvergleichlich viel wichtiger ist als Geld.

Gibt es denn einen Menschen auf dieser Erde, der keine Liebe braucht? Gibt es auch nur einen einzigen Menschen, der ohne Liebe leben kann? Kennen Sie einen Taxifahrer oder einen Tierarzt, der es könnte? Gibt es einen Elektriker oder einen Installateur, einen Minister oder Pfarrer, einen Lehrer oder Wallstreet-Banker, einen Sänger oder Mineraliensammler, einen Gärtner, eine Immobilienmaklerin, einen Fußballspieler, einen Soldaten, einen Schlagzeuger, einen Busfahrer, eine Telefonistin oder eine Fernsehmoderatorin, einen Postbeamten oder ein Schulkind – gibt es irgend jemanden, der keine Liebe braucht?

Nein.

Nun, dennoch *glauben* wir zuweilen, ohne Liebe leben zu können – zum Beispiel dann, wenn wir mit einem Partner brechen und enttäuscht und verärgert sind und dann für eine Zeitlang eine Mauer um uns errichten, hinter der wir unsere Gefühle verschanzen; sobald wir aber merken, daß uns das nur *noch* unglücklicher macht, beginnen wir, diese Mauer

Stück um Stück abzutragen, bis sie schließlich gänzlich zusammenbricht und wir wieder glücklich sind.

Ich kann ohne Liebe einfach nicht existieren, und ich dachte, daß ich damit eine Ausnahme bilde. Oh, sicher, ich weiß, daß viele Leute glauben, sie könnten nicht ohne Liebe leben, aber ich nahm an, sie sagten das vielleicht einfach nur so dahin, um romantisch oder so zu wirken. Als ich dann aber anfing, mit meinem »Energy«-Buch* auf Lesereise durch die Vereinigten Staaten, Kanada und Australien zu gehen und viele tausend Leute bei den Fernseh- und Radiosendern anriefen und mir qualvolle Geschichten darüber erzählten, wie schwer es ihnen fiele, mit einer Trennung fertig zu werden, oder wie sehr sie sich bemühten, ihre Ehe oder ihre Beziehung am Leben zu erhalten, weil sie fürchterliche Angst davor hätten, das bißchen Liebe zu verlieren, das sie noch besäßen und an das sie sich verzweifelt klammerten – da merkte ich plötzlich, daß es Millionen von Menschen gibt, die nur schwer damit zurechtkommen, wenn ihre Liebe zerbricht.

Niemand ist freiwillig ein Opfer, aber viele von uns finden sich unfreiwillig in eben dieser Rolle wieder. Einige der Geschichten, die ich während meiner Lesereise zu hören bekam, würden Sie überraschen; es sind traurige Geschichten, lächerliche Geschichten, haarsträubende Geschichten, aber sie alle haben mit Liebe zu tun. Und die Leute, die sie mir erzählt haben, waren ganz normale Menschen, so wie Sie und ich.

Nun bemühe ich mich schon seit einer ganzen

---

* Dieses im Text öfters erwähnte Buch liegt noch nicht in Deutsch vor.

Weile herauszufinden, wie man mit Liebesproblemen am besten umgeht, und bin auf ein paar ganz brauchbare Lösungsvorschläge gekommen. Bei mir jedenfalls haben sie funktioniert, und ich bin sicher, daß Sie, wenn Sie auch nur einen kleinen Teil dessen in die Tat umsetzen, was Sie in den folgenden Kapiteln lesen, Ihr Liebesleben – und Ihr Leben überhaupt – ändern können. Deshalb habe ich auch dieses Buch geschrieben – weil ich das Gefühl habe, eine ganze Menge gelernt zu haben und ein ganzes Stück weit vorangekommen zu sein (so ungefähr eine Million Meilen mindestens), und weil ich glaube, daß ich dazu beitragen kann, allen potentiellen Liebenden dieser Welt zu etwas Glück zu verhelfen. Probieren Sie doch einfach ein paar meiner Vorschläge aus. Sie haben mir geholfen, und vielleicht helfen Sie auch Ihnen. Und ich bin mir absolut sicher, daß Sie, sofern Sie Ihr Liebesleben – und Ihr Leben überhaupt – ernsthaft ändern und das Gelesene auch in die Tat umsetzen wollen, damit auch wirklich Erfolg haben werden. Dann können sie anfangen, all die Liebe und all die Freuden und guten Dinge im Leben, die Sie sich verdient haben, richtig zu genießen.

Für die Liebe, die Gott ist . . .
der die Liebe ist . . .
die Gott ist . . .
der die Liebe ist . . .
die Gott ist . . .

Einleitung

Sind Sie ein Opfer der Liebe?

Ist Ihr Liebesleben mies und unbefriedigend?

Oder haben Sie gerade bei sich gedacht. »Was für ein Liebesleben?«

Kommen Sie sich vor wie die Müllkippe einer schlechten Ehe?

Hat Ihre letzte Beziehung sich in Luft aufgelöst, gerade als sie glaubten, endlich jemanden gefunden zu haben, mit dem Sie den Rest Ihres Lebens verbringen könnten?

Ärgern Sie sich häufig über Ihren Ehepartner oder Ihren Lebensgefährten? Ertappen Sie sich dabei, wie Sie sich gegenseitig anbrüllen – oder, schlimmer noch, einander nichts mehr zu sagen haben?

Kommt es vor, daß Sie mit Ihrem Partner irgendwo zu Gast sind und kochenden Blutes feststellen müssen, daß er oder sie einer attraktiven Frau oder einem attraktiven Mann (und das sind nicht Sie!) heimliche Blicke zuwirft?

Haben Sie das Gefühl, daß die Liebe, bzw. das Fehlen von Liebe alle möglichen negativen Gefühle in Ihnen auslöst, Gefühle wie Selbstmitleid, Ärger, Bedauern und Feindseligkeit, die nur dazu führen, daß Sie sich noch schlechter fühlen?

Nun denn, willkommen im Club!

Jeder von uns hat das eine oder andere davon schon mal durchgemacht (und die wenigen, die sagen, daß es sie nicht betrifft, gehören einer vom Aussterben bedrohten Spezies an, sofern sie nicht überhaupt ein klein wenig flunkern – denn irgendwann, und sei es noch während ihrer Schulzeit gewesen, wurden bestimmt auch *sie* einmal von irgend jemand zurückgewiesen). Und dabei spielt es durchaus keine Rolle, ob Sie die schönste Frau überhaupt sind, vor Sex-Appeal nur so sprühen und vor Geld nur so stinken, oder ob Sie der bestaussehendste Mann sind, dem man MACHT und REICHTUM schon aus weiter Entfernung ansieht – auch Sie haben sicherlich irgendwo auf Ihrem Weg nach oben eine Liebe verloren.

Ich weiß, daß es manchmal verdammt hart ist, *zuzugeben*, daß man in der Liebe versagt hat, doch macht Sie das noch lange nicht zu einem Versager – es macht Sie höchstens menschlich. Einer der bestaussehendsten Männer, die ich je gesehen habe – darüber hinaus hat er auch noch einen wirklich sagenhaften Charakter –, ist in der Musikbranche tätig, außerordentlich erfolgreich und charmant; doch gerade er trauerte unheimlich lange seiner Frau nach, die ihn wegen einem anderen verlassen hatte. Und das Komische daran ist: Als sie sich kennenlernten, war sie gerade am Boden zerstört, weil ein Fernsehstar sich von ihr getrennt hatte, und mein Freund war derjenige, der sie damals mühsam wiederaufbaute. So spielt das Leben . . .

Schauen Sie Bob Evans an – können Sie sich einen Mann vorstellen, der mehr zu bieten hat? Er sieht großartig aus, ist unheimlich reich, einer der großen Bosse der Filmindustrie – und doch traf es ihn tief, als Ali MacGraw ihn wegen Steve McQueen verließ.

Er brauchte Jahre, um darüber hinwegzukommen, und einige Stimmen in Hollywood behaupten, daß er *nie* darüber hinwegkommen wird. Und dann hat Ali MacGraw auch Steve McQueen verlassen, usw. usw. usw.

Ich habe es erlebt . . . Sie haben es erlebt . . . und obwohl das Bewußtsein, daß jeder es durchgemacht hat, ein wenig hilft, ist die erste Zeit nach einer Trennung trotzdem immer noch die reinste Hölle. Ich weiß, wie weh das tut, und ich wünsche es wirklich keinem Menschen. Es führt dazu, daß man abnimmt, (fett wird?), ganz schrecklich aussieht, krank wird, sich wertlos fühlt und / oder einfach nur noch sterben möchte.

Da keiner von uns vor der Liebe gefeit ist, müssen wir alle lernen, wie wir uns am besten verhalten, wenn derartige Probleme auftauchen. Und dieses Buch wird Ihnen helfen, damit auf eine sehr positive Art und Weise fertig zu werden – indem es Sie körperlich, geistig und seelisch aufbaut. Es wird Ihren Körper, Ihren Geist und Ihre Gefühlswelt so ummodeln, daß die Energie der Liebe durch Ihren ganzen Körper strömt (hmmm), daß jedes Gefühl Sie durchflutet (Doppel-hmmm) und daß Sie Liebe geben und empfangen werden wie noch niemals zuvor. Ich habe es in drei Teile aufgegliedert – wie man sich selbst kennen und lieben lernt, wie man sein Inneres Ich oder höheres Selbst kennen und lieben lernt und wie man einen anderen Menschen kennen und lieben lernt.

Darüber, wie man lernt, sich selbst zu akzeptieren und zu mögen, ist viel gesagt und geschrieben worden, aber ich rede nicht davon, sich selbst lediglich zu akzeptieren und zu mögen. Ich bin vielmehr davon überzeugt, daß man sich selbst *lieben* muß – sich um sich selbst kümmern und sich selbst nicht nur als Freund, sondern als den wichtigsten Menschen in seinem ganzen Leben ansehen muß. Nun soll das aber keineswegs heißen, daß Sie sich selber im Spiegel schöne Augen machen müssen. (Narzißmus ist in Wahrheit eine Art des Selbst-Hasses, nicht der Selbst-Liebe.) Sie müssen auch nicht gleich von Anfang an *alles* an sich lieben – Sie können damit beginnen, eine einzige liebenswerte Eigenschaft zu finden, und diese dann ausbauen. Je stärker sie wird, desto mehr werden Sie sich um sich selbst kümmern, auf sich selbst aufpassen und sich selbst lieben. Und um sich selbst lieben zu können, müssen Sie natürlich auch alles loswerden, was Schlechtes oder Böses an Ihnen ist. Sie können sich selbst schließlich nicht lieben, wenn Sie ein gräßlicher Mensch sind. Folglich müssen Sie anfangen, netter zu sich selbst und zu anderen zu sein. Wenn Sie also anfangen, sich selbst zu lieben, werden *alle* davon profitieren, Sie *und* der Rest der Welt.

Kann sein, daß Sie Ihr höheres Selbst im Augenblick noch gar nicht kennen, aber sobald Sie dieses Buch gelesen haben, werden Sie damit sehr vertraut sein. Ihr höheres Selbst ist der Teil von Ihnen, den Sie am allermeisten lieben werden, weil es derjenige Teil des Selbst (je nach Standpunkt Ihr Unbewußtes oder Ihr Über-Ich) ist, der Ihnen, wenn Sie erst einmal gelernt haben, ihm zu vertrauen, den Weg zu allem weisen wird, das Sie sich wünschen. Vertrauen ist der wichtigste Teil der Liebe zu Ihrem Ich, Ihrem höheren Selbst und einem anderen Menschen, und sobald Sie angefangen haben, Ihrem höheren Selbst völlig zu vertrauen, werden Sie überrascht sein, was alles geschieht. Ich werde Ihnen einige ganz bestimmte, positive Dinge nennen, die Sie tun müssen, um dieses Vertrauen zu verdienen. Sie sind gar nicht schwierig – eigentlich machen sie sogar regelrecht Spaß –, doch es wird Sie überraschen, was dabei herauskommt.

Der dritte Teil des Buches handelt von der Liebe zu anderen Menschen, davon, was Sie tun können, um (ein(e) fantastische(r) Liebhaber(in) zu werden, was Sie tun können, um Ihr Liebesleben ganz allgemein aufzumöbeln (ein fantastischer Liebhaber ist nicht automatisch ein großartiger Sex-Partner), und nennt auch einige Wege, wie man die Liebe einer bestimmten Person erringen und festhalten kann.

Mein erstes Buch habe ich »*Der Liebe, die Gott ist*«, mein »Energy«-Buch »*Der Liebe, die Gott ist, der die Liebe ist*« gewidmet, und die Widmung dieses Buches lautet »*Der Liebe, die Gott ist, der die Liebe ist, die Gott ist*«. Damit Sie nicht glauben, ich spinne, würde ich gerne erklären, warum ich das getan habe. Als ich ein kleines Mädchen war und die erste Klasse besuchte (ich ging zwölf Jahre lang auf eine christliche Schule), gab man mir einen Katechismus und trug mir auf, daß ich mir den Text einprägen solle. Alle Kinder dieser Schule mußten es tun, und jeden Tag mußten wir einen Abschnitt daraus vortragen. Die erste Frage in dem Buch lautete: »Wer ist Gott?« Und die Antwort hieß: »Gott ist Liebe.« Für ein sechsjähriges Kind war das ungefähr dasselbe, wie sich Einsteins Relativitätstheorie ($E = M^2$) einzuprägen und auswendig wiederzugeben, weil es natürlich nicht verstand, was es wirklich bedeutete. Im Kopf einer Sechsjährigen ist Gott nämlich ein sehr lieber alter Mann mit einem langen weißen Bart, der irgendwo oben im Himmel sitzt – jemand, zu dem man betete und auf den man ärgerlich ist, wenn Er einem nicht gewährt, was man will, und den man sehr schätzt, wenn Er es einem gibt. Jedenfalls bedeutete mir »Gott ist Liebe« damals überhaupt nichts. In allen folgenden Klassen lehrte man uns immer wieder dasselbe, und es bedeutete noch immer nichts. Doch im Laufe der Jahre habe ich immer wieder darüber nachgedacht, wie Gott denn Liebe sein könne, und was in aller Welt das bedeuten sollte? Daß der alte Mann mit dem weißen Bart uns liebte? Dann aber, eines Tages vor mehreren Jahren, ging mir plötzlich ein Licht auf, und ich dachte: »Du Dummkopf. Gott ist nicht Liebe, ist nicht irgendein passiver Geisteszustand. Vielmehr ist die Liebe – das heißt: liebevoll zu *handeln* und gute Dinge zu *tun* – das, was wir uns unter Gott vorzustellen haben.« Diese Erkenntnis beschäftigte mich tagelang. Wenn jeder Mensch die Liebe in die Tat umsetzen würde, anstatt nur darüber nachzudenken oder darüber zu reden, wenn jeder Mensch tatsächlich liebevoll *handeln* würde, dann könnte es (nicht: sollte es oder dürfte es, sondern *könnte* es) auf unserer Welt keine Verbrechen und keinen Haß und kein Sich-anbrüllen und keinen Ärger und keine Eifersucht mehr geben.

Nun gibt es eine Menge Leute, die mir liebevoll begegnet sind und die mir unglaublich dabei geholfen haben, ein liebevollerer Mensch zu werden, und das hat mich nicht nur viel glücklicher gemacht, sondern mein Leben auch um eine freudvolle Dimension bereichert. Und wenn ich Ihnen jetzt auch nur ein kleines bißchen helfen kann, sich selbst mehr zu lieben, als Sie es bisher taten, oder Ihre Liebe jetzt besser zum Ausdruck zu bringen und sich Ihren Mitmenschen gegenüber liebevoller zu zeigen, dann hilft das wiederum *mir*, noch liebevoller zu werden, denn wir alle sind miteinander verbunden, und wenn ich liebevoller werde, dann berührt das auch Sie, und wenn Sie liebevoller werden, dann berührt das auch mich. Wir alle gehören zusammen, und die Liebe läßt uns erkennen, daß wir alle eins sind.

»Die Hölle ist der Zustand der Menschen, die nicht lieben können.«

FEODOR DOSTOJEWSKI

»Der Himmel ist der Zustand der Menschen, die lieben können.«

NAURA HAYDEN

I

EILAND DES ICH

1. Kapitel
Die erotischen Freuden des Körpers

Ich will allen Genuß, alle Freude, die ich kriegen kann. Und warum auch nicht? Habe ich nicht auf mich achtgeben müssen, seit ich ein kleines Kind war? Oh, natürlich hatte ich Eltern und Lehrer, die auch auf mich aufgepaßt haben, doch habe ich nicht schon damals viele Entscheidungen selbst getroffen? Und als ich achtzehn wurde, habe ich da nicht die volle Verantwortung für mein Leben übernommen? Und habe ich etwa nicht hart gearbeitet, um meinen Lebensunterhalt zu verdienen und Beziehungen aufzubauen und dabei gleichzeitig auch noch versucht, ein besserer Mensch zu werden? Habe ich nicht meine »Hochs« gehabt, die Spaß gemacht haben und aufregend waren, aber auch meine »Tiefs« überstanden, die grauenhaft und schmerzensreich waren? Doch ich habe beide durchgestanden, und ich arbeite noch immer hart, um meinen Lebensunterhalt zu verdienen und Beziehungen aufzubauen, und versuche noch immer, ein besserer Mensch zu werden. Wer also könnte besser geeignet sein, mir Freude und Genuß zu bereiten, als ich selbst?

Wenn ich davon spreche, mir selbst Freude zu bereiten, dann meine ich damit nicht, mich mit Schokoladetörtchen vollzustopfen oder mich an einer Orgie zu beteiligen.

Schokoladentörtchen und Orgien an sich sind

nichts Schlechtes, sie sind nur einfach nichts für mich. Zunächst einmal sind süße Nachspeisen schlecht für mich; sie machen mich fett und bringen meinen Stoffwechsel durcheinander, deshalb mag ich keinen Bananensplit mit drei verschiedenen Eissorten und viel Schlagrahm und jeder Menge Sirup (Sie sehen, mein sinnliches Erinnerungsvermögen ist keineswegs getrübt!). Und Orgien sind etwas für Leute, die Angst vor Intimität haben, und Intimität ist genau das, was mich besonders anturnt.

Mir etwas Gutes zu tun, heißt also vielmehr, all die Dinge zu machen, von denen ich weiß, daß sie mir Wohlbefinden verschaffen, ohne dabei unangenehme Nebenwirkungen hervorzurufen ... heißt also, sich im besten Sinne des Wortes um mich selbst zu kümmern.

Aber was ist die beste Art und Weise, sich um sich selbst zu kümmern, sich wirklich um alles zu kümmern, was uns glücklicher macht? Das erste, was Sie tun müssen, ist herauszufinden, was genau in Ihnen vorgeht, und als Anfang bietet sich Ihr Körper an. Es ist unmöglich, geistig und seelisch glücklich zu sein, wenn man körperlich am Ende oder auch nur einfach nicht fit ist. Sie können nicht geistig rege und ein warmherziger, liebesfähiger Mensch sein, wenn Ihr Körper vor Verkrampfungen zuckt oder wenn Sie in den Tiefen einer Depression stecken und nervös, angespannt und voller Ängste sind. Ein körperlich kranker Mensch ist so gut wie immer egoistisch oder selbstsüchtig, und wie könnte er oder sie es auch nicht sein? Wenn Sie Schmerzen haben, können Sie an nichts anderes mehr denken als an Ihre Schmerzen und daran, wie Sie sie wieder loswerden.

Dasselbe gilt für Angstzustände (geistige Schmerzen), die aus Anspannung resultieren, und Depressionen (emotionale Schmerzen), die von einem Energiemangel herrühren, der seinerseits durch Erschöpfung als Nachwirkung von Anspannungen bedingt ist.

Wir modernen Menschen sind so sehr an Anspannung gewöhnt, daß wir uns das Leben gar nicht mehr anders vorstellen können. Daß wir glauben, es sei von Natur aus so. Erst wenn wir unsere Verspannungen losgeworden sind, erkennen wir, wie hundeelend wir uns immer gefühlt haben und wie *un*natürlich es ist, sich so hundeelend zu fühlen.

Von Natur aus sollten wir entspannt, dabei gleichzeitig aber voller Lebenskraft sein, jeden Morgen müßten wir mit dem Gefühl aufwachen, die ganze Welt erobern zu wollen. So *sollte* das Leben sein. Und so kann das Leben auch sein. Aber die wenigsten Menschen fühlen sich so schwungvoll und positiv. Mir ging es da nicht anders. Ich war unglaublich verkrampft und angespannt und litt zeitweise unter starken Depressionen. Und da ich der Ansicht war, daß meine Ängste und Depressionen rein psychischer Natur seien, versuchte ich alles mögliche – Yoga, Psychotherapeuten, Psychiater, Meditieren –, aber nichts hat mir geholfen. Ich muß Ihnen leider sagen, daß man monatelang meditieren oder jahrelang zum Psychiater gehen kann – wenn der Körper vor Anspannung zittert, kann etwas rein Psychisches allein nicht helfen. Haben Sie Ihren Körper aber erst einmal in Form gebracht, werden Sie feststellen, daß Sie vielleicht gar keinen Psychiater mehr brauchen (und wenn doch, dann werden Sie merken, daß Ihre Psyche dank des entspannten Körpers ebenfalls entspannter ist und das Sie dadurch in der Lage sind, Ihre emotionalen Probleme wesentlich leichter und schneller zu lösen). Und die Meditation, die Sie vielleicht auch weiterhin betreiben wollen, wird das Tüpfelchen auf dem i sein. Wenn Ihr Körper sich topfit fühlt, werden Sie auch klarer und besser denken können als jemals zuvor – Sie werden sehen, daß Sie dann nicht mehr zerstreut oder unkonzentriert sind. Und Sie werden sich wundern, um wieviel besser auch das Verhältnis zu Ihrer Umwelt wird. Ihre Mitmenschen werden feststellen, daß Sie viel ausgeglichener und liebevoller sind – denn wer entspannt ist, schreit seine Kinder nicht an und meidet unnötige Streitereien mit dem Ehepartner.

Und Ihr Liebesleben wird ganz neu auferstehen. Falls es jetzt schon gut ist, wird es *großartig* sein. Aber auch wenn es jetzt grauenhaft ist, wird es trotzdem großartig werden. Nachdem ich Ihnen erzählt habe, wie Sie Ihren Körper in Topform bringen, werde ich Ihnen schildern, wie Sie zu einem einfach unglaublichen Liebesleben kommen, wie Sie Ihrem Ich etwas wirklich Gutes tun können.

Während Sie jetzt also weiterlesen und dabei erfahren, was Sie tun müssen, um sich fantastisch und weniger verspannt und gestreßt zu fühlen, sollten Sie daran denken, daß all das Sie dazu befähigen wird, ein Leben voller Freuden zu führen – körperlich-sinnlicher Freuden, geistig-stimulierender Freuden und emotional-befriedigender Freuden. Nachdem Sie gelesen haben, wie Ihr Organismus umzustellen ist, werde ich Ihnen sagen, wie

Sie diesem neuen, wunderschönen Körper wunderbare Freuden bereiten können.

Als erstes geht es also darum, sämtliche Spannungen aus Ihrem Körper zu beseitigen, und ich verrate Ihnen, wie Sie das am besten erreichen. Wenn das nach einem Wunder klingt, dann ist mir eines widerfahren. Nur wer sich so hundeelend gefühlt hat wie ich, wird sich vorstellen können, warum ich die wunderbare Wandlung, die ich vor einigen Jahren erfahren habe, als Wunder betrachte. Etwas, das mein Leben derart verändern und bewirken konnte, daß ich mich nun jeden Tag *so* pudelwohl fühle, *ist* ein Wunder.

Wer mein »Energy«-Buch gelesen hat, weiß bereits, wie ich mein Leben verändert habe, aber ich möchte auch meinen neuen Lesern erzählen, wie es soweit kam. Vor meiner wunderbaren Entdeckung war ich ein völliges Wrack – zehn Tassen Kaffee, eine Schachtel Zigaretten am Tag (wenn nicht mehr), und so viele Süßigkeiten, daß ich mich heute darüber wundere, daß mein Körper überhaupt noch funktioniert hat (das war aber auch alles – mein Körper hat funktioniert, aber ich habe das Leben nicht im mindesten genossen). Ich war immer nervös und angespannt. Tag für Tag qualmte ich, putschte mich mit Kaffee auf und schlug mir den Bauch voll Kuchen und Schokolade. Zur Entspannung gönnte ich mir abends einen Martini, weitere Zigaretten und nach dem Abendessen noch mehr Süßigkeiten. Ich schlief schlecht, hatte Alpträume, und am nächsten Tag fing das Ganze wieder von vorn an. Mein Liebesleben war miserabel, völlig auf den Hund gekommen. Ich war so verspannt, daß ich Sex überhaupt nicht mehr genießen konnte. Schließlich brach ich körperlich zusammen, konnte mich buchstäblich nicht mehr auf den Beinen halten – ich hatte *keine Kraft* mehr – mein Körper machte einfach nicht mehr mit. Ich kam ins Krankenhaus, wo die Ärzte zunächst dachten, ich wäre nierenkrank – und damals war ich sehr jung, gerade Anfang Zwanzig. Während ich im Krankenhaus war, las ich einige Bücher von Adelle Davis und fand meine Krankengeschichte darin wieder. Sie schrieb, daß Lippenbläschen die Folge von Verspannungen seien, die auf einem Mangel an Vitaminen der B-Gruppe beruhten (und ich hatte unter Lippenbläschen gelitten, seit ich ein kleines Kind war), und daß Hefe mehr Vitamin B enthält als irgendein anderes Nahrungsmittel. Damals erfand ich meinen Energietrank, den *Dynamite Energy Shake.** Damit verschwanden nicht nur die Lippenbläschen, ich konnte auch direkt fühlen, wie die Spannung aus meinem Körper wich. Ich spürte, wie sie verflog, und an ihre Stelle trat ein fantastisches Wohlbefinden. Dieses Wohlbefinden übertrug sich auch auf mein Liebesleben. Nachdem es mir gelungen war, mich zu entspannen und meinen Körper und all seine wundervollen Gefühle kennenzulernen, wurde Sex für mich zu einer aufreizend sinnlichen Erfahrung.

In meinem »Energy«-Buch** habe ich meinen *Dynamite Energy Shake* beschrieben, aber inzwischen müssen Sie ihn nicht mehr selbst mixen, sondern können ihn fertig kaufen, und er schmeckt *großartig* (monatelang habe ich verschiedene Zusammenset-

---

* Siehe Hinweis des Verlags in Anhang I.
** Noch nicht in Deutsch erschienen.

zungen ausprobiert, so daß der Trank jetzt nicht nur super wirkt, sondern auch fantastisch schmeckt).

Als ich an diesem Buch schrieb, habe ich meiner Verlegerin eine Dose davon gegeben, und jetzt trinkt sie ihn täglich zum Frühstück und sagt, daß sie sich ungleich lebendiger fühle als vorher. Ich bin so überzeugt davon, daß er jedem Menschen, der ihn jeden Tag trinkt, helfen kann, daß ich beschlossen habe, aus dem Verkauf des Energietrankes *niemals* Gewinn zu ziehen. Das ist das mindeste, was ich tun kann, um meine Dankbarkeit dafür zu zeigen, daß es mir jetzt so gutgeht. Und ich wünsche mir, daß sich andere Menschen genauso gut fühlen, weil das im Leben doch wohl das Allerwichtigste ist: sich wohl zu fühlen und die Freude und das Wohlbefinden miteinander zu teilen.

Jeder Cent, den ich mit dem *Dynamite Energy Shake* verdiene, fließt einer Stiftung zu, die ich nach meinem kürzlich verstorbenen Vater *John Ellsworth Hayden Foundation* genannt habe. Diese Stiftung verteilt den Energietrank kostenlos an Arme, an Bedürftige und an Menschen, die ihn anderweitig nicht erhalten können. Ich versuche auch, ihn in möglichst viele Gefängnisse hineinzubringen, weil ich überzeugt davon bin, daß einige Menschen Verbrechen nur aus Spannungen heraus begehen, die sich durch ausreichende Vitaminzufuhr vermindern ließen. So, wie manche Menschen zum Alkohol greifen, um Spannungen abzubauen, und andere sich nervositätsbedingt mit Partnern, Kindern und Freunden streiten, so gibt es meiner Ansicht nach auch Menschen, die aufgrund einer Unausgewogenheit ihres Stoffwechsels und schwerwiegenden

Nährstoffmangels Spannungen aufbauen, die sie dann in kriminellen Taten abreagieren.

Nährstoffmangel kann auch zu Depressionen führen, einer anderen Art von Anspannung. Im Laufe der Zeit bin ich darauf gekommen, daß Ärger das beste Mittel gegen Depressionen ist; immer wenn ich deprimiert war, habe ich unbewußt an etwas zu denken versucht, was mich ärgerlich machte. *Man kann nicht gleichzeitig depressiv und ärgerlich sein!* Natürlich verursacht auch der Ärger Spannungen, und manche depressiven Menschen schlucken den Ärger hinunter und machen sich dadurch selber kaputt. Sie essen zuviel, rauchen und trinken zuviel, und manche begehen sogar Selbstmord, während andere ihren Ärger an ihren Mitmenschen abreagieren und entweder viel herumschreien, ihre Kinder schlagen oder sich in regelrechte Prügeleien verwikkeln lassen. Und natürlich besteht bei Menschen mit einem unausgewogenen Stoffwechsel infolge schwerwiegenden Nährstoffmangels die Gefahr, daß sie ihre schrecklichen Depressionen in einen so wüsten Ärger umwandeln, daß sie die Spannung nur noch durch einen Raubüberfall, eine Vergewaltigung oder gar einen Mord abreagieren können.

Sobald aber ein Mensch seine Spannungen und Depressionen loswird, wird er oder sie nicht nur klarer und besser denken können, sondern auch liebesfähiger und liebenswerter werden als jemals zuvor.

Ich möchte, daß auch sozial benachteiligte, unterernährte Kinder meinen Energietrank bekommen; und wünschte bei Gott, es hätte ihn gegeben, als ich noch ein Kind war – mir wären all diese gräßlichen Probleme erspart geblieben, mit denen ich damals zu kämpfen hatte (um nur ein paar zu nennen: Lippenbläschen, die mich seit meiner frühesten Kindheit fast ständig begleitet haben, Neuralgien, die typischen Hautprobleme während der Pubertät, und schreckliche Spannungen, die mir fast die ganze Freude am Leben verdarben). Wenn genügend Kinder meinen Trank bekommen, werden sie vielleicht einen Haufen Probleme los, mit denen sie und ihre Mitmenschen sich sonst herumschlagen müßten. Und wäre es nicht fantastisch, wenn auch ältere Menschen, die häufig an Kalziummangel leiden, ihn bekämen und deshalb weniger Knochenbrüche hätten, weniger Zähne verlören und anstatt, zu Untätigkeit und Freudlosigkeit verurteilt, im Rollstuhl zu landen, sich einfach großartig fühlten und bis zuletzt fröhlich und aktiv bleiben könnten? Der Trank hat mein Leben vollkommen umgemodelt, und der Gedanke, daß ich in der Lage bin, auch anderen Menschen dazu zu verhelfen, sich genauso gut zu fühlen, macht mich unheimlich glücklich und aufgeregt.

Ein sehr lieber Freund von mir, Dr. Neil Solomon, der mehrere Bestseller geschrieben hat und jetzt in verschiedenen US-amerikanischen Zeitungen eine eigene Kolumne hat, glaubte genauso an den *Dynamite Energy Shake,* wie ich es tue, und er hat mir geholfen, den Trank dem Staatsgefängnis von Maryland zur Verfügung zu stellen. Zu verdanken ist dies dem Gefängnisdirektor George Collins, mit dem wir inzwischen beide befreundet sind, und ich hoffe, daß ich mit der Zeit Zugang zu noch viel mehr Gefängnissen erhalte. Ich weiß, daß die Ergebnisse in den Gefängnissen bisher sehr positiv waren. Als ich ein Gefängnis besuchte, sagten mir die Männer, daß sie nach dem Genuß des *Dynamite Energy Shakes* viel weniger depressiv seien und sich viel tatkräftiger fühlten. Einer der Gefangenen, der zu fünfundzwanzig Jahren bis lebenslänglich verurteilt ist, hat mir einen ergreifenden Brief geschrieben, wieviel besser er sich jetzt fühle und daß er nun allmählich wieder anfinge, Hoffnung zu schöpfen, denn bisher wäre ihm die Zukunft vollkommen leer und sinnlos erschienen.

Und es gibt noch etwas, was unheimlich wichtig ist und was ich jeden Tag nehme: Dolomit*, das Kalzium und Magnesium enthält, zwei Mineralstoffe, die für Ihr Nervenkostüm außerordentlich wichtig sind, und das darüber hinaus auch Ihre Knochen stärkt. Immer wieder hört man von älteren Leuten, die sich ein Bein oder eine Hüfte gebrochen haben. Und fast immer heißt es, daß sie gestolpert und gefallen sind. Nun, inzwischen hat man herausgefunden, daß die Knochen dieser Menschen, bedingt durch Kalziummangel, so brüchig und porös sind, daß sie schon allein unter dem Körpergewicht zusammenbrechen können. Die Leute *glauben* also nur, daß sie gestolpert und hingefallen sind, während in Wahrheit ein Schenkelknochen einfach unter dem Körpergewicht zerbrochen ist und sie infolge des Bruches gefallen sind. Es ist kaum vorstellbar, wie wenig ältere Menschen Milch trinken oder Kalzium in anderer Form zu sich nehmen (Milch ist, und das gilt nicht nur für Amerika, der beste Kalziumlieferant). Deshalb ist es so überaus wichtig, daß junge

---

* In Apotheken und Reformhäusern erhältlich. S. auch Hinweis des Verlags in Anhang I.

und ältere Menschen täglich Dolomit einnehmen. Ich bin verschiedentlich gefragt worden, ob es denn nicht schädlich sei, so viel Dolomit einzunehmen, und ich habe jedesmal geantwortet, daß ich mindestens zehn und manchmal bis zu dreißig Tabletten am Tag nehme (ich schlucke immer zehn auf einmal – das ist auch einer der Gründe, warum mein Hals so entspannt ist).

Nun gibt es auf unserer Welt eine Menge wirklich exzellenter Ärzte, aber trotzdem muß jeder von uns lernen, wie man seinen Körper selber gesund erhält. Die meisten Universitäten bringen den Ärzten nur bei, wie sie Menschen heilen können, die bereits krank sind, lehren aber nicht, wie sie Sie davor bewahren können, überhaupt erst krank zu werden. Ihre Ausbildung ist krankheitsbezogen, nicht auf die Gesundheit ausgerichtet. Im antiken China war es üblich, dem Arzt eine geringe monatliche Gebühr zu zahlen, solange man gesund war; sobald jemand krank wurde, bekam der Arzt von dem Patienten dann kein Geld mehr. Allerdings habe ich die Erfahrung gemacht, daß viele jüngere Spitzenärzte den Einstieg in die Präventiv- oder vorbeugende Medizin gefunden haben, und ich habe auch eine ganze Reihe hervorragender Ärzte kennengelernt, die bereits in dieser Richtung praktizieren. Wenn auch Ihr Arzt sich mit Vitaminen und Vitamintherapie auskennt, dürfen Sie sich glücklich schätzen. Hoffen wir, daß bald alle Ärzte darin unterwiesen werden. Jahr für Jahr setzen mehr Universitäten Ernährungslehre auf ihren Unterrichtsplan. Bis es soweit ist, und wenn Ihr Hausarzt auf diesem Gebiet noch nicht bewandert ist, müssen Sie sich selbst darum kümmern und sich selbst behandeln. Natürlich gilt das nicht, wenn Sie ernstlich krank sind oder drei Ärzte Ihnen unabhängig voneinander dazu geraten haben, sich operieren zu lassen. Was ich meine, ist, daß Sie lernen sollten, Ihren Blutdruck zu messen (Blutdruckmeßgeräte sind inzwischen überall im Handel und im Versandhandel erhältlich), sich über Gicht- und Nierensteine und über Arthritis zu informieren sowie medizinische Zeitschriften zu abonnieren, damit sie immer auf dem neuesten Stand sind, was Gesundheitsvorsorge und Ernährungslehre angeht.

In seinem fantastischen Buch *The Doctor's Book on Vitamin Therapy* (Nicht in Deutsch) schreibt Dr. Harold Rosenberg:

Dolomit ist eine Substanz, die in der Natur vorkommt, preiswert ist und Kalzium und Magnesium in einem Verhältnis enthält, das fast optimal ist – ungefähr zwei zu eins. Deshalb empfehlen wir Ihnen, Ihre tägliche Diät mit Dolomit anzureichern. Dolomitpräparate erhalten Sie in vielen Reformhäusern zu ausgesprochen günstigen Preisen. Sie sollten genug einnehmen, um auf ein Minimum von ein bis zwei Gramm (1000–2000 mg) Kalzium pro Tag zu kommen. Sie nehmen dann automatisch die entsprechende Menge Magnesium zu sich.
Die Möglichkeit, daß Ihre Gesundheit durch zuviel Dolomit Schaden nimmt, besteht nicht. Ganz im Gegenteil: Während die Überdosierung einiger Mineralstoffe (Jod, Zink etc.) gesundheitliche Probleme verursachen kann, ist die Kombination Kalzium-

Magnesium völlig ungefährlich. Es ist sogar so, daß diese Zusatzstoffe gerade für ältere Menschen, die häufig an Osteoporose (Knochengewebsschwund) leiden, sowie für Erwachsene, die keine Milch vertragen und wenig Käse zu sich nehmen, außerordentlich wichtig sind. Kalzium wird häufig nur ungenügend aufgenommen, so daß unter bestimmten Umständen selbst vier bis fünf Gramm (4000–5000 mg) empfehlenswert sein können.

Wie sehr Kalzium Ihr Nervensystem zu stärken vermag, habe ich mehrfach am eigenen Leib erfahren. Vor einigen Jahren las ich das Buch *Psycho-Cybernetics* (Nicht in Deutsch) von meinem lieben, kürzlich verstorbenen Freund Dr. Maxwell Maltz, und was mir bei der Lektüre ganz besonders auffiel, war sein Bericht über Versuche mit Natriumpentothal, dem sogenannten Wahrheits-Serum. Die Wirkung dieses Stoffes hängt mit seiner Fähigkeit zusammen, den Körper vollkommen zu entspannen – ich meine *ganz und gar* zu entspannen, jeden einzelnen Muskel. Bei Versuchen hat man herausgefunden, daß ein Mensch, der vollkommen entspannt ist, keine negativen Emotionen erleben kann. Sobald Sie ganz und gar entspannt sind, können Sie weder Neid noch Ärger noch Angst verspüren. Nun war ich eines schönen Tages in Rio de Janeiro, um in einer Fernsehshow aufzutreten, der größten von ganz Brasilien, mit schätzungsweise fünfzig Millionen Zuschauern. Können Sie sich vorstellen, wie nervös ich war? Und was mich ganz besonders nervös machte, war die Tatsache, daß die ganze Show um mich herum aufgebaut war und um die Rollen, die ich im US-amerikanischen Fernsehen gespielt habe (in *Bonanza* etwa) – eine volle Stunde nur ich, singend und tanzend und krampfhaft bemüht, mich mit dem Moderator auf Portugiesisch zu verständigen, und das, wo ich Portugiesisch nur radebreche. Je näher der Sendetermin kam, desto nervöser wurde ich. Und dann fiel mir ganz plötzlich die Sache mit dem Wahrheits-Serum ein. Wenn es stimmte, daß man im Zustand völliger Entspanntheit die Wahrheit erzählt – weil man weder Angst noch andere negative Gefühle erleben kann – wenn man ein Relaxans wie Natriumpentothal eingenommen hat . . . sollte es dann nicht möglich sein, *dieselbe* Wirkung mit Kalzium zu erzielen? Denn Kalzium ist gleichfalls ein Relaxans. Also ging ich los und besorgte mir Kalziumtabletten und fing gleich nachmittags bei der Probe an, welche einzunehmen. Am Abend, eine halbe Stunde bevor die Show begann, war ich eigentlich ganz ruhig, doch je rascher die Minuten bis zum Beginn der Show verstrichen, desto mehr spürte ich, wie ich mich wieder verspannte. Ich futterte die Tabletten wie Erdnüsse, und tatsächlich ließ die Anspannung mit jeder Tablette nach. Nun, normalerweise wird das Lampenfieber um so schlimmer, je näher eine Live-Sendung rückt, aber die Tabletten wirkten, und als die Kameras dann liefen, ging ich ganz ruhig raus und brachte alles wunderbar hinter mich. Und seitdem habe ich es viele Male ganz genauso gemacht.

Ich weiß, daß einige Ärzte, die sich mit Präventivmedizin beschäftigen und sich über Ernährung und Vitamine schlau gemacht haben, inzwischen damit anfangen, Kalzium als Schmerzmittel einzusetzen. Und ich habe von Zahnärzten gehört, die zur Betäubung nicht mehr Novocain, sondern Kalzium spritzen.

Ich kann Ihnen nur eines raten: Probieren Sie es selber aus. Warten Sie einen besonders stressigen Tag ab, einen an dem Sie einen furchtbar wichtigen Termin haben, wegen dem Sie schrecklich nervös und sehr verspannt sind. Und an genau diesem gräßlichem Tag fangen Sie dann an, Dolomit einzunehmen. Sie können entweder pulverisiertes Dolomit in Milch oder Fruchtsaft auflösen (ein gestrichener Teelöffel entspricht in etwa zehn Tabletten), oder Sie schlucken die Tabletten. Zehn Dolomit-Tabletten haben ungefähr soviel Kalzium wie ein Viertelliter Milch – *und* Sie profitieren auch noch von dem zusätzlichen Magnesium, das in Dolomit genau im richtigen Mengenverhältnis enthalten ist, wie es der menschliche Körper braucht. Fangen Sie mit zehn Tabletten (oder einem Teelöffel) an und nehmen Sie dann jede halbe Stunde weitere zehn oder einen weiteren Teelöffel voll – bis Sie merken, daß die schreckliche Anspannung Ihren Körper verläßt. Daß Sie genug genommen haben, merken Sie daran, daß Sie anfangen sich entspannt zu fühlen und daß Streß und Angst verschwunden sind.

Sie wissen ja: Wenn Ihr Körper völlig entspannt ist, *können* Sie keine negativen Emotionen erleben. Und wer braucht schon negative Emotionen? Ich jedenfalls nicht – ich will frei sein für all die positiven Dinge im Leben, die ich mir wünsche.

Viele Leute greifen zu Beruhigungsmitteln – Tranquilizern, Schlafmitteln, Alkohol etc. –, wenn Sie nervös oder verkrampft sind. Zugegeben, die helfen eine Zeitlang, aber das geschieht immer auf Kosten Ihres Körpers, und besonders betroffen sind die Atmungsorgane. Am unteren Ende Ihrer Lungen liegt ein Muskel, das Zwerchfell, das die verbrauchte Luft hinausdrängt und frische Luft einläßt, die dann die ganze Lunge füllt. Wenn Sie regelmäßig zu Beruhigungsmitteln greifen, schränken Sie die Bewegungsfähigkeit Ihres Zwerchfells ein. Als Elvis Presley anfing, sehr viele Drogen zu nehmen, beeinträchtigte das seine Atmung derart, daß er nur noch mit Mühe singen konnte, und das Publikum, das seine Konzerte besuchte, merkte das natürlich, und er bekam eine Menge schlechter Kritiken. Welcher Dämon Elvis zu den Drogen trieb, werden wir nie erfahren, aber wir wissen, daß Drogen ihn kaputtgemacht haben – seine Karriere ruinierten und ihn schließlich umbrachten; und da war er erst zweiundvierzig Jahre alt.

Weil Alkohol in unserer Gesellschaft akzeptiert wird, neigen wir dazu, ihn nicht als Droge anzusehen. Dabei beeinflußt er Geist und Psyche ganz genauso wie Speed, Heroin und Kokain. Menschen werden vom Alkohol ebenso abhängig wie von anderen Drogen, und eigentlich ist diese Sucht fast ein noch größeres Problem, weil Alkohol so allgemein akzeptiert wird und weil so viele Menschen ihn konsumieren. Vor hundert Jahren endete Stephen Foster als Alkoholiker, weil er es nicht ertragen konnte, daß seine Lieder keinen Anklang fanden. Jimi Hendrix und Janis Joplin starben an zuviel Drogen und Alkohol. Es scheint, daß sie nur dann selbstsicher sein konnten, wenn sie auf der Bühne standen und sangen. Für Dana Andrews, der gemeinsam mit Gene Tierney die Hauptrolle in *Laura* (Otto Premingers hinreißendem Thriller) spielte, bedeutete Alkohol fast das Ende seiner Karriere. Er brach unter dem Erfolgsdruck fast zusammen.

Eine Menge Berühmtheiten aus Film und Fernsehen haben es den Anonymen Alkoholikern zu verdanken, daß sie von ihrer Sucht loskamen – Mercedes McCambridge und Dick Van Dyke sind zwei davon. Oder John Barrymore und seine Tochter Diana und seine Enkelin Drew (die Neigung zu exzessivem Alkoholgenuß ist genauso erblich wie zum Beispiel Diabetes – schuld daran ist eine chemische Unausgewogenheit, und diese Schwäche kann sich von den Eltern auf Kinder und Enkelkinder weitervererben). Jim Thorpe, den viele als den größten Sportler des Jahrhunderts ansehen – er gewann olympisches Gold im Zehnkampf und war ein amerikanisches Football- und Baseball-Idol –, starb infolge exzessiven Alkoholkonsums, und Marilyn Monroe, Amerikas Sexsymbol, konnte ihr Leben scheinbar nicht ohne Alkohol bewältigen. Tagsüber trank sie, und abends konnte sie ohne Schlafmittel nicht einschlafen.

Ist es nicht traurig, daß diese außergewöhnlichen Menschen Drogen brauchten? Und was für ein Jammer – niemand kann seinen Körper mißhandeln, ohne daß dieser dagegen rebelliert. Sobald die Wirkung von Schnaps oder anderen Drogen nachläßt, werden Verspannungen und Depressionen nämlich nur noch schlimmer. Deshalb brauchen Sie auch ständig mehr, müssen Sie die Dosis immer weiter erhöhen, bis Sie schließlich so abhängig davon sind, daß Sie gar nicht mehr ohne auskommen.

Zu diesem Problem gibt es nur eine einzige Lösung: Sie müssen einen anderen Weg finden, um mit den Herausforderungen des Lebens fertig zu werden. Wir alle haben Probleme, jeder einzelne von uns, und jeder muß sein eigenes Rezept finden, wie er sie bewältigt. Ich schwöre auf meinen Energietrank und die Vitamine – und, glauben Sie mir, sie sind wirklich fantastisch. Ihr Körper wird viel besser funktionieren, und dabei fallen all die unschönen Nebenwirkungen anderer Stimulantien weg. Sie werden sich einfach nur durchweg viel, viel besser fühlen.

Niemand darf erwarten, daß er seinen Körper über längere Zeit hinweg mißhandeln kann, ohne irgendwann dafür bezahlen zu müssen. Beruhigungsmittel wie Alkohol, Pillen etc. werden von verzweifelten Menschen gekauft, die hoffen, mit ihrer Hilfe etwas Frieden zu finden. Sie sind geplagt von Angst, leiden unter Streß, Furcht, Unsicherheit etc. Ich weiß das deshalb so genau, weil ich es selber durchgemacht habe. Ich habe eine Menge Pillen geschluckt, um mich zu beruhigen (das war, bevor ich meinen Trank und die Vitamine entdeckte), und ich habe öfters zu tief ins Glas geschaut, um meine Ängste zu vertreiben. Ich habe es am eigenen Leib erfahren – ich weiß, wie furchtbar es ist, von diesen Drogen abhängig zu sein. Glücklicherweise vertrug ich die Pillen nicht, das heißt, mir wurde daraufhin schrecklich übel, und auf Alkohol bekam ich einen solchen Kater, daß ich regelmäßig den ganzen folgenden Tag im Bett bleiben mußte – so mies war mir. Wenn

Sie nun aber glauben, ich hätte deshalb beim nächsten Mal auf meine Martinis etc. verzichtet, dann irren Sie sich. Es hat verdammt lange gedauert, bis mir klar wurde, daß ich mein Leben ruinierte, wenn ich ganze Tage im Bett verbrachte, wo ich doch etwas Konstruktives damit hätte anfangen können. Erst nachdem ich meinen Energietrank erfunden hatte, war ich in der Lage, mich wirklich und wahrhaftig so pudelwohl zu fühlen, daß ich gar keinen Drink mehr *brauchte*, um mich noch wohler zu fühlen. Ich brauchte keinen Alkohol mehr, weil ich das Gefühl hatte, auch so immer »oben« zu sein – und darüber hinaus war ich durch meinen Energietrank und die Vitamine auch vollkommen entspannt, nicht mehr ängstlich oder nervös. Eines ist doch klar: Wenn Sie sich einfach *großartig* fühlen, dann brauchen Sie nichts, um sich noch besser zu fühlen. Nur Menschen, denen körperlich, geistig und seelisch (und das läßt sich nicht voneinander trennen) hundeelend zumute ist, haben es nötig, sich zu stimulieren oder ihre Ängste zu betäuben. Wenn wir körperlich topfit sind und es kaum erwarten können, bis alles so richtig losgeht, ist es so gut wie unmöglich, gleichzeitig geistig oder seelisch »unten« zu sein – ausgenommen natürlich, ein schwerer Schicksalsschlag trifft uns. Der Tod eines geliebten Menschen zerreißt uns immer das Herz, ganz gleich wie gut wir körperlich drauf sind, aber es fällt uns viel leichter, mit der Trauer fertig zu werden und unser Leben fortzuführen, wenn unser Körper gut in Form ist. Im Zusammenhang damit möchte ich Ihnen eine Geschichte erzählen, die mich unheimlich glücklich gemacht hat, weil sie zeigt, wie mein Energietrank jemandem geholfen hat, der einen schrecklichen Verlust erlitten hatte.

Vor einiger Zeit war ich in Los Angeles, um meine neue Single »Equal Time« vorzustellen (worin ich Paul Simon für sein »Fifty Ways to Leave Your Lover« einen Verweis erteilen wollte und aus seinem »Slip out the back, Jack« mein »Hop in a train, Jane« machte). Ich sang das Lied in AM-LA, einer Show des dortigen Regional-Fernsehprogramms, die der sagenhafte Regis Philbin moderierte, einer der lustigsten Männer, die ich je kennengelernt habe. (Das war lange bevor Regis die landesweite Fernsehshow bekam, die er zusammen mit Cathy Lee moderiert.) Nachdem ich mein Lied gesungen hatte, fragte Regis mich, wie es denn mit meinem Energietrank ginge, und ich antwortete, großartig. Dann fragte er mich, ob ich Georgia Rosenbloom kennen würde, und ich sagte nein, aber ich hätte von ihr gehört und wüßte, daß sie nach dem Tod ihres Mannes Carroll Rosenbloom die Leitung der Los Angeles Rams übernommen habe. Regis sagte, Georgia habe ihm erzählt, daß sie ohne meinen *Dynamite Energy Shake* wohl kaum über das Trauma des verfrühten Todes ihres Mannes hinweggekommen wäre – daß sie es nur geschafft habe, weil sie ihn jeden Tag trank. Er sagte das, während wir auf Sendung waren, und das gab mir das Gefühl, daß meine ganze Mühe sich wahrhaftig gelohnt hat. Es ist immer wieder verblüffend, wieviel ein bißchen positive Resonanz ausmacht.

Haben Sie eine Anhnung, wie viele Millionen Menschen tagtäglich bzw. allabendlich Beruhigungsmittel nehmen und Schlaftabletten schlucken? Wenn sie Dolomit kennen würden, würden sie nicht nur einen Haufen Geld sparen, sondern auch ihrem Körper etwas wirklich Gutes tun, denn Dolomit ist gut für Ihre Gesundheit, was man von Drogen ja beim besten Willen nicht behaupten kann. Dolomit wirkt gleichzeitig beruhigend und entspannend, und das auf ganz natürliche Weise; es erleichtert auch das Einschlafen. Ich nehme es seit Jahren, und ich schlafe wie ein Baby (wie ein gesundes Baby!).

Wieviel Dolomit Ihr Körper braucht, merken Sie ganz einfach daran, wie Sie sich fühlen – nehmen Sie zehn Tabletten mit Joghurt oder in Saft und warten Sie ab, wie Sie sich fühlen. Wenn Sie schon damit anfangen, sich zu entspannen, dann sind zehn Tabletten genug, wenn Sie aber noch immer verkrampft sind, sollten Sie nochmals zehn nehmen – und so weiter, so lange, bis Sie sich super-entspannt fühlen. Ich werde immer wieder gefragt, wieviel man nehmen soll, und meine Antwort lautet immer gleich: Jeder Mensch ist verschieden und hat auch unterschiedliche Bedürfnisse. Ich persönlich brauche sehr viel. Eine frühere Beziehung (ich will taktvoll sein und, um den Schuldigen nicht zu kompromittieren, keinen Namen nennen) verlief so traumatisch und kostete mich so viel Nerven, daß ich über lange Zeit hinweg täglich mindestens fünfzig Dolomit schluckte. Aber an dem Tag, an dem wir uns trennten (können Sie das glauben, noch am selben Tag?), bin ich automatisch auf zehn pro Tag runtergegangen (Sie wissen ja, daß Sie statt der Tabletten auch das Pulver nehmen können, das sich wunderbar in Milch, Fruchtsaft o. ä. auflösen läßt).

Sobald Sie Ihren Körper in Topform gebracht haben, indem Sie ungesunde Stimulanzien wie Pillen und Alkohol, Kaffee und Fertiggerichte zugunsten gesundheitsfördernder Energiespender wie meinem Energietrank, Vitaminen und Dolomit aufgegeben haben, sollten Sie Ihre neuentdeckte Energie dazu verwenden, sich fit zu halten. Und das beste Mittel dafür ist meiner Ansicht nach Sport. So halten sich die ganzen Hollywoodstars fit: Farrah Fawcett spielt genauso begeistert Tennis wie Cheryl Tiegs, Dino (Dean Paul) Martin, Ali MacGraw, Dustin Hoffman und ich – und Millionen anderer Menschen. Dean Martin und Bob Hope bevorzugen Golf.

Vielleicht noch mehr Spaß machen andere Sportarten wie Schwimmen, Fußball, Volleyball, Handball, Rad- und Rollschuhfahren!

Jeder Sport bringt noch einmal soviel Spaß, wenn Sie ihn mit jemandem zusammen betreiben. Frank Gifford, ein bekannter amerikanischer Football-Spieler der USC, früher Star der New York Giants und heute einer der besten TV-Sportreporter, joggt jeden Morgen – er läuft täglich zwei Meilen. Frank ist ebenfalls ein überzeugter Vitamin-Anhänger und nimmt Vitamine jeden Tag. Er hat heute noch genau dasselbe Gewicht und trägt dieselbe Größe wie zu High-School-Zeiten. Und, das ist auch ganz wichtig, er ist mit der wundervollen Cathy Lee verheiratet, die ihn jung und vital erhält.

Tanzen (zum Discosound) ist eine weitere Möglichkeit, Ihren Körper zu trainieren, und dazu brauchen Sie keineswegs einen ausgeflippten Disco-Palast – ein Kassettenrecorder, Platten- oder CD-Spieler tun es völlig, und ein bißchen Platz in Ihrem Wohn- oder Schlafzimmer reicht vollauf. Wenn Sie ein paar flotte Schritte beherrschen und wissen, daß

Sie gut sind, ist es Ihnen auch gleichgültig, wer zusieht. Der Rhythmus der Musik ist so mitreißend, daß Sie gar nichts anders können, als sich dazu zu bewegen, und sei es, daß Sie zunächst nur mit dem Fuß den Takt mitwippen. Falls Sie etwas schüchtern sind, dann fangen Sie am besten an, wenn Sie alleine sind. Lassen Sie sich einfach von der Musik mitreißen – laufen Sie, springen Sie, kreisen Sie mit den Armen, mit dem Becken. Probieren Sie es einfach einmal aus: Legen Sie eine fetzige Discomusik auf (ich finde die Bee Gees nach wie vor einfach super), und versuchen Sie, dabei völlig ruhig zu stehen oder zu sitzen. Rockmusik (mit starkem Baß und Schlagzeug) ist im Grunde etwas sehr Primitives und Ursprüngliches; schon vor Tausenden von Jahren bewegten sich unsere Vorfahren zum Takt geschlagener Trommeln. Es ist der Rhythmus des Lebens, wie Ihr Herzschlag, und Sie kommen einfach nicht umhin, darauf zu reagieren.

Manchmal lege ich mehrere meiner Lieblingsplatten auf und tanze eine halbe Stunde lang nur so für mich allein durch die Wohnung – nach dem letzten Stück bin ich völlig erschöpft und außer Atem, aber ich fühle mich großartig. Das ist genauso, wie eine oder zwei Meilen zu joggen. Nur macht mir persönlich Tanzen mehr Spaß – was nicht heißen soll, daß ich nicht auch gerne jogge. Das mache ich jeden Tag zu Hause, und zwar ungefähr drei Minuten lang. Ich fange im Schlafzimmer auf meiner Jogger-Laufmaschine an, und wenn mir das zu langweilig wird, renne ich in mein Arbeitszimmer und laufe dort auf der Stelle, während ich mir die Gemälde anschaue, die an der Wand hängen (es sind alles Landschaftsbilder – Strände, Parkanlagen und Blumen), und dann jogge ich zurück ins Schlafzimmer und fühle mich einfach super. Natürlich halte ich es für besser, draußen im Freien zu joggen, aber dazu habe ich kaum Gelegenheit, deshalb muß ich mich mit meiner Wohnung begnügen – und die Strecke ist vermutlich eh gleich (zwei Minuten auf dem Jogger entsprechen fünfzehn Minuten Laufen auf ebener Strecke). Aber das Tanzen zur Discomusik ist rhythmischer, und mein Körper reagiert eben so richtig auf die Musik. Im Grunde ist es völlig gleich, was Sie anturnt; solange es Ihre innere Batterie auflädt, ist es gut für Sie. Auch Radfahren ist super – jedes Wochenende sehe ich viele hundert Radfahrer im Central Park (und fast genauso viele auf der Park Avenue und Fifty-seventh Street); sie verbringen dort viele Stunden auf den wunderbar angelegten Radwegen.

Für einen fetten Menschen ist es schlimm genug, daß er oder sie schwabbelig aussieht, aber das ist nicht wirklich das Schlimmste: In erster Linie ist fett sein nämlich ausgesprochen ungesund. Ich weiß, daß ich damit nichts Neues sage, aber seien wir doch einmal ganz ehrlich zu uns selbst: Versuchen wir uns vorzustellen, ein Zehn- oder Zwanzig- oder Dreißig-Kilo-Gewicht mit uns herumzuschleppen, und das sechzehn Stunden am Tag. Ein gesunder Mensch *kann nicht* dick sein. Fettleibigkeit ist immer ein Zeichen dafür, daß etwas nicht stimmt, sie ist nichts weiter als ein Symptom dafür, daß der Körper nicht so funktioniert, wie er eigentlich sollte. Wenn Ihnen das erst einmal klar ist, geht es nur noch darum, ihren Organismus, sprich Stoffwechsel, in

Ordnung zu bringen. Und der Energietrank und die Vitamine sind da ein echt guter Anfang.

Sobald Ihr Organismus eine ausreichende Portion davon abbekommen hat, werden Sie langsam, aber sicher Pfund um Pfund verlieren. Ich habe Tausende von Briefen bekommen, von Menschen, die dies bestätigen; auch viele Personen aus meinem Freundeskreis haben ganz ordentlich abgenommen und sind jetzt zum erstenmal seit Jahren wieder schlank. Alle sagen, daß der Energietrank sättigt und auch appetithemmend wirkt. Wenn Sie den *Energy Shake* zum Frühstück getrunken haben, verspüren Sie mittags weniger Hunger (bei manchen Leuten zeigt sich sogar überhaupt kein Hungergefühl), und nachmittags fällt auch der übliche Tiefpunkt aus, den man normalerweise mit einer Cola oder etwas Süßem überbrücken muß (beides sind nur kurzzeitig wirksame »Aufputschmittel« – schon wenige Minuten später ist Ihr Energielevel erneut abgesackt, und Sie brauchen erneut etwas Süßes, und so weiter – ein richtiger Teufelskreis). Beim Abendessen werden Sie nicht so heißhungrig sein und deshalb weniger reinhauen, das heißt, Sie essen langsamer und können deshalb auch bewußter auswählen, was Sie essen, wieviel Sie essen und was Sie besser nicht essen sollten.

Warren Beatty gibt sehr viel auf Vitamine und sportliche Aktivitäten. Er war Captain im Football-Team seiner High-School in Arlington, Virginia, und er arbeitet sehr hart dafür, daß er seinen Körper in derselben fantastischen Form hält. Er raucht nicht und trinkt keinen Alkohol, meidet Drogen aller Art und ernährt sich äußerst gesundheitsbewußt.

Auch Mitzi Gaynor achtet sehr auf sich, und Sie müssen zugeben, daß man es ihr ansieht. Sie hat ein super Gesicht und eine erstklassige Figur, aber sie tut eben etwas dafür (auch Sie müssen etwas dafür tun, wenn Sie wollen, daß Ihre Muskeln in Form bleiben – man bekommt nichts geschenkt im Leben: Gymnastik und Sport stählen Ihre Muskeln und halten Ihren Körper in Form; ohne sportliche Aktivitäten irgendwelcher Art werden Ihre Muskeln schlaff, Ihr Körper wird schwabbelig). Mitzi joggt und trainiert jeden Tag, ißt nur gesunde Sachen und nimmt regelmäßig ihre Vitamine.

Clay Cole ist Schriftsteller und Produzent und einer der warmherzigsten und geistreichsten Fernsehleute, mit denen ich je gearbeitet habe. Wir lernten uns kennen, als ich das erste Mal nach New York kam und er *The Clay Cole Show* moderierte, die ich sagenhaft gut fand und in der viel moderne Musik gespielt wurde. Zusammen mit der fantastischen Janet Langhart moderierte er die Fernsehshow *AM-New York.* (Janet traf ich zum erstenmal in Boston, wo sie zusammen mit John Willis *Good Day* machte, und John wiederum war ich bereits in Washington, D. C. begegnet, wo er *Panorama* moderierte, eine Produktion von Sheila Weidenfeld, die dann das Fernsehen aufgab und Betty Fords PR-Dame wurde, worüber sie später ein Buch schrieb. Wir waren auch einmal zusammen in Detroit vor der Kamera, als Ehrengäste bei *Kelly and Company*, mit John Kelly und Marilyn Turner ... das Ganze steht unter dem Motto: Schreib ein Buch und lerne die Welt und viele nette Leute kennen.) Wie auch immer, Clay und Janet waren jedenfalls ein sagenhaftes Team, und es machte unheimlich viel Spaß, mit den beiden zu arbeiten. Clay erzählt allen Leuten, daß der *Dynamite Energy Shake* sein Leben verändert hat, und auch Janet trinkt ihn jeden Morgen und sagt, daß sie sich dadurch wirklich gut und voller Tatkraft fühlt.

Der kürzlich verstorbene Otto Preminger pflegte jeden Tag durch New York zu spazieren und nur dann ein Taxi zu nehmen, wenn es regnete. Hätte er nicht diesen schrecklichen Unfall gehabt (ein Taxi hat ihn angefahren), würde er sicher noch heute unter uns weilen. Er war unheimlich aktiv und tatkräftig und in hervorragender körperlicher Verfassung, weil er so viel lief. Um sein Gewicht zu halten, verzichtete er mehrmals pro Woche auf das Abendessen und sagte, daß ihm das überhaupt nichts ausmache. Früh und mittags aß er reichlich, und der Verzicht auf das Abendessen war seine Art, schlank und fit zu bleiben. Otto trank den *Dynamite Energy Shake* jeden Morgen zum Frühstück, und dieser Tradition folgen auch Monique Van Vooren, Arlene Dahl, Warren Avis, Regis Philbin und viele, viele andere Leute, die dynamisch und aktiv bleiben wollen. Alle drei Frauen, Arlene, Monique und Janet, sehen blendend aus, und dieser Energiespender, den sie ihrem Körper zuführen, wird dafür sorgen, daß es auch *in Zukunft* so bleibt.

Sexualität vermittelt eine der größten Freuden im Leben. Sex ist eine ganz normale Körperfunktion, genauso wie Essen, Trinken, Gehen oder Schlafen. *Jeder* Mensch hat einen bestimmten Sexualtrieb, jeder, ohne Ausnahme. Bei manchen Menschen ist der Sexualtrieb stärker ausgeprägt und bei anderen schwächer, aber haben tut ihn wirklich jeder. Doch nicht jeder lebt ihn aus oder nutzt ihn aus. Sex besteht wie alles andere aus einem körperlichen, einem geistigen und einem emotionalen Teil, und manchmal, wenn eine dieser Komponenten nicht richtig funktioniert, hören wir auf, unser Liebesleben zu genießen, oder stellen es sogar gänzlich ein. Unterdrückter Sex führt zu Verspannungen (*alles*, was man unterdrückt, führt zu Verspannungen – etwas unterdrücken heißt, daß etwas zum Ausdruck kommen will und daß wir es durch intensive Verkrampfung davon abhalten). Wenn also jemand sagt, daß er oder sie asexuell sei, also kein Interesse am Sex habe, dann heißt das noch lange nicht, daß der Sexualtrieb nicht vorhanden ist. So wie jeder Mensch Appetit auf Essen hat, hat jeder auch Appetit auf Sex. Nun gibt es bekanntlich Leute, die zuweilen fasten und dann tagelang ohne Nahrung auskommen; aber sie können nur eine begrenzte Zeitspanne so leben. Der (freiwillige oder unfreiwillige) Verzicht auf Sex hingegen kostet niemanden das Leben, aber die Verspannungen, die sich dadurch aufbauen, daß man den gesunden Sexualtrieb unterdrückt oder gar seine Existenz verleugnet, können vielerlei Krankheiten verursachen – körperliche, geistige und seelische. Wenn Sie sich nie bewegen, werden Sie deshalb noch lange nicht sterben, aber sie werden Muskelschwund bekommen, und Ihre Organe werden längst nicht so gut funktionieren, wie sie es täten, wenn Sie sie benutzten und trainierten. Genauso ist es mit dem Sex: Ein gesunder Körper, ein wirklich und wahrhaftig gesunder Körper wird sexuelle Gelüste haben und ausleben wollen.

Dieser Trieb ist uns allen angeboren, und auch wenn man ihn verleugnet, so bleibt er doch eine bestehende Tatsache. Es gibt gesunde Menschen, die ihre sexuellen Wünsche sublimieren, das heißt in etwas anderes umsetzen, doch das geschieht nicht, ohne daß Körper, Geist oder Seele Schaden nehmen. Die Natur fordert immer ihr Recht.

Was keineswegs heißen soll, daß man nicht auch des Guten zuviel tun kann. Genauso wie es Ihnen nicht möglich ist, unbegrenzt zu fasten, können Sie Ihren Körper auch nicht unentwegt bis zum Platzen vollstopfen und dabei erwarten, ein langes und glückliches Leben zu führen. Dasselbe gilt für Ihr Liebesleben: Sie können sich nicht ungestraft konstant der körperlichen Liebe enthalten oder ihren Körper permanent mit Sex überfüttern; zuviel *und* zuwenig – beides ist ungesund.

Und jetzt komme ich zu den Vitaminen der B-Gruppe und dem Energietrank und dazu, wie beide Ihr Liebesleben beeinflussen können. Ich glaube, daß jeder Mensch, Männer wie Frauen, gewisse Zeiten der Impotenz durchmacht (im schlimmsten Fall ist die Impotenz freilich von Dauer). Wer von uns hat nicht einmal versucht, mit jemandem zu schlafen und dabei nichts, aber auch nicht das geringste gefühlt? Sofern nicht irgendwelche organischen Probleme – eine Krankheit oder nervliche Blockade – vorliegen, ist Impotenz *ausnahmslos* durch Verspannungen verursacht. Verspannung verengt die Blutgefäße – und sexuelle Erregung ist nichts anderes als verstärkt gefüllte, also angeschwollene Blutgefäße – und behindert den Blutkreislauf. Sollten Sie also viel rauchen, was die

Blutgefäße ebenfalls verengt, oder unheimlich viel Kaffee trinken, was Verspannungen verursacht und dadurch ebenfalls die Blutgefäße verengt, oder sehr viel Süßigkeiten essen, was alle B-Vitamine aufbraucht und Ihren ganzen Körper verspannt –, dann dürfen Sie nicht überrascht sein, wenn Ihr Liebesleben nicht gerade berauschend ist. Und Sie dürfen sich auch nicht darüber beklagen. Wenn Ihnen *wirklich* an einem super Liebesleben und dem Gefühl der Erfüllung und Befriedigung, das damit einhergeht, gelegen ist, dann brauchen Sie nichts weiter zu tun, als auf alles Ungesunde zu verzichten und es durch Dinge zu ersetzen, die Ihnen mehr und bessere und länger anhaltende Energie geben.

Nun ist es so, daß mir verschiedene Ärzte erzählt haben, daß ich meinem Körper auch ohne die Vitamine und den Energietrank viel Gutes hätte tun können – ich hätte dazu lediglich Kaffee, Zucker und Zigaretten aus meinem Leben eliminieren müssen. Was diese Ärzte nicht wahrhaben wollen (ich habe versucht, es ihnen zu erklären, aber sie haben es nicht verstanden), ist, daß mein Körper ohne die Stimulanzien beim besten Willen nicht funktionsfähig gewesen wäre. Ohne die anregende und stimulierende Wirkung von Kaffee, Nikotin und Zucker wäre ich nicht in der Lage gewesen, mich zu bewegen, mich anzuziehen und zur Arbeit zu gehen. Alle Drogen wirken auf dieselbe Art und Weise: Man fängt mit einer niedrigen Dosis an und steigert diese dann ganz allmählich, bis man, ohne es zu merken, schließlich bei einer recht hohen Dosis angekommen und regelrecht süchtig danach geworden ist. Ich war abhängig von diesen »Aufputschmitteln«, und wenn es mir möglich gewesen wäre, mich davon zu befreien, hätte ich es getan, aber ich konnte meinen Körper einfach nicht dazu bringen, ohne sie zu funktionieren. Der Energietrank hat mir natürliche Energie gegeben (ein »Aufputschmittel« ohne unschöne Neben- und Nachwirkungen, wie sie die Stimulanzien zeigen; und der Trank wirkt den *ganzen* Tag), so daß ich plötzlich nicht mehr zehn Tassen Kaffee brauchte, sondern nur noch acht, ein paar Wochen später nur noch sechs, und so weiter, bis ich eines Tages merkte, daß ich *überhaupt* keinen Kaffee mehr benötigte – der Shake und die Vitamine reichten vollkommen aus. Und auch die Depressionen, unter denen ich vorher häufig litt, waren verschwunden. Früher hatte ich manchmal tagelang Depressionen; ich war so down, daß ich das Gefühl hatte, das Leben sei nicht lebenswert. Der Energietrank und die Vitamine haben mich wieder völlig auf die Beine gebracht, und seit ich sie regelmäßig nehme, habe ich nicht ein einziges Mal mehr Depressionen gehabt.

Unterdrückter Sex ist eine Verspannung, und die naheliegendste Art und Weise, diese zu lösen, ist es, mit jemandem zu schlafen. Umgekehrt kann aber auch Anspannung dafür verantwortlich sein, daß der Sexualtrieb unterdrückt wird. Möglicherweise ist Ihr Körper fix und fertig von all den Süßigkeiten und dem Kaffee, und Sie brechen fast zusammen unter der Last psychischer Probleme (wie in aller Welt soll ich die nächste Miete zahlen – ich kann mir ja nicht einmal ein ordentliches Sandwich leisten?) und dem Gewicht emotionaler Sorgen (warum will sie ausziehen, unabhängig sein und »sich selbst finden«? – Ich bin doch immer weiß Gott gut zu ihr gewesen; wie kann ich sie nur zurückgewinnen?). Um Sex wirklich genießen zu können, muß Ihr Körper frei von Verspannungen aller Art sein, und wir wissen inzwischen ja, wie wir das erreichen können (für alle, die das Buch zufällig an dieser Stelle aufschlagen: Wir verzichten auf ungesundes Essen, Zucker und Kaffee und nehmen statt dessen den Energietrank und Vitamine; mit der so gewonnenen neuen Energie joggen wir und gehen viel zu Fuß). Und wenn wir uns daran halten, werden wir ganz schnell entdecken, daß die sogenannte Frigidität oder Impotenz nichts weiter war als die direkte Folge körperlicher Anspannungen.

Viele der Verspannungen, die durch geistige und seelische Probleme bedingt sind, verschwinden automatisch, sobald Ihr Körper gut in Form ist. Und selbst wenn sie nicht völlig verschwinden – Sie werden überrascht sein, wie leicht es Ihnen auf einmal fällt, die objektiven Gründe und Ursachen Ihrer Probleme herauszufinden und zu analysieren und dann entsprechend brauchbare Lösungen auszuarbeiten (da ich meine Miete nicht zahlen und mir nicht einmal ein ordentliches Sandwich leisten kann, mache ich offensichtlich etwas falsch – jetzt werde ich mir zuerst einmal etwas Geld borgen, um die erste Zeit zu überbrücken, und dann mache ich mich sofort auf die Suche nach einem Job, der mich interessiert und der ordentlich bezahlt ist). Und sobald Sie körperlich entspannt sind, werden auch Ihre emotionalen Streßzustände nachlassen, und Sie werden in der Lage sein, in Ruhe darüber nachzudenken, was in Ihrer Ehe oder Beziehung verkehrt gelaufen ist (wenn ich es mir genau überlege, hätte ich ihr viel öfter das Gefühl geben müssen, daß sie wichtig für mich ist, und vielleicht habe ich sie wirklich manchmal etwas unterdrückt und bin nicht genug auf sie eingegangen – jetzt, da ich mich selbst viel besser fühle, kann ich ihr auch besser zeigen, wie sehr ich tatsächlich an ihr hänge, und ich kann versuchen, sie davon zu überzeugen, daß wir zusammen, als Team, sehr viel stärker sind, als wenn jeder von uns seinen eigenen Weg ginge).

Haben Sie sich erst einmal in negative Emotionen (wie zum Beispiel Ärger oder Feindseligkeiten) verstrickt und sind entsprechend wütend, dann sind ihre Muskeln völlig verkrampft, und sie können keinen Orgasmus bekommen.

Ich möchte noch einmal auf das Experiment mit dem Natriumpentothal, dem »Wahrheits-Serum« zurückkommen und Ihnen zeigen, wie wir dieselbe Theorie dazu verwenden können, unser Liebesleben zu optimieren. Natriumpentothal entspannt Ihre Muskeln so total, daß Sie keine Angst mehr haben, die Wahrheit zu erzählen, und wenn der Körper so vollkommen entspannt ist, ist es unmöglich, irgendwelche negativen Emotionen zu erleben. Sie können also weder Eifersucht, noch Unsicherheit, noch Angst, noch Haß, Ärger oder ähnliches empfinden, wenn Sie völlig entspannt sind. Und umgekehrt können Sie, solange sie furchtbar verspannt sind, natürlich auch keine positiven Emotionen erfahren. Um all die körperlichen Freuden der Liebe genießen zu können, braucht man also einen wunderbar entspannten Körper, und um einen wunderbar entspannten Körper zu bekommen, darf man die Lebenskräfte (das heißt u. a. den Sexualtrieb) nicht unterdrücken. Verstehen Sie mich bitte nicht falsch: Ich propagiere hier keineswegs die sogenannte »freie Liebe« (kann Liebe überhaupt »frei« sein?) oder möglicherweise gar Partnertausch. Ich glaube an den Sex in Verbindung mit Liebe und, das ganz besonders, an den Sex in Verbindung mit Liebe in einer Ehe.

Ich habe lange überlegt, ob ich den folgenden Ratschlag über sexuelle Befriedigung niederschreiben soll. Der Grund für mein Zaudern ist ein dummes, pubertäres Schuldgefühl, das ich von meiner Mutter und ein paar anderen Verwandten übernommen hatte. Dieses Buch hier habe ich vier Jahre vor »WIE MAN EINE FRAU BEFRIEDIGT – JEDESMAL – WIE ES WIRKLICH KLAPPT – WIE SIE NACH NOCH MEHR VERLANGT! (Heyne Taschenbuch Bd. 8735) geschrieben, und in diesen vier Jahren ist es mir gelungen, einen Teil meiner Schüchternheit zu überwinden. Und für meine Mutter und andere Leute, die möglicherweise an genauen Instruktionen zum Sex Anstoß nehmen, habe ich eine Warnung verfaßt. Wenn Sie also der Meinung sind, daß Sie etwas Derartiges nicht vertragen können, überblättern Sie einfach die nächsten Seiten. Wenn Sie aber herausfinden wollen, warum so viele Frauen unbefriedigt sind und was man(n) dagegen tun kann, und wenn es Sie interessiert, warum so viele Frauen niemals das erleben, was Ärzte einen *vollen* oder totalen Orgasmus nennen – und was sie tun können, um ihn zu erreichen –, dann lesen Sie jetzt weiter.

Es ist noch gar nicht so lange her, daß ich mit einer sehr guten Freundin beim Lunch war. Sie ist Mitte

Dreißig, sieht fantastisch aus und hat eine hohe und hochdotierte Position in der Filmbranche – aber sie hat noch nie auf »normale« Art (beim Geschlechtsverkehr) einen Orgasmus erlebt. Das hat mich sehr erstaunt, denn ich wußte, daß sie gesellschaftlich sehr aufgeschlossen war und, da sie unverheiratet ist, auch viele Liebhaber gehabt hatte. Sie erzählte mir, daß sie nicht zuletzt deshalb so viele Beziehungen gehabt habe, weil sie verzweifelt auf der Suche nach dem einen sei, der sie in dieser ausgesprochen wichtigen Hinsicht vollkommen befriedigen könne. Wir sprachen darüber und tauschten Ideen und Vorschläge aus, und ich sagte ihr, daß ich dieses Problem früher selbst gehabt, inzwischen aber die Lösung dafür entdeckt hätte. Wie bereits erwähnt, habe ich in der Zwischenzeit ein Partnerschaftsbuch mit dem Titel »WIE MAN EINE FRAU BEFRIEDIGT« verfaßt und eine neue sexuelle Technik entwickelt, mit der jeder Mann seiner Frau einen Orgasmus schenken kann. Diese Technik ist brandneu, niemand hat bisher darüber geschrieben oder auch nur darüber gesprochen, und sie funktioniert garantiert!

Zunächst einmal wissen viele Männer nur sehr wenig darüber, was physisch, psychisch und seelisch in einer Frau vorgeht. Was keineswegs heißen soll, daß die meisten Männer nicht trotzdem fabelhaft sind – es ist bloß so, daß sie oft nicht besonders viel von Sensibilität halten (genauso, wie viele Frauen sich nicht für Football oder Zündkerzen interessieren). Andererseits wissen die Männer, die sich damit beschäftigten, ganz genau, wie sie ihre Frau befriedigen können und so zu einer glücklichen Partnerin kommen, die keinen anderen Mann braucht . . . niemals. Weil aber immer noch viele Männer nichts oder viel zuwenig über die Bedürfnisse einer Frau wissen, dürfen die Frauen nicht länger untätig herumsitzen und einfach nur abwarten und hoffen, daß ihr Mann respektive Partner eines Tages mehr oder minder zufällig herausfindet, was sie wirklich wollen. Und manche brauchen eben etwas länger, um es zu lernen, als andere. Offenbar ist es so, daß ein Mann, der sehr sensibel ist und viel Einfühlungsvermögen besitzt, eher »fühlen« wird, was eine Frau sexuell mag und was sie nicht mag. Natürlich gilt das auch umgekehrt (es gibt auch ausgesprochen unsensible Frauen), aber im großen und ganzen scheint es doch so zu sein, daß Frauen sensibler sind als Männer. Angenommen, Sie sind eine unbefriedigte, sexuell frustrierte Frau, die während des Geschlechtsverkehrs nicht zum Höhepunkt kommt; dann sollten Sie unbedingt etwas dagegen unternehmen. Seien Sie nicht länger passiv und untätig, sondern nehmen Sie die Sache selbst in die Hand. Ich habe es getan – und ich hatte tollen Erfolg damit.

Das Hauptproblem scheint darin zu liegen, daß die meisten Männer nicht wissen, wie sie eine Frau reizvoll erregen können; dabei ist dieses reizvolle Erregen, dieses »Den-anderen-reizen-und-dann-hinhalten«, der aufregendste Teil des Liebesspiels – das Unerreichbare wollen, es brauchen, es verzweifelt brauchen, dann das Gefühl haben, sterben zu müssen, wenn man es nicht gleich bekommt; und dann, endlich, die ersehnte Erfüllung, die mit einer solch unbeschreiblichen Woge des Gefühls einhergeht, daß Sie bisher davon nur träumen konnten. Es ist wie ein leichtes Jucken. Wenn Sie nur leicht kratzen (lustvolles Erregen), wird es noch stärker, bis Sie dann schließlich stärker kratzen (Höhepunkt). Oder Sie können es auch mit einem sanften Kitzeln vergleichen – je sanfter Sie die Haut kitzeln, desto stärker wird die Irritation (als ob Sie sich selbst oder jemand anderen mit einer Feder streichelten); es kann einen ganz wahnsinnig machen, bevor man dann endlich kratzen darf (Höhepunkt).

Viele Männer sind Anhänger der »Big Bang«-Theorie. Das heißt, daß viele Männer ihre Frau einfach »bumsen« – und das ist das genaue Gegenteil von dem, was ich oben reizvolles Erregen genannt habe. Wenn ein Mann anfängt, mit seinem harten Organ (dem Penis) gegen das weiche Geschlechtsorgan der Frau (die Klitoris) zu stoßen, dann wird das der Frau zuerst einmal weh tun (was dazu führt, daß sie sich verkrampft), und kurz darauf wird dann die ganze Region taub und gefühllos werden. Probieren Sie es an Ihrem Arm oder Ihrem Bein aus: Schlagen Sie fünf Minuten lang darauf ein, und Sie werden genau wissen, was ich meine. Zuerst tut es weh, und dann wird die Gegend allmählich taub und gefühllos.

Stellen Sie sich das Ganze einmal mit vertauschten Rollen vor – die Frau schlüge mit etwas Hartem auf das Organ des Mannes ein –, dann werden Sie verstehen, was ich meine. Aber meistens ist der Mann derjenige, der beim Verkehr das Sagen hat, und deshalb wird ein Mann niemals auf seinen Penis schlagen. Denn wenn das geschähe, würde er Schmerzen haben und keinen Lustgewinn aus dem Ganzen ziehen. Wenn aber ein Mann »bumst«, das heißt schlägt, dann wird sein Penis nicht verletzt, weil die Frau innen ja ganz weich ist; die Frau aber, die »gebumst«, das heißt auf die empfindliche Klitoris geschlagen wird, empfindet Schmerzen, verkampft sich – und die ganze Lust, die ganze Begierde ist auf einmal auf Nimmerwiedersehen dahin.

Was uns Frauen anturnt, ist ein leichtes, lustvolles Reizen der Klitoris und die anfängliche Zartheit der Berührung. Während so langsam die Begierde, die Lust auf das »Unerreichbare« (es *scheint* unerreichbar, sofern die Berührung zärtlich ist) geweckt wird, steigert sich diese Begierde allmählich zu brennendem Verlangen, und die Frau läßt den Mann mit ihrem Körper wissen, daß sie mehr, *immer mehr*, NOCH MEHR will, bis die Raketen hochgehen und das Feuerwerk in ihrem Körper explodiert. Das wiederum turnt den Mann an – daß er sieht und hört und spürt, wie glücklich er seine Frau gemacht hat –, und sein eigener Höhepunkt wird viel, viel tiefer und befriedigender sein als jeder frühere, bei dem die Frau nicht wirklich mithalten konnte.

Meine Freundin, die während des Geschlechtsverkehrs noch nie einen Orgasmus gehabt hatte, konnte früher nur oral befriedigt werden, und das verschafft einem meiner Meinung nach höchstens zehn Prozent der sexuellen Befriedigung, die sich erreichen läßt; das wird Ihnen sofort klar, wenn Sie erst einmal das unbeschreibliche Gefühl erlebt haben, wie es ist, wenn zwei liebende Körper miteinander verbunden und verschmolzen sind.

Jetzt möchte ich Ihnen verraten, wie eine Frau, deren Mann noch nichts vom lustvollen Erregen gehört hat, ihr sexuelles Schicksal selbst bestimmen und jedesmal einen Orgasmus erleben kann. Und zwar benutzen Sie dazu Ihre Schenkel. Wenn ein Mann zu sehr drängt und anfängt, Sie zu »bumsen«, pressen Sie einfach Ihre Oberschenkel zusammen, klemmen also seine Hüften ein und verhindern so, daß sein Körper mit voller Wucht auf Ihren trifft. Darüber hinaus verlangsamen Sie so seine Bewegungen. Versuchen Sie's – Sie werden feststellen, daß Sie Ihren Orgasmus jetzt ganz genauso im Griff haben wie er seinen. Und Macht ist etwas, das einen ganz stark anturnen kann. Und sobald er merkt, daß er Sie nicht »bumsen« kann, weil Sie das nicht *zulassen*, werden seine Bewegungen langsamer und weniger heftig werden – schon allein deshalb, weil ihm nichts andres übrigbleibt.

Wenn ich sage, daß Sie Ihre Oberschenkel zusammenpressen sollen, dann meine ich damit: *Nehmen Sie die Sache in die Hand* – bzw. in die Beine. Sie haben starke Oberschenkelmuskeln, die nur selten benutzt werden, aber je öfter Sie sie anspannen, desto kräftiger werden sie.

Und wenn Sie Ihrem Mann erst einmal gezeigt haben, daß Sie wissen, was Sie wollen, und wenn er merkt, daß Sie wissen, was Sie wollen, dann wird er vermutlich auch anfangen, sich in Ihnen sanfter und zärtlicher zu bewegen. Dann können Sie sich entspannen und ihm die Führungsrolle überlassen. Ist eine Frau körperlich entspannt, wird sie auch innerlich entspannt sein. Und sollte er dann wirklich wieder einmal zu grob werden, spannen Sie einfach Ihre Oberschenkelmuskeln an, um ihm so zu zeigen, daß er zarter vorgehen soll (was nicht automatisch heißen muß, daß Sie es später nicht vielleicht doch etwas härter haben wollen, aber *anfangen* wollen Sie doch auf jeden Fall spielerisch und für Sie erregend). Dann, wenn er Sie aufmerksam und zärtlich liebt, können Sie entspannen und sich ihm immer mehr hingeben – ganz langsam, so wie auch er sich Ihnen immer mehr hingeben wird. Sexuelle Hingabe ist der höchste Vertrauensbeweis – und das höchste Lustgefühl, das es gibt. Und erst wenn Sie körperlich und seelisch offen und wehrlos sind, dann kann das Feuerwerk in Ihrem Inneren beginnen. Und das ist das Allerschönste und Erregendste und Sinnlichste in der Liebe: dem anderen, dem Menschen, der Ihnen am meisten bedeutet, Freude, Lust und Vergnügen zu bereiten.

Seit jenem Lunch mit meiner schönen, aber unbefriedigten Freundin habe ich angefangen, andere Frauen zu fragen, wie befriedigt sie sexuell sind, und die meisten (ganz ehrlich: die *aller*meisten) geben zu, Orgasmusprobleme zu haben. Das heißt im Klartext: Obwohl viele hundert Bücher und Artikel zum Thema Sex erschienen sind, hat man dieses Problem anscheinend nicht erfaßt. Im Grunde geht es um nichts anderes, als daß der Mann erfährt, was im Körper einer Frau vor sich geht, und daß er durch zärtliches, lustvolles Erregen jene »himmlische Begierde« in ihr erweckt, die er dann anschließend stillen darf.

Jetzt aber zu ein paar typischen Männerproblemen: Das Hauptproblem der meisten Männer scheint ein rein körperliches zu sein – die Erektion lange genug halten zu können, um ihre Partnerin zu befriedigen. Nun ist es sicherlich so, daß ein Mann bei psychologischen Problemen (etwa: Sie turnt ihn nicht an, oder: Sie erinnert ihn an seine Volksschullehrerin) diese mentalen oder emotionalen Probleme lösen muß, bevor er anfangen kann, körperlich aktiv zu werden. Ich will hier aber nur von rein körperlichen Problemen sprechen, und hier sind es vor allem zwei Dinge, die daran schuld zu sein scheinen, wenn Männer Probleme beim Sex haben: Und zwar sind dies das Rauchen und das Trinken.

Rauchen oder trinken wir zuviel (und das gilt für Frauen ebenso wie für Männer), dann schadet das natürlich auch *anderen* Teilen unseres Körpers, unserer Lunge beispielsweise, oder der Leber, dem Herz, der Haut etc. Aber das *beste* Gesundheitsbarometer, das am schnellsten anspricht, ist unser Liebesleben. Wenn wir rauchen, verengt das unsere Blutgefäße (es verringert ihren Durchmesser tatsächlich *wesentlich*), und das Anschwellen der Blutgefäße ist für Erektion und sexuelle Erregung bei Männern und Frauen verantwortlich. Das Inhalieren von Kohlenmonoxid reduziert außerdem den Sauerstoffgehalt des Blutes und gleichzeitig auch die Hormonproduktion. Bei einem starker Raucher ist die Leistungsfähigkeit der Lunge herabgesetzt, und das vermindert auch Ihre Ausdauer und Ihre Leistungsfähigkeit beim Geschlechtsverkehr. Probieren Sie es doch einfach aus. Hören Sie nur einen Monat lang mit dem Rauchen auf. Wenn Ihr Liebesleben sich nicht wesentlich verbessert (ich meine selbstverständlich Ihre Fähigkeit als Liebhaber), dann können Sie ja unbeschadet wieder anfangen. Ich weiß, daß es nicht leicht ist, sich das Rauchen abzugewöhnen. Aber ich habe es geschafft, und ich weiß, daß auch Sie es schaffen können. Es hat nur ein paar Tage gedauert, bis ich mich wirklich besser gefühlt habe (etwas länger freilich hat es gedauert, bis ich aufgehört habe, davon zu träumen, daß ich rauche), aber in Anbetracht der Tatsache, daß meine Gesundheit sich immens verbessert hat, schien der Gedanke, wieder mit Rauchen anzufangen, geradezu grotesk. Welcher Mann oder welche Frau, die nur ein bißchen Grips im Hirn haben, würde schon ein fantastisches, hinreißendes, absolut himmlisches Liebesleben gegen ein paar lumpige Lungenzüge eintauschen? Ich jedenfalls nicht.

Eines der herrlichsten Dinge am Leben scheint mir zu sein, daß eigentlich nichts jemals völlig hoffnungslos ist. Normalerweise besteht immer die Hoffnung auf Rettung. Eine tolle Neuigkeit ist, daß sich der Körper eines Menschen, der das Rauchen aufgegeben hat, innerhalb einiger Monate selbsttätig vom Teer und Nikotin und anderen Ablagerungen reinigen kann. Diverse Ärzte haben mir gesagt, daß kein Mensch denken dürfe, es lohne sich nicht, den Nikotinkonsum aufzugeben, weil er oder sie ja schon so viele Jahre rauchten, daß die Gesundheit bereits irreparabel geschädigt sei. Das stimmt nämlich wirklich nicht. Einige Monate nachdem Sie aufgehört haben zu rauchen, wird Ihre Lunge sich größtenteils wieder regeneriert haben.

Alkoholismus ist eine Folge von Nährstoffmangel (vor allem der B-Vitamine), und weil unser Körper fehlernährt ist, haben wir das Bedürfnis nach Alkohol – der unserem Körper immer mehr wichtige Nährstoffe entzieht, was die Unterversorgung unseres Körpers wiederum verschlimmert, weshalb wir mehr Alkohol brauchen, etc. etc.

Männer, die ihr Liebesleben in Superform bringen wollen, sollten also unbedingt ihren Alkoholkonsum einschränken, das Rauchen aufgeben und statt dessen versuchen, ihren prachtvollen Körper durch Sport und Bewegung in Topform zu bekommen. Jogging ist ein wunderbarer Anfang, selbst wenn Sie in Ihrer Wohnung nur auf der Stelle laufen. Sobald Sie merken, wie gut man sich hinterher fühlt, werden Sie bestimmt mit Begeisterung auch an der frischen Luft rennen.

Nun, ich bin mir sicher, daß es ein paar Männer gibt, die rauchen und trinken und trotzdem fit sind, aber glauben Sie mir, das wird nicht (kann nicht!) so bleiben. Diese Männer haben eine stabilere Konstitution als die meisten Menschen, und deshalb brauchen Nikotin und Alkohol bei ihnen eben ein bißchen länger. Aber früher oder später werden auch sie die Folgen zu spüren bekommen.

Nun kann ein Mann seine Erektion natürlich auch dadurch verlängern, indem er die Ejakulation bewußt zurückhält. Die besten Liebhaber sind angeblich die Chinesen, und sie werden dazu erzogen, ihren Samenerguß zurückzuhalten, um so das eigene Vergnügen wie auch das Vergnügen der Partnerin zu verlängern und zu erhöhen. Die chinesische Kultur lehrt, daß beide Partner die höchste Lut nur dann erfahren, wenn der Mann sich Mühe gibt, die Geschlechtsorgane der Frau reizvoll zu erregen.

Jeder Mann kann lernen, die Ejakulation zurückzuhalten. Und je länger er sie aufschiebt (eine reine Sache des Trainings), desto wunderbarer und länger wird ihm der Höhepunkt selber dann vorkommen. Es heißt nicht umsonst, daß ein Mann, der diese ekstatischen Freuden erlebt hat, sich nie wieder mit »Quickie«-Sex welcher Art auch immer zufriedengeben wird.

Jeder Mensch kann sich bewegen, kann laufen und tanzen – vielleicht nicht gerade besonders graziös, aber mit etwas Übung schaffen es die meisten von uns, sich einigermaßen gekonnt auf dem Tanzparkett zu bewegen. Aber wenn nun jemand jahrelang an und mit seinem Körper arbeitet und sich unheimlich anstrengt, um beispielsweise ein guter Ballettänzer zu werden – nun, dann kann es durchaus passieren, daß er oder sie eines Tages als Primaballerina bzw. als erster Solotänzer in *Schwanensee* auf der Bühne steht. Oder nehmen sie Michail Baryschnikow, der mit seinen Tanzeinlagen in dem Film *Am Wendepunkt* sämtliche Weiblichkeiten in seinen Bann zog. Übung macht den Meister, heißt es. Und da Sex schließlich einer der wichtigsten Faktoren unseres Lebens ist, sollten wir da nicht unser Möglichstes tun, ein echter Superstar auf diesem Gebiet zu werden? Es kostet lediglich etwas Zeit, etwas Überlegung und etwas Energie – und können Sie sich ein besseres Ziel vorstellen, für das diese drei genußbringend einzusetzen wären?

Ein *totaler* männlicher Orgasmus kommt – und das haben viele Ärzte bestätigt – nicht ohne ausreichendes Training zustande. Also, meine Herren: Wenn Sie schon Ihr bisheriges Liebesleben für großartig hielten, wie wird es dann erst in Zukunft werden! Jeder Mann kann lernen, das Liebesspiel dadurch zu verlangsamen, daß er jedesmal, wenn er glaubt ejakulieren zu müssen, in der Bewegung innehält. Am Anfang mag dies für ihn und seine Partnerin möglicherweise sogar etwas frustrierend sein, doch gerade diese »Frustration« wird nach einer Weile *beiden* zusätzliche Lust verschaffen, weil sie den Reiz und die spannende Erregung erhöht – und letztlich jenen höchsten Genuß beschert, den Sie nur dann erleben können, wenn der Mann seiner Frau mehrere Orgasmen schenkt, während er selbst das sinnlich-sensationelle Nirwana der nicht enden wollenden Erregung durchlebt, bevor schließlich auch er zum Höhepunkt kommt. Können Sie sich vorstellen, was das für eine himmlische Befriedigung für den Körper ist – von der seelischen ganz zu schweigen?

Haben Sie schon einmal einen richtigen Bärenhunger gehabt und sich dann an einem üppigen Festmahl gelabt? Dabei können Sie entweder voll reinhauen und sich so mit Essen vollstopfen, daß Sie bald statt und zufrieden sind. Oder Sie wählen die Möglichkeit, den Genuß zu verlängern, indem Sie sich entspannen, ein Glas Wein trinken und dazu einige Appetithäppchen verzehren, während Sie auf den unvergleichlichen Hauptgang warten. Das Warten regt Ihren Appetit noch zusätzlich an, aber dieser Erregungszustand ist durchaus reizvoll – denn Sie wissen ja, daß etwas Wunderbares auf Sie zukommt, und in der Zwischenzeit haben sie Gelegenheit, sich geistig auf das Kommende vorzubereiten. So können Sie das bevorstehende Festmahl voll auskosten.

Welche Möglichkeit, glauben Sie, bringt Ihnen mehr Genuß? Welcher Mensch, der seine fünf Sinne beisammenhat, würde das Sichvollstopfen, das Hinunterschlingen wählen, wenn er ganz genüßlich in

Ruhe schwelgen kann? Sobald Sie alles gekaut und geschluckt haben, ist das Vergnügen vorbei; Sie haben viel, viel mehr davon, wenn Sie die einzelnen Speisen genüßlich auf der Zunge zergehen lassen. Und das trifft auf alle Arten von Appetit zu. Ein Kenner und Genießer weiß dem Leben viel mehr abzugewinnen als ein Gierschlund und wird darüber hinaus auch viel länger Freude an allem haben.

Ein Mann kann seinen Orgasmus eine Stunde, ja mehrere Stunden lang hinauszögern und sogar auf den nächsten Morgen verschieben. Beim abendlichen Liebesspiel kann er sich zurückhalten und dann am nächsten Morgen aufwachen und erneut damit beginnen. (Dies sollten Sie an einem Wochenende tun, wenn Sie *viel* Zeit haben.)

Und wenn ein Mann sich selbst zum Zurückhalten erzieht, steigert er damit automatisch seine körperliche Sensibilität. Jeder einzelne Nerv wird so empfindlich und so sinnlich, daß selbst die leiseste Berührung köstlich erotisch wirkt. Die Leidenschaftlichkeit steigert sich in einem solchen Maße, daß Sie die Erregung am ganzen Leib spüren werden. Und die Folge davon sind viele Umarmungen und Zärtlichkeiten, die Sie dann *noch* sinnlicher werden lassen (und ich möchte hinzufügen: auch liebesfähiger).

Warum probieren Sie es nicht einfach mal aus? Sie werden nicht nur die Frau in Ihrem Leben ein ganzes Stück glücklicher machen, Sie werden auch überrascht sein, wieviel glücklicher und befriedigter Sie selbst hinterher sind.

All jenen Männern, die in dieser Hinsicht bereits »aufgeklärt« sind, möchte ich nur eines sagen, und das im Namen aller Frauen . . .

Danke.

Können Sie sich vorstellen, was passieren würde, wenn jeder Mann seinen Körper in Topform brächte, so daß dieser ganz genauso funktioniert, wie er es sich wünscht (und so, wie er eigentlich funktionieren *sollte*), und zwar nicht nur sexuell, sondern *überhaupt*? Und wie es wäre, wenn auch alle Frauen sich in Topform brächten und lernen würden, wie sie ihr Liebesleben selber aktiv gestalten können, anstatt nur passiv herumzusitzen und darauf zu warten, daß irgend jemand kommt und sie aus ihrem Dornröschenschlaf weckt? Können Sie sich vorstellen, wie viele glückliche Gesichter es dann geben würde – ganz einfach aus dem Grund, weil es unmöglich ist, ärgerlich oder sauer oder böse zu sein, wenn man von einem Menschen Liebe und Vergnügen erfahren hat, wenn man von einem Menschen geliebt wird, dem man so sehr vertraut, daß man sich ihm vollständig, mit Leib und Seele, hingibt – und mit dem man seine Liebe teilt.

Das ultimative »Hoch« in der Liebe können Sie nur erleben, wenn Sie sich einander hingeben, einander ganz und gar vertrauen. Manche Leute mögen das Wort »sich hingeben« nicht – es macht ihnen angst, weil sie nicht verstehen, worum es geht. Wenn Sie sich jemandem in Liebe hingeben, geben sie nichts von sich auf, sondern Sie *gewinnen* im Gegenteil etwas dazu: Sie erfahren die Kraft der Liebe.

Es gibt viele verschiedene Arten, dem Ich körperliche Freuden zu bereiten. Ich zum Beispiel verwöhne mich gerne mit einem heißen Bad und wunderbar duftendem Badezusatz; es ist herrlich, einfach so dazuliegen, den sinnlichen Duft einzuatmen und an lauter schöne und erfreuliche Dinge zu denken – es ist herrlich entspannend. Genauso wohltuend finde ich es, meinen ganzen Körper, vom Kopf bis zu den Zehen, mit Massageöl oder einer Körperlotion einzucremen, mich in einen flauschigen Bademantel zu wickeln, meine Lieblingsmusik aufzulegen und es mir mit einem neuen Buch und einer Schale mit Weizenschrot, Honig, Sonnenblumenkernen und Milch auf dem Sofa gemütlich zu machen. Da wir gerade über Sinnlichkeit sprechen – das, glaube ich, spricht sämtliche Sinne an. Und dann ist da natürlich noch die Massage. Für das gleiche Geld, das Sie für eine Taxifahrt vom Kennedy Airport nach Manhattan blechen müssen, oder für den Preis einer durchschnittlichen Theaterkarte, können Sie sich einen Masseur oder eine Masseurin ins Haus kommen lassen und eine Stunde lang den kaum zu übertreffenden Genuß auskosten, sich jeden Zentimeter Ihres wunderschönen Körpers massieren zu lassen. Das ist einer der herrlichsten Genüsse, die das Leben zu bieten hat. Sollte Sie das Geld dafür reuen, bitten Sie doch einfach Ihr Ehegespons, Ihren Lebensgefährten, eine(n) Mitbewohner(in) oder eine(n) Freund(in), ob er bzw. sie es versucht. Besorgen Sie sich Massageöl oder Körperlotion, ziehen Sie Ihren Eßtisch auf die volle Länge aus und legen Sie ein dickes, flauschiges Handtuch darauf – und schon kann's losgehen. Der einzige Nachteil einer solchen kostenlosen Behandlung ist, daß normalerweise erwartet wird, daß Sie sich revanchieren (was genau genommen aber gar kein Nachteil ist, sondern vielmehr ein ganz *großartiges* Training für Ihre Finger, Hände und Arme – und wenn Sie es mit

Ihrem Partner machen, kann es Sie beide auch super anturnen!).

Hinsichtlich der ultimativen Freuden, die man sich selbst bereiten könne, zitierte die Zeitschrift *McCall's* den bekannten Forscher und Therapeuten Dr. Wardell B. Pomeroy. Und die aufgeführte Theorie der Selbstbefriedigung wird von vielen Ärzten, Psychiatern, Psychologen und Lehrern unterstützt. Ob Sie ihr zustimmen, ist eine andere Sache, aber interessant finde ich sie jedenfalls:

Lange Zeit hielt sich der Mythos, daß Masturbation pupertär und gesundheitsschädigend sei. Heute heißt es, Masturbation ermögliche eine weitaus tiefere Befriedigung als Geschlechtsverkehr. Masters und Johnson haben mit Hilfe objektiver Messungen herausgefunden, daß physiologisch – nicht emotional – gesehen, Masturbation eine intensivere Reaktion hervorruft als Geschlechtsverkehr. Doch obwohl man auf diesem Wege leichter zum Orgasmus kommt, wird der intime sexuelle Kontakt zwischen zwei Menschen der Masturbation, die gemeinhin alleine erfolgt, vorgezogen.

Da wir gerade beim Thema sind, möchte ich die Gelegenheit nutzen, die klassischen Zeilen aus Woody Allens Film *Die letzte Nacht des Boris Gruschenko* zu wiederholen. Er liegt zusammen mit einer Frau auf einer Daunendecke, und sie gurrt ihm ins Ohr: »Du bist der beste Liebhaber, den ich je hatte«, und Woody wendet sich ihr mit großen Augen zu und sagt: »Ich übe auch sehr viel, wenn ich allein bin.«

Darüber, daß die Liebe die größte Freude überhaupt ist, besteht hoffentlich keinerlei Zweifel. Aber die Liebe hat viele verschiedene Gesichter und tritt in den unterschiedlichsten Formen auf. Ich bin der Ansicht, daß man sich so lange gut fühlt, wie man weder sich noch einem anderem weh tut. Das einzige, womit Sie sich selbst weh tun können, sind Schuldgefühle, und wenn Sie das Leben und die Liebe lieben, dann gibt es überhaupt keinen Grund, sich schuldig zu fühlen. Tun Sie sich etwas Gutes, so oft Sie nur können – ernähren Sie sich gesund, atmen Sie viel frische Luft, benutzen Sie all Ihre Muskeln, kümmern Sie sich um Ihre Haut und Ihren Körper – machen Sie alles, was Ihnen dabei hilft, sich körperlich, geistig und seelisch wohl zu fühlen.

Haben Sie Ihren Körper erst einmal richtig in Form gebracht, Ihren Geist geschärft (was fast automatisch geschieht, wenn Sie sich körperlich fit machen) und Ihren Gefühlshaushalt ins Gleichgewicht gebracht (alles Genannte hängt eng damit zusammen, daß Sie die Liebe in Ihr Leben einfließen lassen), werden Sie bemerken, daß Ihre geistige, emotionale und körperliche Lebenskraft beständig weiterwächst. Und der höchste Ausdruck der Lebenskraft ist Sex – ein reiches, herrliches, liebevolles und aufregendes Liebesleben. Natürlich ist dies nur *eine* von vielen Lebensfreuden, aber es ist die Lebensfreude *par excellence*.

Das wirksamste Stimulans für Sex ist die Liebe, und die Liebe ist auch das Thema dieses Buches. Wenn Ihr Körper Liebe atmet, wenn jeder Ihrer Gedanken in Liebe gebettet ist und wenn die Liebe auch Ihre Leidenschaftlichkeit erfüllt, dann wissen Sie, worum es im Leben *wirklich* geht.

Also sehen Sie zu, daß Sie möglichst bald ganz gesund werden, und ich verspreche Ihnen, daß Sie sich
dann besser fühlen als jemals zuvor in Ihrem Leben.
Sie werden glücklicher sein als jemals zuvor. Sie
werden sich jeden Tag wohl fühlen und jede Minute
Ihres Lebens genießen.

2. Kapitel
Die Freuden der Seele

Wenn ich meinem Körper Freude bereiten und ihm alles mögliche Gute tun kann, ihn pflegen und ihn davor bewahren kann, fett und schwabbelig zu werden – warum sollte ich dann nicht auch in der Lage sein, dasselbe für meinen Geist zu machen?

Zugegeben, körperliche Freuden sind etwas Fantastisches, aber ohne die Unterstützung der Psyche ist das Ganze nur halb so schön (und ich will schließlich *allen* Genuß, den ich haben kann!). Da ich will, daß jeder Aspekt meines Lebens voller Freude und Vergnügen ist, müssen die in körperlicher, geistiger und seelischer Hinsicht nötigen Voraussetzungen dafür erfüllt sein. Sie können Ihr physisches Ich nicht von Ihrem psychischen und emotionalen Ich trennen – sie sind alle eng miteinander verwoben und arbeiten immer zusammen (oder sie funktionieren allesamt nicht).

Da ich genügend Willenskraft besitze, auf alles ungesunde Essen (Kaffee, Alkohol, Glimmstengel, Zucker etc.) zu verzichten, kann ich auch alle ungesunde Geistesnahrung (negative Gedanken, Angst etc.) aus meinem Leben eliminieren. Wenn ich mich darauf konzentriere, meinem Körper nur gesunde Dinge wie Vitamine, den Energietrank und frische Lebensmittel zuzuführen, kann ich mich auch darauf konzentrieren, ausschließlich positive Gedanken und konstruktive Ideen in meinen Kopf eingehen zu lassen. Und das ist wirklich ganz einfach: Sie müssen nichts weiter machen als zu sagen: »Ich will es tun«, und dann konsequent sein und es auch *tatsächlich* tun. Meinen Körper unter Kontrolle zu halten (das heißt unter anderem: kein Eis und keine Schokolade zu essen), ist schwierig, aber keineswegs ein Ding der Unmöglichkeit. Meine Gedanken unter Kontrolle zu halten (das heißt unter anderem: niederträchtigen Tratsch nicht weiterzuverbreiten oder irgend etwas zu denken oder zu sagen, was mir selbst oder andern schaden könnte), ist zwar ebenfalls schwierig, aber letztendlich auch nicht unmöglich.

Und noch etwas Positives: Sobald ich damit anfange, lösen sich alle unproduktiven und negativen Beziehungen wie von selbst in Wohlgefallen auf. Wenn ich mich körperlich großartig fühle und auch geistig voll auf der Höhe bin, was in aller Welt sollte ich dann mit einer destruktiven emotionalen Beziehung? Das ist höchstens was für Masochisten, die sich in keiner Hinsicht besonders wohl fühlen, denn sich wohl fühlen heißt auch, für sich selbst zu sorgen, sich um sich selbst zu kümmern, und sich um sich selbst kümmern heißt, nur Gutes für sich selbst wollen, was wiederum dazu führt, Gutes zu tun. Da ich eine sehr logisch denkende Person bin, neige ich dazu, alles zu analysieren. »Warum funktioniert das so und nicht anders?« – »Was hat er damit gemeint, als er das sagte?« – »Wie kann ich mein Leben verbessern?« Die letzte Frage beschäftigt mich schon seit meiner Kindheit, weil ich nämlich als Kind unter einer schwächlichen (nein: ausgesprochen schwachen) Gesundheit litt. Und weil ich mir meiner

Schwächen außerordentlich bewußt war, bemühte ich mich auch unheimlich, die Dinge zu ändern, die ich an mir selber nicht leiden konnte – und es gab kaum etwas, das ich an mir mochte. Nun, Rom wurde nicht an einem Tag erbaut, und auch ich brauchte für mich etwas länger. Es hat viele Jahre gedauert, aber jetzt kann ich ganz ehrlich und aus voller Überzeugung sagen: Ich bin ein besserer Mensch geworden (aber ich habe trotzdem noch einen langen Weg vor mir und arbeite deshalb unermüdlich weiter an mir) und fange gerade an, mich zu mögen. Dabei fällt mir ein, daß ich vor einigen Jahren so eine Art Erleuchtung hatte: Und zwar erkannte ich auf einmal, daß es im Leben nichts Wichtigeres gibt, als sich selbst zu mögen, denn sobald man sich selbst mag, kann einem nichts und niemand mehr wirklich etwas anhaben. Wenn Sie selber davon überzeugt sind, ein toller, superaktiver Typ zu sein, dann werden Sie sehr viel Selbstvertrauen an den Tag legen und auch aktiv sein. Falls Ihnen irgend etwas nicht auf Anhieb gelingt, dann werden Sie nicht aufgeben, sondern so lange weitermachen, bis Sie letztlich doch noch Erfolg haben. Und sollte jemand versuchen, Sie fertigzumachen, oder Ihnen weismachen zu wollen, etwas sei mit Ihnen nicht in Ordnung, dann werden Sie ganz einfach lächeln und sich im Weggehen denken, daß Sie genau *wissen*, daß mit Ihnen alles in Ordnung ist und daß Sie es nicht nötig haben, das irgend jemandem zu beweisen. Wie ich schon sagte, hatte ich diese kurze Erleuchtung, doch mir war auch klar, daß ich zu der Zeit weit davon entfernt war, mich selbst zu mögen. Als ich ein ganz kleines Kind war, da, glaube ich, mochte ich mich leiden – nicht sehr, aber ich kann mich erinnern, daß es ein paar Dinge gab, die mir an mir gefielen. Aber als ich dann in die Pubertät kam ... Am liebsten würde ich gar nicht darüber reden. Man könnte sagen, ich fing direkt an, mich selber zu hassen. Und alles, was ich mir vornahm, ging schon fast automatisch schief. Nie werde ich vergessen, daß ich, die ich acht Jahre lang die Beste in Rechtschreibung gewesen war, mit dreizehn plötzlich jämmerlich versagte. In der High-School fand damals ein groß aufgemachter Rechtschreib-Wettbewerb statt, und ich war so nervös und verkrampfte mich derart, daß ich in den Vorrunden zwar noch recht gut abschnitt, im großen Finale dann aber gegen einen Jungen verlor, den ich bei früheren Wettbewerben immer mühelos geschlagen hatte. Ich war so verkrampft, daß ich nicht mehr in der Lage war, klar zu denken, und ich weiß noch genau, daß ich nicht einmal ruhig auf meinen vier Buchstaben sitzen bleiben konnte.

Nun ja, an dieser Veränderung war zum Teil auch der Prozeß des Frauwerdens schuld – und die Umstellung fiel mir körperlich, geistig und auch seelisch alles andere als leicht, aber darüber hinaus hatte ich mich regelrecht in alles Negative verbissen. Ich *wußte*, ich würde den Rechtschreib-Wettbewerb verlieren, und was Beziehungen anging, war das nicht anders. In der Knabenschule neben unserer Mädchenschule gab es einen Jungen, der sehr gut aussah und unheimlich beliebt war, und obwohl alle meine Freundinnen mir erzählten, daß er ein Auge auf mich geworfen habe, *wußte* ich, daß sie spinnen mußten und daß er mich nie einladen würde, mit ihm auszugehen. Und er hat es auch nie getan. Vermutlich hat er meine negative Lebenseinstellung gespürt, ja, heute bin ich mir sicher, daß ich aufgrund dieser negativen Einstellung ein so abweisendes Verhalten an den Tag legte, daß es ihm unmöglich war, auf mich zuzukommen, ja, daß ich ihn regelrecht abstieß. Später, als ich dann endlich anfing, mir meiner negativen Einstellung bewußt zu werden, kostete es mich eine Heidenkraft, mich zu verändern, aber es war mir klar, daß ich, wenn ich es nicht täte, niemals im Leben irgend etwas erreichen könnte, daß ich mir auch weiterhin alles Gute selber vermasseln würde. Deshalb habe ich hart an mir gearbeitet und versucht, alle negativen Gedanken aus meinem Kopf zu verbannen. Sie können mir glauben, das ist verdammt schwierig! Allmählich aber, ganz langsam, fing es an zu funktionieren – wenigstens war ich mir jetzt darüber im klaren, *wie* negativ ich tatsächlich eingestellt war. Es war schon fast zu einer Glaubensfrage für mich geworden: »Wenn ich immer nur das Schlimmste erwarte, dann bin ich wenigstens nicht enttäuscht, wenn es auch tatsächlich eintritt« – kommt Ihnen dieses Denkschema bekannt vor? A propos das Schlimmste erwarten: Ich *wußte* einfach, daß es passieren würde. Ich bekam nur die Dinge, die mir im Prinzip gleichgültig waren – die wichtigen vermasselte ich mir mit schöner Regelmäßigkeit. Natürlich war ich mir damals nicht bewußt, daß ich selber an meinem Unglück schuld war. Ich dachte einfach, das Schicksal meine es nicht gut mit mir und ich würde nichts Besseres verdienen. Dann stieß ich durch Zufall auf die »Seven-Day Mental Diet« aus Emmet Fox' *Power Through Constructive Thinking* (nicht in Deutsch), und das bedeutete den Wendepunkt in meinem Leben – allmählich fiel es mir leichter, positiv zu denken, und inzwischen bin ich so weit, daß ich schon aus Gewohnheit keine negativen Gedanken mehr hochkommen lasse. Ja, es ist mir regelrecht zur Manie geworden, weil ich seither genau weiß, wie destruktiv negative Gedanken sein können. Und wenn mich heute jemand aufzieht, dann stört mich das nicht im geringsten. Ich mache genau das, was ich mir vorgenommen habe und lasse meine positiven Gedanken für mich arbeiten.

Ich werde nie vergessen, wie ich ungefähr einen Monat nach meinem ersten Auftritt in *Be Kind to People Weak* in einem Off-Broadway-Theater einen äußerst attraktiven Mann kennenlernte, der die Show und auch mich einfach fabelhaft fand und der mir am nächsten Tag einen riesigen Strauß gelbe Rosen in meine Garderobe schickte. Die Karte, die in den Blumen steckte, habe ich aufgehoben. Sie zeigt einen Storch, und über dem Storch steht gedruckt: HERZLICHEN GLÜCKWUNSCH ZUM NEUANKÖMMLING, und darunter hatte er geschrieben:

> *Mich!*
> (Ist das nicht positiv gedacht!)
> Ich bin positiv eingestellt und freue mich darauf,
> Sie nach der Show zu sehen!
>
> Herzlichst   Zwilling

Am nächsten Tag dann bekam ich einen weiteren Riesenstrauß gelbe Rosen mit einer weiteren Karte (er schickte so viele Rosen, daß in meiner Garderobe kaum noch Platz für mich war!):

Liebe N. – Ich hoffe, Sie bleiben bei
allem, was Sie tun, immer so positiv.

Herzlichst   T.

Beide Karten habe ich an mein Bücherregal geheftet.
T. (der im Sternzeichen Zwilling geboren ist – und
eine seiner Hälften war auch wirklich hinreißend,
nur leider war es die andere nicht) erwies sich über-
raschenderweise als einer der negativsten Menschen, die ich jemals kennengelernt habe (meine positive Einstellung hat also anscheinend nicht abgefärbt), weshalb unsere Beziehung nicht lange dauerte – glücklicherweise, möchte ich sagen. Ich habe
mehr als genug negative Menschen erlebt; es ist
schlimm, wenn man ihnen zusehen muß, wie sie
sich selbst kaputtmachen, und es kostet mich viel
Kraft, alles, was sie sagen oder tun, ins Positive zu
verkehren.

Die Anwältin Karen DeCrow, die von 1974 bis
1977 als Präsidentin der *National Organization for
Women* fungierte, hat vor nicht allzulanger Zeit
einen fabelhaften Artikel in der *New York Times* veröffentlicht: »Vierzig, wieder Single und nichts zu bereuen.« Sie schreibt darin, daß sie im Teenageralter
nur eines im Sinn hatte: sich einen Jungen zu angeln
– denn darum ging es damals schließlich. Mit Anfang Zwanzig dann, als sie das erste Mal verheiratet
war, gab ihr jemand den wohlmeinenden Rat, doch
etwas mehr Make-up aufzulegen, denn schließlich
arbeite ihr Mann ja mit einer ganzen Reihe attrakti-
ver Sekretärinnen zusammen und sie wolle ihn doch
sicher nicht an eine davon verlieren. Inzwischen ist
sie vierzig, hat zwei Ehen hinter sich und endlich

das Gefühl, ihr Leben im Griff zu haben. In ihrem Artikel setzt sie die Ehe keineswegs herab; sie sagt lediglich, daß ihre beiden Ehen nicht funktioniert hätten. Sie schreibt, daß sie zwar nicht mehr so dünn wie früher sei (sie hatte dafür schlimme Abmagerungskuren gemacht), aber dafür glücklicher wäre. Und über sich und alle Frauen sagt sie:

Wir können zäh sein, sexy sein, klug sein und zärtlich sein. Wir verkörpern die neue Miß Amerika. Und ich glaube, das gefällt mir.

Hier haben wir eine Frau, die dabei ist zu lernen, wie man sich selbst Freude bereitet. Sie tut es nicht auf Kosten anderer. Sie ist endlich dabei zu erfahren, wie sie sich selbst glücklich machen kann.

Sich zu amüsieren, aufregende und anregende Dinge zu tun, die uns gefallen – das ist der Anfang. Sobald Sie Ihren Körper in Form gebracht haben und sich aktiv und tatendurstig fühlen, wird Ihre Lebensfreude von selbst die Oberhand gewinnen, und Sie werden anfangen, Ihrer Psyche die unterschiedlichsten Freuden zu bereiten. Zu allererst müssen Sie herausfinden, was genau Sie mit Ihrem Leben anfangen wollen. Sie können sich nicht vorstellen, wie viele Menschen es gibt, die nicht genau wissen, was sie eigentlich von ihrem Leben erwarten. Ich habe manchmal den Eindruck, die meisten genieren sich, bestimmte Dinge beim Namen zu nennen. Leider ist es nun aber so, daß fast alle Leute ihren Lebensunterhalt mit einer Arbeit verdienen, die sie entweder langweilt oder sogar regelrecht unglücklich macht. Und schuld daran ist nur, daß sie ihre eigentliche Begabung nicht erkennen oder sie nicht voll ausschöpfen. Jeder Mensch hat bestimmte Wesenszüge und geistige und seelische Neigungen, die ihn für eine bestimmte Art von Arbeit prädestinieren und für eine andere völlig ungeeignet machen. Warum also nicht einen Eignungstest absolvieren, der einem sagt, wo man hingehört? Ich habe dies bereits in meinem »Energy«-Buch angesprochen und daraufhin unzählige Briefe von Menschen erhalten, die einen Eignungstest ablegten und dadurch endlich herausfanden, warum sie bislang so unglücklich über ihre Arbeit waren. Sie schrieben mir, wie sie jetzt nach einer neuen Aufgabe suchten (während sie ihre alte Stelle aber noch behielten), die sie dem Testergebnis zufolge glücklich machen würde. Eine Frau jedoch ließ mich wissen, daß sie ihren Job unmittelbar nach dem Test gekündigt habe (was eine Menge Mut erfordert), weil sie es dort nicht einen Tag länger ausgehalten hätte; und tatsächlich fand sie innerhalb einer Woche einen neuen Job, in dem sie vollkommen glücklich ist. Sie hatte als Stenotypistin in einem Versicherungsbüro gearbeitet, und sie fand eine Stelle in der Kosmetikabteilung eines großen Kaufhauses, wo sie jetzt mit Begeisterung anderen Frauen dabei hilft, die richtigen Make-up-Farben zu wählen, und ihnen zeigt, wie man Lidschatten etc. perfekt aufträgt. Ihr Testergebnis besagte, daß sie ein ausgezeichnetes Farbgefühl habe und gut mit Menschen umgehen könne, zwei Fähigkeiten, die sie bei der Tipperei im Büro überhaupt nicht ausnutzen konnte. Genau umgekehrt ging es einem Mann, der mir ebenfalls einen langen Brief schrieb. Er war Verkäufer bei einer großen Reifenfirma und haßte seine Arbeit. Sein Eignungstest zeigte, daß er nicht besonders gut mit Menschen umgehen könne, aber eine große Begabung für Zahlen habe, und so begann er ein Abendstudium, das er jetzt mit großer Begeisterung durchzieht, während er nebenher weiter Reifen verkauft. Sobald er seinen Abschluß als Software-Programmierer hat, wird er seinen jetzigen Job kündigen. Hätten sie nicht an dem Eignungstest teilgenommen, wären beide, die Frau wie auch der Mann, für den Rest ihres Arbeitslebens dazu gezwungen gewesen, einen Job auszuüben, den sie haßten. So aber fanden sie heraus, daß sie auf dem falschen Weg waren, und sie unternahmen etwas dagegen.

Ich bin der Ansicht, daß jede Schule (und zwar alle Schultypen) den Kindern die Möglichkeit bieten sollte, an einem Eignungstest teilzunehmen. Ist es denn nicht viel wichtiger herauszufinden, was einen im Leben wirklich interessiert, als Algebra, Geometrie oder Geographie zu lernen? Sie können ein echtes Mathegenie sein und die Namen aller Hauptstädte kennen und trotzdem als Schuhverkäufer enden, obwohl Sie eigentlich als Chefkonditor ins Waldorf-Astoria gehörten. Wenn Sie Blumen lieben, aber vierzig Stunden in der Woche damit verbringen, Beton zu gießen, können Sie beim besten Willen nicht glücklich sein. Und wenn Ihr Mann Busfahrer ist, aber keine Menschenansammlungen mag, wird Ihre Ehe erst dann wirklich glücklich sein, wenn er herausgefunden hat, daß ihm zum Beispiel die Arbeit auf einer Baustelle Spaß machen würde (wo er darüber hinaus auch nicht täglich mit Hunderten von Leuten reden und zu denen auch noch saufreundlich sein muß). Und Ihr Familienleben dürfte kaum sehr fröhlich sein, wenn Ihre Frau acht Stunden täglich in der Spielzeugabteilung von Bloomingdale's schwitzt, wo sie doch viel glücklicher wäre, wenn Sie bei einer Zeitung Anzeigen verkaufen könnte. Die Stimmung bei Ihnen zu Hause wird sich garantiert umgehend verbessern, sobald sie den neuen Job angetreten hat.

Wie wenige von uns sind denn schon in der glücklichen Lage, von Kindesbeinen an zu wissen, was genau sie werden wollen! Ich jedenfalls hatte keinen blassen Schimmer, und es hat Jahre gedauert (Jahre, in denen ich meine Zeit mit langweiligem Zeug vergeudet habe), um herauszufinden, was ich wirklich mit meinem Leben anfangen wollte. Was für eine Zeitverschwendung! Hätte mir jemand von dem Eignungstest erzählt, hätte ich mir Jahre der Frustration ersparen können. Aber glücklicherweise ist es nie zu spät. Und auf dem zuständigen Arbeitsamt informiert man Sie bestimmt gerne, wie und wann Sie einen Eignungstest ablegen können.

Herauszufinden, wo mein Platz im Leben ist, gehört zu den lohnendsten Dingen und dient nicht nur dazu, die eigene Karriere zu planen, sondern bringt darüber hinaus noch weitere Freuden mit sich. Joanne Woodward, eine der besten amerikanischen Schauspielerinnen, entschloß sich eines Tages, Ballettunterricht zu nehmen, und wenn sie heute ihr Training absolviert, zieht sie daraus nicht nur psychischen, sondern auch physischen Genuß.

Jonny Carson ist ein erstklassiger Zauberkünstler, und er liebt seine Arbeit. Ich glaube, er ist der lustigste Mensch, dem ich je begegnet bin. Einmal, bei einem Benefiz-Dinner für Ed Sullivan, hat er mich so zum Lachen gebracht, daß ich direkt Bauchschmerzen bekam. Alle priesen Ed, weil er jungen Talenten den Weg zur Bühne ebne, aber als Johnny an der Reihe war, nannte er all die Gäste, die in Eds Show Erfolg *hätten haben sollen* und die Weltruhm *hätten erlangen sollen*, deren Namen aber kein Mensch kennt: Den Trainer des Tanzbären, der wenige Minuten vor Beginn der Show in einer zu festen Umarmung den Tod fand (»*Seinen* Namen haben Sie noch nie gehört, oder?«); den Mann mit dem unglaublichen Sehvermögen, der Verkehrsschilder noch aus zwei Meilen Entfernung lesen konnte und der außerhalb des Scheinwerferlichts wartete, als Ed sich umdrehte und sagte: »Und hier ist er, meine Damen und Herren . . .«, und mit seinem ausgestreckten Zeigefinger direkt in das Auge des Mannes traf, der seitdem nicht mehr arbeiten kann (»*Seinen* Namen haben Sie noch nie gehört, oder?«). Johnny brachte noch mehr solche Beispiele, und das Publikum johlte vor Vergnügen – und ich ganz besonders. Komisch zu sein und Heiterkeit zu verbreiten ist Johnnys Job, und er arbeitet hart dafür, aber die Zauberei ist sein Hobby, und damit macht er nicht nur sich selbst, sondern auch allen jeweils Anwesenden Freude.

Der Schriftsteller Henry Miller, der mehr als sechzig Bücher geschrieben hat (darunter auch *Wendekreis des Krebses*), war schon immer ein großer Anhänger der These, daß man sich selbst viel Freude gönnen soll, und er sagt, daß er ein ausgesprochen glückliches Leben geführt hat. Als jemand ihn fragte, was denn auf seinem Epitaph stehen solle, antwortete er: »Ich werde diese Bastarde schlagen.«

Er sagt, er war entschlossen zu überleben, um seine Wünsche in die Tat umzusetzen, und das ist ihm soweit ja ganz gut gelungen. Er sagt, daß er zwar kein reicher Mann sei, aber dafür einer, der sein Leben genossen habe.

Warren Beatty ist dagegen ein echter Romantiker; seine ganz besondere Liebe gilt der Astronomie, die er als »romantische Wissenschaft« bezeichnet. Er verbringt einen Großteil seiner Freizeit hinter dem Teleskop, mit dem er die Sterne und Planeten beobachtet. Die Vorstellung, daß die frühen Kulturen die Konstellationen des Abendhimmels als Bilder ansahen, findet er unheimlich poetisch, dies sei die unübertroffene Kombination aus Imaginationskraft und technischem Verständnis. In das Universum zu blicken und nach Sternschnuppen Ausschau zu halten, sei ebenso faszinierend wie geistig stimulierend. Warren gilt als großartiger Liebhaber, und ich nehme an, daß die Astronomie nur seine zweite große Leidenschaft ist, denn vor allem liebt er die Frauen, und die Frauen lieben ihn.

Bob Fuddione, den Gründer und Verleger von *Penthouse*, habe ich in New York City kennengelernt, wo wir beide zu Gast in der Fernsehshow *AM-New York* waren; sein Intellekt sowie seine Freundlichkeit haben mich tief beeindruckt (sein gutes Aussehen ist ein zusätzlicher Pluspunkt). Wir alle neigen dazu, andere Menschen in bestimmte Schubladen zu stecken, und ich hatte deshalb eigentlich eher einen Macho-Typen erwartet; welche Überraschung also, als ich bemerkte, daß Bob in Wahrheit alles andere ist. Ich fragte ihn, was ihm die meiste Freude bereite (ha-ha!), und er antwortete: »Zeichnen. Ich genieße nichts so sehr wie die Momente, die ich mit Bleistift und Skizzenblock verbringen kann.« Früher hat er expressionistische Bilder gemalt – Landschaften und Menschen–, und er sagt: »Die Kreativität, vor allem die Malerei, ist die treibende Kraft in meinem Leben. Das bringt mir mehr Freude als die meisten anderen Vergnügungen.«

Was den in Amerika als »Mr. Credibility« (Mister Glaubwürdigkeit) bekannten Walter Cronkite angeht, so ist er neben seiner Arbeit beim Fernsehen ein begeisterter und erstklassiger Segler. Diesem Können hat Walter wohl auch einen Teil seines Selbstvertrauens zu verdanken. Darüber hinaus ist er ein fabelhafter Charleston-Tänzer, was viele Leute überrascht. Ihn tanzen zu sehen ist ein echtes Erlebnis, das man nicht so schnell vergißt. Die Tatsache, daß dieser hochgewachsene, gutaussehende, distinguierte Nachrichtenmann wie ein echter Profi tanzt, finde ich sagenhaft. Besonderen Spaß macht es, ihn zu beobachten, wenn er in einer Disco richtig loslegt.

John Travolta, der zu den besten und einfühlsamsten Schauspielern zählt, hegte schon immer ein besonderes Faible für Flugzeuge. Als kleiner Junge spielte er mit Modellflugzeugen – er baute sie, ließ sie fliegen, arbeitete daran, reparierte sie; sie waren seine größte Leidenschaft. Schon damals träumte er davon, eines Tages selber zu fliegen, und vor nicht allzulanger Zeit haben sich sein fester Glaube und seine Entschlossenheit ausgezahlt, und er hat sich diesen langgehegten Traum endlich erfüllt. Er machte seinen Pilotenschein und ist jetzt in der Lage, selber überall hinzufliegen. Die gleiche Glaubenskraft und Entschlossenheit haben ihm auch die Hauptrolle in *Saturday Night Fever* eingebracht, wo er eine wirklich großartige Leistung gezeigt hat.

Sicher gibt es etwas, was auch Sie selbst schon immer tun wollten. Gitarre spielen zum Beispiel, oder Italienisch lernen? Sie werden überrascht sein, wie viele Colleges und High-Schools Abendkurse abhalten, wo Sie nicht nur Gitarrespielen und Französisch oder Italienisch, sondern auch eine Unzahl anderer Dinge lernen können.

Erst vor ein paar Tagen erhielt ich das aktuelle Herbstprogramm des Marymount Manhattan College, und ich möchte Ihnen, nur so zum Spaß, ein paar der Kurse auflisten, die dort angeboten werden.*

Seidenblumen selbst anfertigen
Rhetorik
Erlebte Astronomie
Wie dekoriere ich mein Heim
Selbstsicherheit lernen
Fotojournalismus
Zeichnen und Aquarellieren
Ölmalerei für Anfänger
Experimentelles Seidenmalen
Sich richtig bewerben – aber wie?
Vollwertküche leicht gemacht
Existenzgründung – Sich erfolgreich selbständig machen
Verkaufstraining
Kosmetik für den Alltag

* Programm der Volkshochschulen u. a. öffentlicher Bildungsinstitutionen werden solche oder ähnliche Kurse angeboten.

Tanzwerkstatt
Autogenes Training
Weine – eine Einführung
Schätze der Indianischen Kunst
Yoga
Sexualität heute
Einführung ins Verbraucherrecht
Theaterwerkstatt
Ärger abbauen
Modern Jazzdance
Schnell–Lesen
Entscheidungen treffen
Religionswissenschaft und Psychotherapie
Graphologie: Handschriftenanalyse

Und das ist noch nicht einmal ein Viertel des Programmangebots. Die übrigen fünfundsiebzig Prozent sind genauso interessant. Ganz egal, *was* Sie schon immer lernen, machen oder sein wollten – irgendeine Schule in Ihrer Nähe bietet bestimmt einen entsprechenden Kurs an. Sie brauchen nichts weiter zu tun als sich umzuhören und vielleicht ein paar Telefonate zu führen, um zu erfahren, wo welche Kurse stattfinden.

Können Sie sich vorstellen, wie fantastisch Sie sich fühlen werden, wenn Sie schon immer eine Leidenschaft für chinesische Kunst gehegt haben und nun einen Kurs über »Die Schätze des alten China« belegen? Oder wie selbstbewußt Sie sich fühlen werden, nachdem Sie den Kurs »Vermögensaufbau mit Immobilien« erfolgreich abgeschlossen haben? Oder wie aufregend es sein wird, wenn Sie nach Absolvierung der »Kreativen Schreibwerkstatt« Ihren ersten

Roman anfangen? Und wer sagt, daß Sie nicht schon bald genauso berühmt sein können wie Jaqueline Susann oder Norman Mailer!

Das Marymount College bietet in seinem Programm auch »Psychologie des Geldverdienens« an, und ich finde, die Beschreibung dieses Kurses klingt einfach toll:

> Lernen Sie, mit den seelischen Konflikten fertig zu werden und jene inneren Probleme zu bewältigen, die Sie bisher daran gehindert haben, viel Geld zu verdienen. Diskussionen, Verhaltenstraining, Traumdeutung und andere Techniken helfen Ihnen dabei, endlich Ihre finanziellen Wunschvorstellungen zu realisieren.

Abgesehen davon, daß Sie hier lernen können, wie man mehr Geld verdient, wird sich dieser Kurs ganz sicher auch positiv auf andere Bereiche Ihres Lebens auswirken und Ihnen dazu verhelfen, ein glücklicherer Mensch zu werden (und mit Geld glücklich zu sein *ist* nun mal leichter als ohne).

Die New School in New York bietet sogar technische und praxisorientierte Kurse wie zum Beispiel »Reparaturen im eigenen Heim«, »Tischlerei und Möbelschreinerei« und »Wie repariere ich mein Auto selbst« an. Sie sehen schon: Diese und ähnliche Erwachsenenbildungsstätten unterrichten alles, was Sie schon immer lernen wollten – und noch viel mehr.

Nun will es das Schicksal manchmal, daß wir erst Schmerzen durchmachen müssen, bevor wir echte

Freude erfahren können. Wenn diese Schmerzen uns dazu zwingen, unser Leben zu ändern, so daß es letztlich besser und freudiger wird, dann sind sie gut und wichtig. Suzanne Gordon hat vor kurzem in einem Artikel in der *New York Times* darauf hingewiesen, daß der Schmerz etwas sehr Wichtiges ist und daß er nötig ist, um uns vor größerem körperlichen und emotionalen Schaden zu bewahren. So, wie wir unsere Hand automatisch vor einer Flamme zurückziehen, wenn wir dank der Nerven den Schmerz der Hitze spüren, so ist auch seelischer Schmerz ein Alarmsignal, das uns darauf aufmerksam macht, daß wir etwas an unserem derzeitigen Zustand ändern müssen. Wir brauchen die Angst, weil sie uns zeigt, daß wir etwas unternehmen sollten, um mit unseren Problemen fertig zu werden. Suzanne Gordon sagt, daß schon Freud diejenigen Traumata als besonders schwer behandelbar bezeichnet hat, bei denen die Anfälle so plötzlich kommen, daß keine Zeit bleibt, davor Angst zu haben. Deshalb sei es fast unmöglich, ihrer Herr zu werden.

Suzanne Gordon schreibt weiter, daß viele Psychologen die Ansicht vertreten, man solle den Schmerz einfach ignorieren; so könne eine Scheidung als etwas durchaus »Kreatives« verstanden werden. Es wäre am besten, z. B. eine Liebesbeziehung oder eine Ehe ganz einfach zu beenden und zur nächsten überzugehen, so als ginge man vom Frühstück ohne Pause gleich zum Mittagessen. Psychologen lehren uns, jegliche Art von Schmerz und Trauma zu meiden und uns nicht mit »Warums« zu belasten, obwohl die uns möglicherweise darüber Aufschluß geben könnten, was wir falsch gemacht haben und was wir beim nächsten Mal besser machen sollten. Diese Psychologen sagen auch, daß wir die schmerzhaften Gefühle loswerden müßten, aber nichts gegen die auslösenden Situationen zu unternehmen brauchten, die doch die Ursache der Schmerzen sind. Wenn wir diesem Rat folgen, kommen wir niemals weiter! Dann bleiben wir immer auf der Stelle stehen oder drehen uns bestenfalls im Kreis.

Das hat Suzanne Gordon erkannt und sagt deshalb, daß wir so nur den wahren Daseinsgrund des Schmerzes verleugnen, der schließlich nicht um seiner selbst willen erduldet werden will, sondern als starker Impuls angesehen werden muß, etwas zu ändern, was dringend der Veränderung bedarf.

Aber natürlich können wir mit Hilfe eines guten Psychiaters auch viel aus dem Schmerz lernen. Doris Day und ihrem Sohn Terry Melcher etwa hat eine Therapie sehr geholfen. Nachdem Doris' zweiter Mann, Marty Melcher, gestorben war und sie herausgefunden hatte, daß sie aufgrund der Geschäfte ihres verblichenen Gatten so gut wie bankrott war, ging es ihr so mies, daß sie einen Psychiater aufsuchte. Auch Terry war so durcheinander, daß er bei einem Motorradunfall um ein Haar ums Leben gekommen wäre. Inzwischen haben beide das Gefühl, daß sich dank der Therapie nicht nur ihre Beziehung verbessert hat, sondern daß sie auch gelernt haben, positiver mit ihren Problemen umzugehen.

Woody Allen sagt, daß er Zeit seines Lebens jemand anderer sein wollte, und nun versucht er mit Hilfe eines Therapeuten herauszufinden, warum das so ist, damit er endlich anfangen kann, er selbst zu sein und sich in dieser Rolle auch wohl zu fühlen. Und Julie Andrews hat einen Psychiater aufgesucht, weil sie in der Öffentlichkeit als züchtiges Tugendlamm gilt, während sie selbst sich als Sexsymbol sieht und deshalb unheimlich frustriert ist. Al Pacino hatte genau das umgekehrte Problem. Er wurde von seinen weiblichen Fans überallhin verfolgt, aber er sagt, sie seien nur an dem Symbol Pacino, nicht an dem Menschen interessiert. Diese Art von Starkult sei so unnatürlich, daß sie einen wahnsinnig machen könne.

Ali MacGraw geht seit einiger Zeit zum Therapeuten und hat das Gefühl, ihr Leben habe sich seither zum Besseren gewendet. Trotz der schmerzhaften Scheidung von Bob Evans und der damit verbundenen beruflichen Einbuße, die weibliche Hauptrolle in *Der Große Gatsby* abgeben zu müssen (Evans war der Produzent des Films und sagte, er könne es nicht ertragen, tagtäglich Alis Gesicht zu sehen, obwohl das Ganze ursprünglich ihre Idee gewesen war. So bekam Mia Farrow die freigewordene Rolle der Daisy), sowie der schmerzhaften Trennung von Steve McQueen, ist sie ihren eigenen Worten nach jetzt so glücklich wie noch nie zuvor. Zum erstenmal lebt sie allein und ist völlig auf sich selbst gestellt, was sie als einfach wunderbar empfindet. Sie ließ sich ihren Paß, ihren Führerschein und alle anderen Dokumente wieder auf ihren eigenen Namen umschreiben, denn Ali McGraw sei schließlich ihr wahres Ich, ihre eigentliche Identität.

Liv Ullman, Marlon Brando, Tuesday Weld, Kris Kristofferson, Dyan Cannon, John Denver und Raquel Welsh – sie alle haben, wie unzählige andere, eine Therapie gemacht, und sie alle sagen, daß diese Erfahrung wirklich sehr hilfreich gewesen ist.

Alles oben Genannte erfordert eine gewisse Selbstdisziplin (der Verzicht auf Zucker und ungesundes Essen, jeden Tag zu joggen, sich jeden Abend vor dem Zubettgehen das Gesicht zu waschen), aber ich habe herausgefunden, daß die Imaginationskraft sehr viel stärker ist als der Wille, wenn es darum geht, mir selbst etwas abzuverlangen. Zwinge ich mich dazu, etwas zu tun, wozu ich im Moment überhaupt keine Lust habe, dann werde ich es zwar tun, aber eben nur widerwillig. Ich bin (nach Jahren harten Kampfes) sehr diszipliniert und kann mir selbst buchstäblich alles abverlangen – trotzdem aber habe ich eine viel bessere Lösung gefunden. Manchmal, wenn ich zum Beispiel gleich in der Früh einen Termin beachten muß und spät dran bin, habe ich einfach keine Lust, meine Morgengymnastik zu machen. Früher raffte ich mich dann mühsam dazu auf und habe mich gezwungen, sie trotzdem durchzuziehen, aber ich war dabei meist verspannt, und kürzte die einzelnen Übungen, weil ich sie in diesem Moment eigentlich gar nicht machen wollte und weil die Verspanntheit sie außerdem noch schwieriger machte. Deshalb habe ich mir etwas einfallen lassen, das mich dazu bringt, sie *gerne* zu absolvieren. Ich stelle mir also vor, daß ich mich unheimlich und unglaublich gut fühle und voller Tatendrang bin, und ich rede mir ein, daß jede einzelne Übung ganz, ganz wichtig ist, wenn ich mich auch weiterhin so fantastisch fühlen will. Und das schönste daran ist, daß diese Vorstellung tatsächlich den Wunsch in mir weckt, die Übungen zu machen!

Auch Sie werden damit Ihren Geist und Ihren Körper wirklich in Form bringen. Es mag eine Weile dauern, aber, das verspreche ich Ihnen, es wird Ihnen gelingen.

Bevor ich jetzt zur Ernährung und zum Lecithin und zu den Vitaminen komme, muß ich Ihnen noch sagen, daß früher, als ich noch Kaffee trank und rauchte, jeder einzelne Teil meines Körpers furchtbar verspannt war. Und ganz besonders betroffen waren die Augen. Wenn ich in der Frühe aufwachte, waren meine Augen regelmäßig so trocken, daß ich nur mit Mühe überhaupt blinzeln konnte. Ich habe deshalb eine ganze Reihe von Ärzten konsultiert, aber keiner hat irgend etwas Organisches finden können, und so fragte ich sie, ob es möglich sei, daß mein Problem von Verspannungen herrühre (bei manchen Menschen schlagen sie auf den Magen, andere bekommen Pickel etc.), und sie sagten ja und wollten mir Tranquilizer verschreiben. Nun, soweit war ich ja schon vorher gewesen, und da ich weiß, daß Drogen schlecht sind, wollte ich natürlich nicht wieder damit anfangen. Also mußte ich mir selber etwas gegen meine »trockenen Augen« einfallen lassen. Ich bemerkte, daß mir jedesmal, wenn ich an irgend etwas würgte, Tränen in die Augen traten, und so steckte ich mir den Finger in den Hals und würgte. Das wirkte – meine Augen tränten. Also machte ich es mir zur Gewohnheit, vor Beginn meiner »Kauübungen«, die mir ein Halsspezialist gegen meinen verspannten Hals empfohlen hatte (können Sie sich jetzt vorstellen, *wie* verkrampft ich früher war?), und nochmals vor meinen geistigen und seelischen Entspannungsübungen zu »würgen«. Ich würge etwa dreimal, dann kaue ich rund einhundertmal und – *voila!* Meine Augen sind entspannt, und mein Hals ist entspannt.

Ich weiß nicht, ob Ihnen klar ist, wieviel Energie Ihre Augen verbrauchen; ich jedenfalls war überrascht, als ich erfuhr, daß es ein nicht unbeträchtlicher Prozentsatz der gesamten Körperenergie ist. Aber wenn man genauer darüber nachdenkt, ist das durchaus logisch. Solange Sie wach sind, sind Ihre Augen unentwegt aktiv. Egal, wohin Sie gehen, gleichgültig, was Sie machen – einen Spaziergang, einen Schaufensterbummel, Leute beobachten oder einfach nur so dasitzen – Ihre Augen sind ständig in Bewegung. Und wenn Ihr Körper von Kaffee, Zigaretten oder zuviel Lesen verspannt ist, sind auch Ihre Augen verspannt, das heißt »müde«, und Sie brauchen dann *noch mehr* Energie.

Neben meiner Übung gegen »trockene Augen« habe ich noch eine weitere ganz tolle Entspannungsübung gegen müde Augen entdeckt, die ich immer dann mache, wenn ich merke, daß meine Augen überanstrengt sind. Vor einiger Zeit war ich zu einer Fersehshow in Boston, die damals von Bob Cummings moderiert wurde, einem unheimlich vitalen Mann. Wie auch immer, jedenfalls hat er mir seinen »Elefanten-Schwung« gezeigt, eine Übung, die ganz leicht ist, dabei aber Ihre Augen wirklich sagenhaft entspannt. Stellen Sie sich aufrecht hin, die Füße dreißig bis vierzig Zentimeter weit auseinander, und lassen Sie Ihre Arme ganz entspannt herabbaumeln. Dann fangen Sie langsam an, ihren Kopf, den Oberkörper und die Arme von einer Seite zur anderen zu schwingen; Ihre Füße bleiben dabei an Ort und Stelle. Während Ihr Kopf so ganz entspannt hin und her schwingt, lassen Sie Ihre Augen offen und blicken dabei bewußt ins Leere, so daß Sie alles nur verschwommen sehen – so als ob Sie aus einem fahrenden Zug blicken, nichts Bestimmtes ansehen und die Landschaft einfach verschwommen an Ihnen vorbeizieht. Zählen Sie laut mit, wenn Sie so hin und her schwingen, und machen Sie das insgesamt sechzigmal. Aber achten Sie darauf, daß Ihre Augen sich wirklich entspannen, und das ist nur dann der Fall, wenn Sie nichts Bestimmtes ansehen, sondern alles vor sich verschwimmen lassen, während Sie mit Kopf, Armen und Schultern schwingen. Diese Übung entspannt nicht nur Ihre Augen, sondern Ihren ganzen Kopf, und Sie werden sich danach super relaxed fühlen.

Nun ist es nicht nur wichtig, daß Sie überhaupt Gymnastik machen, es kommt auch auf die richtigen Übungen an. Und da muß jeder das für ihn Passende finden. Die meisten, die ich mache, sind im Prinzip ganz einfach, und ich habe sie dann für mich selber, meinen speziellen Bedürfnissen entsprechend, etwas abgewandelt. So habe ich zum Beispiel in meinem »Energy«-Buch eine Yoga-Atmungsübung beschrieben, die ich jeden Morgen direkt nach dem Aufwachen und vor dem Aufstehen mache. Seither habe ich sie etwas abgeändert, und ich finde, daß sie jetzt noch viel besser wirkt. Bei mir jedenfalls. Ursprünglich habe ich meinen Körper dadurch entspannt, daß ich mich flach auf den Rücken gelegt und langsam alle verbrauchte Luft durch den Mund ausgeatmet habe. Dann zählte ich bis zehn und atmete dann wieder durch den Mund aus. Und das

Ganze fünfmal hintereinander. Jetzt mache ich es das erste Mal noch genauso, aber wenn ich zum zweiten Einatmen komme, halte ich nicht mehr den Atem an, sondern benutze meine Zwerchfellmuskeln (die Muskeln am unteren Ende meiner Lungen) und schnuppere (wie ein Hase) fünfzigmal (durch die Nase), und dann atme ich langsam durch den Mund aus. Beim dritten Mal mache ich es wieder wie gehabt (Atem anhalten und bis fünfzig zählen), aber beim vierten Mal schnuppere ich mit Hilfe meines Zwerchfells (eigentlich sind es die Bauchmuskeln) wieder fünfzigmal durch die Nase, wobei mein restlicher Körper ganz entspannt liegenbleibt. Dann atme ich ganz ruhig wieder aus. Und das fünfte Mal mache ich es wieder wie gehabt. Das Schnuppern stärkt alle Muskeln meines Zwerchfells, so daß sie sich mit der Zeit daran gewöhnen und ich jetzt auch tagsüber tiefer durchatme als früher. Wenn ich mehr als fünfzigmal schnuppere, spüre ich es in den Schultern, und deshalb glaube ich, daß das Zwerchfell irgendwie mit den Schultern verbunden sein muß, und die Schultern sind ja normalerweise die ersten Stellen des Körpers, die sich bei Streß verspannen. Dieser neue Teil meiner Übung wirkt also offensichtlich an verschiedenen Körperteilen und entspannt diese; und der zusätzliche Sauerstoff, der durch die Atemübung in meine Lunge strömt, macht meinen Körper klarer, und das tut mir auch geistig unheimlich gut.

Überlegen auch Sie sich, während Sie Ihre Gymnastik machen, kleine Änderungen, um die einzelnen Übungen ganz speziell auf *Ihre* Bedürfnisse auszurichten. Sie werden überrascht sein, wie viele

Ideen Ihnen dazu einfallen. Und abgesehen von allem anderen werden Ihre Übungen auf diese Art und Weise auch zu so etwas wie einem persönlichen Teil von Ihnen.

Eine andere Art von »Gymnastik«, die dazu beitragen kann, Ihrem Ich geistige Freude zu bereiten, ist die Selbsthypnose. Ich habe diese Technik benutzt, um abzunehmen, und ich hatte großen Erfolg damit. Normalerweise kann ich mein Gewicht gut halten, weil ich wirklich gesund bin, und ein gesunder Mensch kann nicht zu dick oder zu dünn sein, aber immer wenn ich die Antibabypille nehme, lege ich fast sofort zwischen fünf und zehn Pfund zu. Das hängt mit der hormonellen Umstellung zusammen, die die Pille bewirkt; man hat mir gesagt, daß eine Frau die Pille höchstens neun Monate hintereinander nehmen und dann drei Monate pausieren sollte, weil die Pille dem Körper eine Schwangerschaft vortäuscht, die ja auch nur neun Monate dauert. Wenn man die Pille länger als neun Monate hintereinander nimmt, kann dies also negative Auswirkungen auf den Organismus haben. Aber natürlich muß jede Frau das mit ihrem Gynäkologen abklären.

Wie auch immer – jedesmal, wenn ich die Pille nehme, lege ich ein paar Pfund an Gewicht zu, und die wieder abzunehmen ist so gut wie unmöglich. Oder war es, bis ich entdeckte, daß Selbsthypnose da wahre Wunder wirken kann. Nicht die normale altbekannte Art der Selbsthypnose (»Ich nehme ab« oder »Ich werde schlank«) – die hat bei mir nicht funktioniert. Also habe ich mich hingesetzt und nachgedacht, wie ich mein Unterbewußtes so hintrimmen könnte, daß es mir dabei hilft, die paar

Pfunde abzunehmen, dann hat mein höheres Selbst mir die Lösung dazu verraten: Der Grund für meine Gewichtszunahme sind die Hormone, die mit der Pille in meinen Körper gelangen und die meinen Appetit anregen und Flüssigkeit in den Zellen speichern – wenn man Selbsthypnose anwendet, sollte man also keine Allgemeinplätze benutzen (»Ich nehme ab«), sondern möglichst genau ins Detail gehen (»Ich verliere meinen Appetit«). Ich habe es ausprobiert. Und es funktioniert. Also sagte ich zu mir selbst: »Ich verliere meinen Appetit. Ich habe keinen Hunger. Mein Magen ist voll. Ich verliere meinen Appetit.« Und auf einmal hatte ich keinen Hunger mehr! Die zuweilen zwanghafte Lust auf Essen verschwand einfach. Nun habe ich das nicht nur ab und zu einmal gemacht. Ich habe es mir den ganzen Tag über immer wieder vorgesagt. Vormittags habe ich angefangen: Ich habe mir in einem Spiegel tief in die Augen geschaut und immer wieder gesagt: »Ich habe keinen Hunger. Ich verliere meinen Appetit«, und dann hat mein Unterbewußtsein es aufgegriffen und meinen Heißhunger fast vollständig eliminiert.

Versuchen Sie es. Es ist geradezu unglaublich, was Ihr Unterbewußtsein für Sie tun kann, wenn Sie Selbsthypnose erst einmal ausprobiert haben. Ich habe fünf Pfund verloren und mein Gewicht dadurch gehalten, daß ich mir tagtäglich vorsage, daß ich keinen Hunger habe. Manchmal sage ich es mir sogar während des Essens vor, und dann esse ich weniger, als ich es normalerweise täte – es funktioniert problemlos und kostet überhaupt nichts; wenn Ihr Appetit nämlich verschwunden ist, *wollen* Sie gar nicht mehr essen, und Sie werden sich mit wesentlich weniger wirklich gut fühlen.

Geistige Freude hängt eng mit Ihrer Selbsteinschätzung zusammen, wichtig ist aber auch alles, was Sie tun können, um Ihr Selbst aufzuwerten. Bis vor kurzem habe ich meine Fingernägel selbst gepflegt. Nun ja, ich habe es wenigstens versucht. Meine Nägel waren meistens nicht besonders schön, weil ich daran kaute. Nicht an den Nägeln selbst, sondern an der Nagelhaut. Ich kaute und zupfte so lange daran herum, bis es blutete. Ich weiß, das klingt gräßlich, und das war es auch. Ich schätze, es war eine Art Selbstbestrafung, weil ich es nämlich um so häufiger machte, je weher es tat – und ich habe es fast mein ganzes Leben getan. Ungefähr tausendmal habe ich versucht, damit aufzuhören, aber es hat nie geklappt. Schließlich, es ist erst wenige Monate her, sah ich mir meine Hände wieder einmal genauer an und bemerkte, wie scheußlich sie aussahen, und beschloß, einen letzten Versuch zu wagen. Ich schlug im Branchenbuch unter Nagelpflege nach, fand ein Studio in direkter Nähe meiner Wohnung, rief an und vereinbarte einen Termin. Die Kosmetikerin schaute sich das Elend an und schlug mir vor, eine neue Art künstlicher Nägel auszuprobieren, die dauerhaft sind (sie wachsen mit Ihren Nägeln heraus und müssen nur alle sechs bis acht Wochen erneuert werden; nach einigen Monaten sind Ihre eigenen Nägel dann lang und kräftiger). Da ich wirklich verzweifelt war, sagte ich okay. Nun, als die Behandlung abgeschlossen war, waren meine Nägel so schön (und unglaublich kräftig), daß ich bis zum heutigen Tag nicht mehr daran gekaut habe. Das brachte mich zum Nachdenken, und mir fiel eine wahre Geschichte ein, die ich vor einigen Jahren gehört hatte. Dabei handelte es sich um einen Versuch, der in einem Gefängnis angestellt wurde, und zwar wählte man eine Reihe ganz normaler »netter«, nicht sadistischer Leute aus und überließ ihnen die Bewachung der Häftlinge. Doch es dauerte gar nicht lange, bis diese »netten« Wächter bösartig und sadistisch wurden. Die Erklärung dafür liegt auf der Hand: Wenn Menschen unterwürfig sind oder sich in einer niederen, untergeordneten Stellung befinden, bringt dies im Normalfall das Schlimmste in ihren »Vorgesetzten« zum Vorschein. Die Wissenschaftler, die das Experiment durchgeführt hatten, kamen zu dem Schluß, daß es in der menschlichen Psyche verankert sei, Schwächlinge und Feiglinge schlecht zu behandeln – daß Mut Respekt abverlange, Angst dagegen Respektlosigkeit geradezu herausfordere.

Im Falle meiner Nägel war es so, daß ich sie, solange sie schlimm aussahen, mißachtete und dazu beitrug, daß sie noch schlimmer aussahen. Jetzt aber, da sie wirklich gut aussehen, tue ich mein Möglichstes, um sie auch weiterhin gut aussehen zu lassen. Früher habe ich meine Hände gehaßt, weil sie so gräßlich waren, aber jetzt respektiere ich sie, und das ist ein wirklich tolles Gefühl. Also: Je besser Sie aussehen, desto besser werden Sie sich leiden können und desto besser werden Sie sich auch selber behandeln. Amen.

Wenn Sie sich nun also selber eine Freude machen wollen, dann sollten Sie daran denken, daß Sie nicht der oder die einzige sind, der/die davon profitiert –

sondern daß es, wenn Sie sich selbst glücklich machen und sich gut fühlen, sozusagen ansteckend ist. Weil es nämlich dazu führt, daß sich auch alle Menschen in Ihrer Umgebung großartig fühlen!

3. Kapitel
Vertrauen in die Kraft der Liebe

Wann haben Sie sich das letzte Mal selbst belogen? Ich weiß, das klingt geradezu lächerlich, aber viele von uns belügen sich tagtäglich selber. Nur ein paar Beispiele: Haben Sie heute Ihre Vitamine »vergessen« (dabei kostet das keine zwei Minuten) oder eine Ausrede gefunden, Ihre Morgengymnastik auszulassen (sind nur zehn Minuten)? Sind Sie mit dem Auto oder Taxi zur Arbeit oder zum Bahnhof gefahren, anstatt die paar Minuten zu Fuß zu gehen, oder haben Sie zum Mittagessen etwas Alkoholisches getrunken, obwohl Sie wissen, daß Sie davon den ganzen Nachmittag lang müde sein werden? Und was ist mit der *Mousse au chocolat* zum Nachtisch – wollten Sie nicht zwei oder drei Pfund abnehmen? Möglicherweise haben Sie auch Ihren Mann in dem Glauben gelassen, daß es Ihnen gefallen hat, wie Sie gestern abend miteinander geschlafen haben? Wo es Sie doch nur ein paar erklärende Worte gekostet hätte, um ihm zu sagen, was er tun solle, damit Sie *wirklich* mit ihm gemeinsam ausflippen. Oder haben Sie vielleicht Ihre Frau in dem Glauben gelassen, daß Sie Bohnen mit Kümmel mögen, während Bohnen mit Speck Ihre absolute Leibspeise sind? All das ist nämlich eine Art von Selbstbetrug.

Ich-Vertrauen heißt, sehr viel Vertrauen auf sich selbst zu setzen, wirklich an die eigenen Fähigkeiten und Möglichkeiten zu glauben. Und um an sich selbst glauben zu können, müssen Sie sich selber gegenüber bedingungslos ehrlich sein. Und dazu brauchen Sie nicht einmal besonders motiviert zu sein. Wenn Sie nur einige der Sachen tun, die ich Ihnen vorschlage – probieren Sie sie doch einfach aus, auch wenn Ihnen der Grund dafür noch nicht ganz klar ist –, dann werden Sie anfangen, mehr Vertrauen in sich selbst zu setzen, mehr Selbstvertrauen, mehr Ich-Vertrauen zu entwickeln. Wenn ich Ihnen jetzt zum Beispiel sage, daß Sie an Ihrem Leben nur dann etwas verändern können, wenn Sie vorher Ihren Körper auf Vordermann gebracht haben, dann denken Sie wahrscheinlich, sie mag ja recht haben, aber so richtig überzeugt davon sind Sie nicht. Doch alleine schon die Tatsache, daß Sie wahrhaftig anfangen, den Energietrank und die Vitamine zu nehmen und ein paar einfache Gymnastikübungen zu machen, ist ein riesiger Schritt in die richtige Richtung, denn es beweist u. a. auch Ihre geistige Selbstdisziplin.

Geistige Selbstdisziplin ist vermutlich die größte Herausforderung, wenn es darum geht, seinem Leben eine neue Richtung zu geben. Ich weiß, daß meine psychische Selbstdisziplin unheimlich stark ist, weil ich sie trainiert habe. Ich kann mich dazu bringen, *alles* zu tun – ich habe meine Psyche voll im Griff, und habe ich mir einmal etwas in den Kopf gesetzt, dann kann mich nichts und niemand mehr davon abhalten, es auch zu bekommen. Das war nicht immer so und hat mich viel Arbeit gekostet, aber es hat sich gelohnt, denn es ist ein phänomenales Gefühl zu wissen, daß man sich selbst voll im Griff hat, daß man sich selbst alles abverlangen kann, was man will.

Sie sehen, sich erst einmal aufzuraffen, ist schon ein ganz wichtiger Schritt; und sobald Sie sich dann körperlich besser fühlen, werden Sie auch anfangen klarer zu denken, und es wird Ihnen viel, viel leichter fallen, all das Negative zu eliminieren, das Sie in Ihrem bisherigen Leben blockiert. Wo Sie früher immer im Kreis gedacht haben und die negativen Gedanken vielleicht nicht einmal deutlich als solche erkennen konnten, sehen Sie jetzt auf einmal viel klarer und können alles Schlechte und Destruktive aus Ihrem Kopf verbannen. Schon das Wissen, daß Sie sich selbst dazu gebracht haben, etwas an Ihrem Leben zu verändern (die Vitamine und den Energietrank zu nehmen) und diese Veränderung durchzuhalten, wird Ihr Selbstwertgefühl und Ihre Selbstsicherheit immens erhöhen (schließlich haben Sie jetzt den Beweis dafür, daß Sie sich auf sich selbst verlassen können).

Jetzt möchte ich Ihnen gerne erklären, wie ich es durch körperliche Gesundheit und mit Hilfe geistiger Selbstdisziplin geschafft habe, einen Glauben aufzubauen, der vorher nicht nur nicht existent war, sondern von dessen Existenz ich nicht einmal zu träumen gewagt hätte. Bis vor kurzem habe ich nie gesungen. Und zwar habe ich deshalb nicht gesungen, weil ich nicht singen konnte. Ich wollte immer schon singen, aber ich habe es nie gekonnt. Ich weiß noch genau, wie ich in der zweiten Klasse der Volksschule war und wie wir uns zusammen mit den anderen Schulklassen in der Aula aufstellen und die Nationalhymne, »The Star-Spangled Banner«, singen mußten. Ich war so verkrampft, daß die Töne völlig verzerrt aus meinem Mund kamen. Das war mir natürlich furchtbar peinlich, weil die anderen Kinder sich dann immer umzudrehen und mich anzustarren pflegten, weil es sich so gräßlich anhörte. Das Ganze war deshalb so besonders traurig, weil ich mir nichts so sehr wünschte, wie singen zu können, und ich schwor mir schon damals insgeheim, daß ich es eines Tages lernen würde. Doch die Zeit verging, und es wurde anscheinend immer schlimmer (ich wußte es damals nicht, aber es hing natürlich damit zusammen, daß ich immer verspannter wurde). Der Junge, mit dem ich als Teenager befreundet war, machte sich ab und zu einen Spaß daraus, mit mir einen Wettkampf zu veranstalten, wer von uns beiden schlechter sänge, ich oder er. Besonders erniedrigend daran war, daß es ihm völlig gleichgültig war, ob er eine unmögliche Stimme hatte oder nicht, während ich mich verzweifelt anstrengte, gut zu sein, trotzdem aber grauenvoll anzuhören war. Einmal brachte er einen Kassettenrecorder mit und nahm uns beide nacheinander auf (weil ich mich geweigert hatte zu glauben, ich klänge noch schlimmer als er). Ich hörte mich zum erstenmal selber singen und war am Boden zerstört – er war nämlich tatsächlich doch besser als ich.

Also fing ich an, während meiner Freistunden mit einem Pianisten zu üben, aber ich wurde einfach nicht besser. Trotzdem gab ich niemals auf. Ich arbeitete mit einer ganzen Reihe von Pianisten (es ist wohl überflüssig zu sagen, daß ich sie dafür bezahlen mußte), und vielleicht wurde ich tatsächlich *ein bißchen* besser, aber wenn, dann nur unmerklich. Die Verkrampfung in meinem Hals war einfach unglaublich. Ich war am ganzen Körper verspannt, aber aus irgendeinem Grund war mein Hals ganz besonders betroffen (manche Menschen bekommen Magengeschwüre, weil sich bei Ihnen die Verspannung im Bauchraum konzentriert – bei jedem liegen die Schwachpunkte woanders).

Dann, ich habe es im ersten Kapitel bereits erwähnt, brach ich buchstäblich zusammen, kam ins Krankenhaus und lernte durch die Lektüre von Adelle Davis' Büchern die Bedeutung von Vitaminen und Verspannungen kennen und erfand meinen Energietrank, der mein Leben von Grund auf verändert hat. Die Verspannungen fingen an zu verschwinden, und – ich konnte es kaum glauben – meine Stimme wurde besser. Je entspannter ich wurde, desto mehr ließ auch die Verspannung in meinem Hals nach, und meine Stimme begann weniger verkrampft zu klingen. (Als ich ein kleines Kind war, mußte meine Mutter sogar kleine Tabletten in Viertel brechen und jedes Stückchen in Brot wickeln, damit ich es runterbekam – da sehen Sie, wie »zugeschnürt« mein armer Hals war.)

Aber inzwischen ist mein Körper so super relaxed, daß die ganze Energie, die früher durch die Verspannungen sozusagen gefangengehalten wurde, jetzt freigesetzt ist. In einem Off-Broadway Musical mit dem Titel *Be Kind to People Weak,* in dem ich die Hauptrolle spielte, sang ich mir die Seele aus dem Leib, und ich sang auch den Titelsong zu einem Film, der jetzt gerade fertiggestellt wird. Und außerdem habe ich zwei Schallplatten aufgenommen. Eine Platte habe ich meiner alten Flamme geschickt, dem Jungen mit der schrecklichen Stimme, der mir bis heute nicht glauben will, daß ich es bin, die da singt – er sagt, ich hätte jemanden dafür bezahlt; es sei schlichtweg *unmöglich,* daß ich so singen könne!

Ich habe es geschafft, also können auch Sie es schaffen. Und ich bin mir sicher, daß es nicht viele Menschen gibt, die einen so extrem schlimmen Ausgangspunkt haben, wie ich ihn hatte.

Wenn Sie genügend Ich-Vertrauen haben, können Sie alles durchziehen, was Sie wollen. Art Linkletters erklärt: »Versagt haben Sie erst, wenn Sie aufgeben. Möglicherweise haben Sie etwas verpaßt. Möglicherweise haben Sie eine Runde verloren, aber das Spiel ist noch nicht vorüber.« Art hat mir erzählt, wie er zum Fernsehen kam. Als er, damals noch sehr jung, hinter der Bühne auf seinen ersten Auftritt wartete, war er wie gelähmt vor Angst; aber dann wurde ihm klar, daß er, wenn er jetzt nicht aufträte, ein Leben als Versager vor sich habe, und der Gedanke an diese Möglichkeit brachte ihn derart in Fahrt, daß er geradezu schwungvoll rausging – und einen Bombenerfolg hatte.

Michael Caine sagt, er verdanke seinen unglaublichen Erfolg als Schauspieler einem Lehrer, der ihm gesagt hatte, er würde es nie im Leben zu etwas bringen, er sei vielmehr der geborene »Hilfsarbeiter«. Was der Lehrer da geäußert hatte, bedeutete für ihn deshalb einen so riesigen Schock, weil der Mann es als Tatsache hingestellt und es nicht im Ärger oder aus Wut gesagt hatte. Es jagte Michael Angst ein und machte ihm klar, daß genau das passieren würde, wenn er nichts dagegen unternähme. So fing er an nachzudenken und kam zu dem Schluß, daß Lesen der beste Weg sei, sich Wissen anzueignen. Dann fing er an, vierzehn Bücher in der Woche zu lesen, was nur dann unglaublich klingt, wenn Sie nicht wissen, wie entschlossen Michael war, es im Leben zu etwas zu bringen. Tatsächlich hat er dann so viel gelesen, daß seine Augen darunter gelitten haben, so daß er jetzt fast immer eine Brille tragen muß. Aber seine Entschlossenheit hat sich ausgezahlt, und rückblickend hat er das Gefühl, daß der Schock, den sein Lehrer ihm versetzt hatte, letztendlich sein Glück war.

Wenn Sie an sich selbst glauben, machen Sie sich keine Gedanken um Dinge, die bereits passiert sind, und Sie verschwenden auch keine Kraft auf Dinge, die vielleicht passieren könnten. Das berühmteste Versicherungsunternehmen der Welt, Lloyd's of London, verdiente und verdient Millionen an der Angst der Menschen, die sich vor Dingen fürchten, die nur sehr selten passieren. Lloyd's of London wettet mit den Leuten, daß das, wovor sie sich fürchten, niemals eintreten wird, nur nennen sie es natürlich nicht eine Wette, sondern sie nennen es Versicherung. Soviel zum Thema Angst vor der Zukunft. Wie aber steht es mit der Sorge um Vergangenes? Der frühere Herausgeber des Philadelphia *Bulletin,* Fred Fuller Shedd, stellte einmal in einer College-Klasse die Frage, wie viele Studenten schon einmal Holz gesägt hätten, und die meisten hoben die Hand. Dann fragte er, wie viele von ihnen denn schon einmal Sägemehl gesägt hätten, und natürlich hob kein einziger die Hand. Dann sagte er, daß der Gedanke, Sägemehl zu sägen, deshalb so lächerlich sei, weil es ja bereits gesägt sei, und so und nicht anders verhalte es sich auch bei der Vergangenheit.

Wenn Sie anfangen, sich um Dinge Sorgen zu machen, die längst hinter Ihnen liegen, tun Sie nämlich
nichts anderes als Sägemehl zu sägen. Der einzige
Weg, die Vergangenheit nutzbringend zu verwerten, ist der, sie zu analysieren und zu versuchen, dieselben Fehler nie wieder zu machen.

In ihrer wunderbaren Autobiographie *Wandlun-
gen* beschreibt Liv Ullman das Ende ihrer langjähri-
gen Liebesbeziehung mit Ingmar Bergman, aus der
sie auch eine Tochter, Linn, hat. Liv sagt, sie habe
immer davon geträumt, eine sehr enge Bindung mit
Ingmar zu knüpfen, und sie wäre sich sicher gewesen, daß sie beide dieses Ziel auch erreichen könnten. Als sie sich dann aber trennten, wußte sie, daß
sie nie wieder eine Einheit bilden würden, und als
der endgültige Bruch erfolgte, weinte sie und kam
sich vor wie ein verlassenes dreizehnjähriges Kind
und nicht wie eine erwachsene dreißigjährige Frau.
Dann wurde ihr klar, daß sie so nicht weiterleben
konnte; sie durfte ihr Glück nicht von einem anderen Menschen abhängig machen; sie konnte ihrer *eigenen* Einsamkeit und Unsicherheit nicht dadurch
entfliehen, daß sie sich an einen anderen Menschen
klammerte. Ingmar war nicht länger Teil ihres Pri-
vatlebens, und diese Tatsache ließ sich nun mal nicht
ändern. Aber sie hatte noch immer sich selbst, Kontakt zu sich selbst, und sie fing an, auch zu anderen
Kontakt aufzunehmen. Bald merkte sie, daß diese
anderen sie um so mehr respektierten, je unabhängiger sie wurde und je mehr sie aufhörte zu »klammern«, sich im Hinblick auf ihr eigenes Glück verzweifelt an andere zu wenden.

Im Leben eines jeden Menschen gibt oder gab es

eine Zeit, in der wir uns ganz genauso verhalten, und was gibt es daran auch auszusetzen? Haben nicht die meisten von uns eine herrlich sorglose Kindheit gehabt, in der Mamis und Papis unsere Rechnungen bezahlten und sich um alles kümmerten? Nun macht es sicherlich eine Zeitlang Spaß, sich in der Rolle des abhängigen Schützlings zu sonnen, aber wenn wir zu lange darin verharren, uns weigern, selbständig zu werden, führt das unweigerlich zu einem emotionalen Desaster. Wenn wir den Kinderschuhen entwachsen sind, dürfen wir nicht erwarten, daß jemand anderer sich um uns kümmert und die volle Verantwortung für uns übernimmt. Nun, ich gebe zu, die Versuchung ist groß, und auch ich bin ihr mehrmals erlegen, aber es kann nicht funktionieren. Erstens verlieren wir jede Selbstachtung, wenn wir uns wegen allem und jedem an einen anderen Menschen klammern und in jeder Hinsicht von ihm abhängig sind. Und wenn wir keine Selbstachtung haben, dann merkt das jeder (glauben Sie mir, einen unselbständigen Menschen erkennt man auf den ersten Blick) und verliert augenblicklich die Achtung vor uns. Wir alle lieben und bewundern Menschen, die selbständig sind, fühlen uns zu Menschen hingezogen, die selbstsicher und motiviert sind und uns nicht brauchen. Natürlich gibt es Momente im Leben, in denen wir den anderen nötig haben. Aber davon rede ich nicht. Wir alle haben unsere Höhen und Tiefen, und manchmal brauchen wir jemanden, der etwas Bestimmtes für uns tut, uns zum Beispiel Geld borgt oder uns sein Ohr leiht, wenn wir ein Problem haben, oder uns Wärme und Zuneigung schenkt, wenn wir aus irgendeinem Grund deprimiert sind. Wir alle können unheimlich selbständig sein und trotzdem manchmal auf einen anderen Menschen angewiesen sein. Und einfach nur zu wissen, daß man Freunde hat, die einem beistehen, wenn man sie braucht, ist ein ganz tolles Gefühl.

Diane von Fürstenberg ist eine schöne, intelligente und erfolgreiche Frau. Sie ist eine der namhaftesten amerikanischen Modedesignerinnen, hat eine eigene Parfüm- und Kosmetikserie und hat ein wunderbares Buch geschrieben, *Diane von Fürstenberg: Schule der Schönheit*. Ich habe Diane vor einigen Jahren kennengelernt, als sie – zusammen mit mir und Otto Preminger und Skitch Henderson – im Auftrag eines Bürgerkomitees der Stadt New York einen Werbespot drehte, der zeigen sollte, wie sehr wir alle New York City lieben. Diane besitzt nicht nur körperliche und geistige Qualitäten, sondern ist darüber hinaus auch ein sehr lieber Mensch. Auch sie glaubt an die Liebe und daß jeder sein Leben mit einem anderen Menschen teilen solle. Und sie glaubt, daß alles im Leben darauf ausgerichtet sein sollte, ein(e) großartige(r) Liebhaber(in) zu sein – zu lieben und geliebt zu werden –, und darauf, etwas zu schaffen – ganz gleich, ob eine neue Frisur oder ein erfolgreiches Unternehmen. Etwas, das uns das Gefühl vermittelt, diese uns geschenkte Liebe auch zu verdienen. Sie sagt, daß sie im Zuge ihrer Selbstfindung darauf gekommen sei, daß sie in ihrem Leben alles getan hat, um sich Liebe zu verdienen, und daß man häufig gerade der Eigenschaften wegen geliebt wird, die man selbst gar nicht bewußt zur Kenntnis nimmt, wie zum Beispiel der Tatsache wegen, daß man verwundbar ist. Diane sagt, ohne Liebe und Wärme und ohne einen Menschen, den sie lieben und umsorgen kann und für den sie Opfer bringt und sich schön macht, könne sie nicht leben.

Diane glaubt auch, daß der größte natürliche Feind einer Frau die Unsicherheit ist und daß sie, um ein wirklich glückliches und ausgefülltes Leben führen zu können, unabhängig sein muß. Sie sagt, daß eine Frau nur dann mit einem Mann glücklich sein kann, wenn sie weiß, daß sie ihn jederzeit verlassen und auch ohne ihn leben könnte (und dieser Rat gilt natürlich ebenso für Männer). Bei jemanden zu bleiben, nur weil er (oder sie) finanziell Sicherheit bedeutet und alle Rechnungen bezahlt, und weil man das Gefühl hat, alleine nicht über die Runden zu kommen, ist ein sehr trauriger Grund für ein Zusammenleben und trägt darüber hinaus ganz wesentliche Schuld daran, daß man sich unsicher fühlt. Diane vertritt die Ansicht, daß jede Frau ihre eigene Identität entwickeln müsse. Diese Identität gewinnt man (frau) in der Regel durch eine eigene Karriere, doch können Sie sich auch – sofern Sie ein starkes Selbstwertgefühl haben – zu Hause entwickeln. Wichtig ist, daß Sie Ihren Weg selbst gewählt haben und über die innere Sicherheit verfügen, ein unabhängiger und vollwertiger Mensch zu sein. Nur darauf kommt es an, und nur davon hängt es ab, ob Sie ein glückliches und produktives Leben führen können.

Ich lese sehr viel, und meine Lieblingslektüre sind Biographien und Autobiographien. Bevor ich anfing, über das Leben anderer Menschen zu lesen, dachte ich immer, meine Probleme seien einmalig, meine seelischen Qualen die allerschlimmsten und meine Gewissenskonflikte die komplexesten überhaupt. Jetzt aber, da ich mich eingehend mit anderer Leute Leben befaßt habe, weiß ich, daß *alle* Menschen emotionale Qualen durchmachen und mit Gewissenskonflikten leben müssen. Durch die Lektüre von Lilli Palmers hinreißender Autobiographie *Eine Frau bleibt eine Frau* erfuhr ich, mit wieviel Mut und Tapferkeit sie die emotionale Krise während ihrer Ehe mit Rex Harrison durchgestanden hat (vielleicht sollte ich besser sagen: Krisen, denn sie mußte einiges mitmachen). Lilli war und ist eine wunderschöne Frau und Schauspielerin, und sie hat während ihrer Ehe mit Harrison ungeheuer gelitten. Sie war aber auch sehr glücklich mit ihm, und das ist es, was das Ganze so traumatisch macht – wenn wir *nur* leiden, ist es nämlich nicht halb so schwierig, eine Beziehung aufzulösen. Es sind die Erinnerungen an die guten Zeiten, die es uns so verdammt schwer machen. Nun ja, Lilli jedenfalls hat all ihre innere Kraft zusammengenommen, sich gegen jede Versuchung gewappnet und endlich den Mut gefunden, sich von Rex scheiden zu lassen; inzwischen hat sie ein neues, dauerhaftes Glück mit einem anderen, sehr viel jüngeren Schauspieler, Carlos Thompson, gefunden. Doch die seelischen Qualen, die sie durchlitten hat, müssen grauenvoll gewesen sein. Zu erfahren, daß jemand mit derartigen Problemen fertig werden und aus allem auch noch als glücklicher Mensch hervorgehen kann, hat mir unglaublich Mut gemacht. Es ist einfach hilfreich, die Geschichte einer so tapferen Frau zu lesen, denn es läßt uns ahnen, daß in uns eine ähnliche Kraft wohnt, die nur darauf wartet, freigesetzt zu werden.

Vor nicht allzu langer Zeit, habe ich eine andere Biographie gelesen, den zweiten Band von *Jennie* (Lady Randolph Churchill, Winston Churchills Mutter) von Ralph G. Martin. Jennie wurde 1854 geboren und starb 1921, doch hat sie in jenen vor-feministischen Zeiten mehr aus ihrem Leben gemacht, als es die meisten modernen Frauen heute tun. Nachdem ihr Mann, Lord Randolph, an Syphillis gestorben war (sie blieb bis zum Ende bei ihm, und dieses Opfer kostete sie die große Liebe ihres Lebens, denn Graf Kinsky weigerte sich, noch länger auf sie zu warten, und heiratete eine andere), hatte sie eine skandalöse Affäre mit George Cornwallis-West. Skandalös deswegen, weil George nur zwei Wochen älter war als ihr Sohn Winston, was seinerzeit gegen die guten Sitten verstieß und einen öffentlichen Skandal auslöste. Doch Jennie lebte nach dem Motto: »Reden die Leute über mich? Was reden sie? *Laßt* sie doch reden!«

Abgesehen davon, daß sie einen unglaublichen Sex-Appeal besaß, war Jennie auch eine bemerkenswert fähige und einfallsreiche Geschäftsfrau. Sie managte ein Lazarettschiff, gründete die Literaturzeitschrift *The Anglo-Saxon Review,* als deren Herausgeberin sie auch fungierte, schrieb ein Buch, *Reminiscences* (nicht in Deutsch), und mehrere Theaterstücke, von denen eines sogar beachtlichen Erfolg hatte. Über sich selbst sagte sie: »Ich liebe die Menschen. Ich liebe die Welt. Ich liebe das Leben.« Die Geschichte dieser unglaublichen Frau zu lesen, hat mir großen Auftrieb gegeben, weil ich weiß, mit welchen Schwierigkeiten sie zu kämpfen hatte und auf wieviel Widerstand sie stieß, und doch hat sie niemals aufgegeben. Sie glaubte an sich, besaß eine beachtliche Portion Selbstvertrauen, Ich-Vertrauen, und ganz sicher glaubte sie an die Liebe und an ein Leben voller Liebe.

Winston Churchill hat stets gesagt, daß er seinen Erfolg in erster Linie seiner Mutter zu verdanken habe – sie förderte und unterstützte seine schriftstellerische ebenso wie seine politische Karriere – und daß er es ohne ihre Hilfe niemals so weit gebracht hätte.

Winston, der übrigens nie ein College besuchte, wurde einer der bedeutendsten Männer des zwanzigsten Jahrhunderts. Vor vielen Jahren sagte er etwas, das seit langem zu meinen Lieblingszitaten zählt:

Mut ist die bedeutendste Eigenschaft, denn er alleine befähigt uns zu allen anderen.

Mut, Courage, Schneid, Mumm, Chuzpe – wie auch immer Sie es nennen wollen: In Verbindung mit Entschlossenheit werden Sie damit fast alles bekommen, was Sie wollen (ehrlich gesagt, glaube ich sogar daran, daß Sie damit tatsächlich *alles* erreichen!). Für mich gehört zum Mut auch der Glaube an Gott (oder das höhere Selbst oder die Quelle aller Kraft oder den Geist oder die Liebe), weil Mut immer die Überwindung einer gewissen Angst impliziert (wenn Sie keine Angst haben, brauchen Sie auch keinen Mut). Und die innere Stärke entsteht aus dem Wissen heraus, daß Sie nicht allein sind, daß etwas in Ihrem Inneren Sie schützt und Ihnen den richtigen Weg weist. Gibt es etwas Besseres, um die Furcht zu bezwingen? Denken Sie genau nach, aber es gibt nichts anderes. Wenn Sie vor etwas panische Angst haben, werden Sie entweder erstarren und gar nichts tun, oder aber Sie realisieren bewußt oder unbewußt, daß Sie stärker sind als die Angst, und dann können Sie etwas dagegen unternehmen. Dieser bewußte oder unbewußte Gedanke ist der Beweis dafür, daß es etwas gibt, das stärker ist als Sie, und sobald dieses Etwas die Leitung übernimmt, verschwindet die Angst.

Sich selbst zu lieben, ist das wichtigste auf der Welt. Natürlich lieben wir nicht unsere negativen Eigenschaften, doch wir können alles Gute lieben, was uns innewohnt. Bei manchen Menschen liegt dieses Gute dicht an der Oberfläche, bei anderen ist es tief im Inneren verborgen, so daß man es manchmal kaum sieht oder fühlt, aber das einzige, was zählt, ist, daß es *überhaupt da ist*. Haben Sie erst einmal erkannt, wie wichtig es ist, sich um sich selbst zu kümmern, werden Sie auch erkennen, daß Sie nicht *alles* an sich lieben müssen. Für den Anfang reicht es völlig aus, eine liebenswerte Eigenschaft zu entdecken. Nun werden Sie mir sicherlich darin zustimmen, daß jeder Mensch mindestens *eine* gute Eigenschaft besitzt – sei es die Liebe zur Natur (auch wenn Sie glauben, alle Menschen zu hassen), oder die Liebe zu Farben, oder die Liebe zur Technik, oder eine Vorliebe, kaputte Dinge (wie zum Beispiel zerbrochenes Geschirr oder eine funktionsuntüchtige Kaffeemaschine) zu reparieren. Sobald Sie an sich selbst etwas entdeckt haben (und sei es noch so klein und unbedeutend), was Sie toll finden, können Sie anfangen, diese Eigenschaft auszubauen. Und je mehr dieses Gute wächst und gedeiht, dest mehr werden Sie sich mögen; und darüber hinaus wird es Ihnen dabei helfen, weitere gute Eigenschaften an sich zu entdecken, die Sie dann gleichfalls fördern und nähren können, bis es dann eines Tages soweit ist, daß Ihre positiven Eigenschaften die negativen vollkommen zurückgedrängt haben – und dann können Sie *wirklich* anfangen, sich selber zu lieben (und auch Ihre Umwelt wird Sie dann lieben).

Dr. George Weinberg lernte ich bei einem Fernseh-Interview kennen, und wir wurden Freunde. Er hat ein wunderbares Buch geschrieben. Es heißt *Self Creation* und handelt genau davon – wie man ein neues Selbst kreiert. In einem Kapitel geht es darum, wie man es schafft, beliebt zu werden. Er schreibt dazu:

Eine Methode, beliebt zu werden – die richtige Methode –, besteht darin, diejenigen Eigenschaften zu fördern, die Sie an sich selbst besonders mögen. Eigenschaften, die Ihnen so wertvoll erscheinen, daß die Menschen, die Sie gerne als Freunde haben möchten, Sie deshalb schätzen müßten. Arbeiten Sie daran, diese Eigenschaften auszubauen – um ihrer selbst willen (und um *Ihrer* selbst willen), ohne dabei zu versuchen, irgend jemanden zu beeindrucken. Gemocht zu werden, darf nicht im Zentrum Ihres Bemühens stehen, sondern erst an zweiter Stelle kommen, so wie der Orgasmus beim Sex oder der Ruhm beim Malen oder Schreiben erst an zweiter Stelle kommen dürfen. Sollte es nämlich Ihr direktes und wichtigstes Ziel sein, besteht die Gefahr, daß Sie nicht nur Ihre Erfolgschancen ruinieren, sondern auch die Fähigkeit verlieren, sich darüber zu freuen.

Um ein gesundes Selbstbewußtsein zu entwickeln, neigen wir zuweilen dazu, unsere Vergangenheit zu idealisieren. Das ist ganz in Ordnung. Ich weiß, daß meine Versuche, mich selber aufzubauen, eine Kompensation dafür waren, daß ich oft geglaubt habe, nichts wert zu sein. Es ist noch nicht so lange her, da haben mein Bruder und ich zufällig unsere Volksschulzeugnisse wiedergefunden und sind beim Lesen vor Lachen schier ausgeflippt. Beide hatten wir uns nämlich eingeredet, hervorragende Schüler gewesen zu sein, und als wir gleich mehrere Dreier sahen, konnten wir es einfach nicht glauben.

Im *Sunshine* Magazin stieß ich auf folgendes Zitat von Miller Upton, dem ehemaligen Präsidenten des Beloit College, der hier ein beredtes Plädoyer für den »Stärkeren« hält:

Die Art und Weise, vor allem aber das Ausmaß, in dem unsere Gesellschaft ihre Sympathie fast ausschließlich gescheiterten Existenzen, Perversen, Drogenabhängigen, haltlosen Individuen, Kriminellen und Versagern entgegenbringt, ist nahe daran, meine Toleranzgrenze zu überschreiten. Mir scheint, wir haben den Bezug zur Realität verloren und uns in den Ketten unseres eigenen Mitgefühls verfangen. Ich glaube, allmählich ist es an der Zeit, daß jemand wie ich aufsteht und kurz, aber klar sagt: »Ich bin für den Stärkeren!«

Ich bin für den Typ Mensch, der sich etwas Bestimmtes vornimmt und es auch durchsetzt; der anstehende Probleme und brachliegende Möglichkeiten auf den ersten Blick erkennt und sofort aktiv wird; der deshalb sein gesetztes Ziel ohne Umschweife erreicht, weil er keine falsche Rücksicht auf die Fehler anderer nimmt; der es nicht für »altmodisch« erachtet, nach immer neuen Aufgaben Ausschau zu halten; der nicht ewig hin und her überlegt, warum er das, was er tut, eigentlich besser nicht tun sollte; ich bin für den Typ Mensch, der, kurz gesagt, seinen gerechten Anteil an der Last der Welt trägt.

Um eine anständige Gesellschaft etablieren zu können, müssen wir in erster Linie dafür sorgen, daß sich jedes Individuum sich selbst wie auch allen anderen Individuen gegenüber anständig verhält.

Wir werden nie ein gutes, geschweige denn ein großartiges Gesellschaftssystem errichten können, bevor wir nicht gelernt haben, individuelle Leistungen nicht nur zu respektieren, sondern auch zu fördern.

Aus diesem Grunde bin ich für den »Stärkeren«, den Erfolgreichen, den Siegertyp.

Ich stimme dieser Aussage generell zu, weil ich selber hart arbeite und viel erreicht habe, aber ich bin mir auch der großen Hilfe bewußt, die mir von vielen Seiten zuteil wurde. Wäre ich nicht krank geworden und hätte ich nicht die Vitamine entdeckt und meinen Energietrank erfunden, dann wäre ich mit großer Wahrscheinlichkeit noch immer verspannt, verkrampft und depressiv. Niemals hätte ich die physische Stärke besessen, mit meinen psychischen Problemen fertig zu werden. Ich weiß, daß es schrecklich dramatisch klingt, aber ich bin wirklich davon überzeugt, daß ich heute nicht mehr am Leben, geschweige denn super aktiv wäre. Und weil ich es selber erlebt habe, kann ich verstehen, wie furchtbar es ist, wenn man an sich selbst zweifelt, sich für einen Versager hält und vor allem Angst hat. Mein höheres Selbst oder die Quelle meiner Kraft führte mich in meine Krankheit, die mich wiederum zu den Vitaminen und dem Trank führte, die mir schließlich die körperliche Kraft gaben, die ich brauchte, um auch geistig und emotional zu Kräften zu kommen. Ich weiß, wie es ist, wenn man einen Drink braucht, um sein Selbstvertrauen zu stärken, weil man Angst hat; ich weiß, wie es ist, wenn man freiwillig auf eine Chance verzichtet, weil man glaubt, daß alle anderen sowieso besser oder klüger oder talentierter oder fähiger wären. Ich weiß, wie es ist, wenn man so deprimiert ist, daß man nicht mehr weiterleben möchte, weil man in einer derart wertlosen Existenz einfach keinen Sinn mehr entdecken kann. Und ich glaube, daß diese Art von Verspannung und Ängsten und Depressionen auch zu Verbrechen, zu Mord und Selbstmord führt. Es ist also nur eine Sache, für den »Stärkeren« zu sein, dabei aber nicht weniger wichtig, auch den »Schwächeren« zu verstehen – ich sage nicht: Ihn zu bemitleiden oder zu verhätscheln, sondern zu verstehen und zu versuchen, ihm zu helfen. Jeder Mensch braucht

Hilfe – ich brauche Hilfe, und Sie brauchen Hilfe. Wir alle brauchen Hilfe. Wir alle brauchen aber auch physische Energie, um Anspannungen und Ängste bekämpfen zu können. Wir alle brauchen einen Grund, auf uns stolz sein zu können. Wir sind *alle* erfolgreich – es ist nur so, daß manche von uns nicht über das nötige Selbstvertrauen verfügen, um zu erkennen, was sie wirklich wert sind, und daß sie deshalb ihre positiven Eigenschaften auch nicht zum Ausdruck bringen. Glauben Sie mir, ich war wirklich schon ganz unten – meine Verspannungen und meine Depressionen hätten mich zwar nicht dazu gebracht, einen Raub oder einen Diebstahl oder einen Mord zu begehen, aber sie hätten vermutlich dazu geführt, daß ich mich selbst umgebracht hätte. Ich habe sehr viel darüber nachgedacht (ich glaube, daß man den physischen oder psychischen Tiefstand erreicht hat, wenn man anfängt darüber nachzudenken, seinem Leben selbst ein Ende zu setzen), und deshalb habe ich echtes Verständnis für jeden, der so leidet, wie ich es damals tat. Und wenn mir heute jemand sagt, er könne sich beim besten Willen nicht vorstellen, daß ein Mensch, der über soviel Energie verfügt wie ich, jemals so down gewesen wäre, dann kann ich nur eins erwidern: daß es vielleicht schwer zu glauben, aber trotzdem wahr ist. Und die Erinnerung an jene Zeit ist noch so frisch, daß es nichts, buchstäblich *nichts* gibt, was mich davon abhalten könnte, jeden Tag meine Vitamine und meinen Energietrank zu nehmen. Ich habe sie immer und überall dabei, sie begleiten mich auf jede Reise, egal ob geschäftlich oder privat, egal ob nah oder weit. Und der beste Ansporn ist die Erinnerung daran, wie mein Leben aussah, bevor ich anfing, den Energietrank und die Vitamine zu nehmen. Ich kann nur sagen, daß sie mein Leben so total verändert und einen derart neuen Menschen aus mir gemacht haben, daß ich es laut herausschreien, daß ich es der ganzen Welt erzählen möchte. Wenn ich auch nur einen Menschen vor den schlimmen Zuständen bewahren kann, wie ich sie früher des öfteren durchgemacht habe, dann bedeutet mir das sehr viel. Deshalb möchte ich auch, daß die Insassen von Gefängnissen und Nervenheilanstalten den *Dynamite Energy Shake* bekommen, ohne daß ich einen müden Cent daran verdiene. Ich tue es allein um der Gnade Gottes willen. Die Quelle meiner Kraft sorgt fantastisch für mich, und wenn andere Menschen anfangen, den Energietrank und die Vitamine zu nehmen, dann werden ganz bestimmt auch sie die Quelle ihrer Kraft (oder ihr höheres Selbst) entdecken, und dann wird die Welt auf einmal sehr viel fröhlicher und heiterer sein. Jeder einzelne kann dann seine eigenen Fähigkeiten erkennen und fördern und ein Siegertyp werden, und auf der ganzen Welt wird es nur noch »Stärkere« geben. Allein schon der Gedanke daran turnt mich an. Das Schlimmste, was passieren könnte, wäre, daß die Leute in den Gefängnissen und Anstalten nur ein besseres Frühstück bekommen, und das noch dazu umsonst. Bestenfalls würde es aber tatsächlich eine Veränderung bewirken. Ich selbst könnte mich damit dankbar dafür erzeigen, daß es mir möglich geworden ist, wieder hochzukommen. Und ich weiß: Wenn *ich* es konnte, können es andere auch, die dann genauso wie ich nie wieder in die Tiefen des Lebens zurückfallen werden.

In seinem Buch *On Caring* (nicht in Deutsch) beschreibt Milton Mayeroff, welche Rolle Zuwendung (Caring) bei der Selbstverwirklichung spielt:

> Zuwendung beinhaltet eine Selbstlosigkeit, die sich deutlich von dem Selbstverlust unterscheidet, den man in Panik oder bei bestimmten Formen des Konformismus erlebt. Es ist eine Selbstlosigkeit, die dem Zustand ähnelt, den man empfindet, wenn einen eine interessante Sache völlig gefangennimmt, und der letztlich zu einer »Selbstbereicherung« führt. Zu einer derartigen Selbstlosigkeit gehören das Gefühl gesteigerter Wahrnehmungsfähigkeit, wachsende positive Reaktionen (sowohl auf andere als auch auf sich selbst) und die vermehrte Nutzung der eigenen persönlichen Stärken.
>
> Indem ich dem anderen meine Zuwendung schenke und sie fördere, verwirkliche ich mich selbst.

Wenn wir uns also um einander kümmern und einander lieben (und ich meine damit nicht nur einen anderen Menschen, sondern auch einen anderen Teil Ihrer selbst, Ihr höheres Selbst oder die Quelle Ihrer Kraft), dann stärken Sie damit Ihr Ich, und je bewußter Sie Ihr wahres Ich erkennen, desto mehr Mut werden Sie entwickeln und desto mehr werden Sie auch an sich selbst glauben.

Mayeroff fährt fort:

> Es geht nicht nur darum, dem anderen zu vertrauen, sondern auch seiner eigenen Zuwen-

dungsfähigkeit zu vertrauen. Ich muß Vertrauen zu meiner Urteilsfähigkeit und zu meiner Fähigkeit haben, aus Fehlern zu lernen; ich muß lernen, meinen sogenannten Instinkten zu vertrauen.

Wenn ich mich um einen anderen Menschen kümmern will, muß ich fähig sein, ihn und seine Weltsicht genau zu verstehen. Doch nur wenn ich auch meine eigenen Bedürfnisse nach Wachstum kenne und akzeptiere, werde ich auch sein Streben nach Wachstum verstehen können; ich kann nämlich nur das in einem anderen verstehen, was ich in mir selbst verstehe.

Und weiter schreibt er:

So, wie ich mir selbst gegenüber Gleichgültigkeit empfinden kann, mich selbst wie eine Sache benutze oder mir selbst fremd bin, so kann ich mich auch um mich selbst kümmern und auf meine eigenen Bedürfnisse nach Wachstum eingehen. Ich werde sozusagen mein eigener Vormund und übernehme die Verantwortung für mein Leben . . .

Niemand anderer kann meinem Leben Sinn verleihen; das ist etwas, was nur ich selber zu tun vermag. Der Sinn ist nicht etwas Vorbestimmtes, was sich einfach und wie von selbst entfaltet; ich selbst muß etwas dafür tun, damit er entstehen und sich entwickeln kann. Und dies ist ein stetiger Prozeß und nicht etwas, das ein für allemal abgehandelt werden kann.

Haben Sie erst einmal angefangen, sich selbst zu vertrauen, werden Sie überrascht sein, wieviel Sie auf einmal geradezu intuitiv wissen und fühlen. Ich habe es selber erlebt. Mein ganzes Leben lang wollte ich lernen, wie man mit Stäbchen ißt. Jedesmal, wenn wir chinesisch essen waren, probierte ich es, unzählige Male, aber ich schaffte es einfach nicht. Immer wieder bat ich die chinesischen Kellner, es mir zu zeigen, und sie erklärten es mir geduldigst, aber irgendwie hat es trotzdem nie funktioniert. Ich fand den richtigen Dreh einfach nicht. So weiß ich noch genau, wie ich einmal in einem chinesischen Restaurant in der West Fifty-sixth Street in New York City war und erfreut feststellte, daß die Stäbchen in ein Stück Papier gewickelt waren, auf dem genau erklärt wurde, wie man damit umgeht. Ob Sie es glauben oder nicht – ich habe eine geschlagene halbe Stunde damit zugebracht, die Instruktionen haargenau zu lesen und sie Punkt für Punkt nachzuvollziehen, aber entweder fiel mir ein Stäbchen aus der Hand, oder aber das Essen zurück auf den Teller. Irgendwann war ich dann an einem Punkt angelangt, daß ich jede einzelne Morchel aufspießte und auch alles andere so aß – auf einem Stäbchen aufgespießt. Oh, wie verzweifelt und entmutigt ich war – aber ich gab trotzdem nicht auf, sondern probierte weiterhin neue chinesische Restaurants aus, in der Hoffnung, eines Tages auf einen Kellner zu treffen, der mich in die Geheimnisse des Stäbchen-Essens einweihen würde. Dann, eines Abends, es dürfte jetzt ungefähr vier Jahre her sein, nahm ich die Stäbchen zur Hand, ohne dabei zu versuchen, die korrekte Position nachzuvollziehen (ein Stäbchen festzuhalten und das andere dagegen zu bewegen, wie man es mir gezeigt hatte) – ich nahm sie einfach nur in die Hand und ließ mich von meiner Intuition oder meinem Instinkt oder *irgend etwas* leiten – und ich konnte es einfach nicht fassen, aber es gelang mir tatsächlich, das Essen aufzunehmen und ohne größere Verluste zum Mund zu befördern. Es schien mir einfach unglaublich. Jahrelang hatte ich mich krampfhaft bemüht, richtig mit Stäbchen zu essen, und dann, an diesem Abend, an dem ich mich überhaupt nicht anstengte und mich einfach von meinem Unterbewußtsein leiten ließ, funktionierte es. Ich habe keine Ahnung, *wie* ich es machte, aber ich kam damit zurecht, und es war direkt lächerlich einfach. Was mich am allermeisten verblüfft, ist die Tatsache, daß ich mich jahrelang damit abgeplagt hatte, und dabei war es so einfach.

Dieselbe Erfahrung machte ich beim Tanzen zu Disco-Musik (oder kreativem Tanzen, wie wir es nennen wollen). Natürlich können Sie bestimmte Figuren und Schritte lernen, aber im Grunde ist es nur eine Sache des Gefühls. Wenn Sie sich einfach nur mit der Musik bewegen, werden Sie es automatisch richtig machen, und Sie werden sich dabei auch wohler fühlen. Manchmal behindern wir uns freilich selber, aber das passiert normalerweise nur dann, wenn wir nicht im Einklang mit uns selbst sind, wenn wir uns selbst und unserer Intuition nicht genügend vertrauen.

Jill Clayburgh ist eine schöne Frau und eine gute Schauspielerin; sie lebt in New York und liebt die Stadt. Fünf Jahre lang hat sie mit Al Pacino gelebt, und dann mit dem Dramatiker David Rabe, den sie auch geheiratet hat. Als sich Pacino kurz nach *Der*

Pate von ihr trennte, hat sie unheimlich gelitten und eine Zeit des Schmerzes, der Angst und des Selbsthasses durchgemacht, aber dann hat sie sich zusammengerissen und schaffte nicht nur ein emotionales Comeback, sondern konnte auch ein berufliches feiern: Für ihre Darbietung in *Eine entheiratete Frau* erhielt sie den Cannes Film Festival Award als beste Schauspielerin. Für Jill ist emotionale Vertrautheit immens wichtig, aber sie hat trotzdem lange gezögert, zu heiraten. Inzwischen jedoch hat dieselbe Entschlossenheit, mit der sie die Trennung von Pacino überwand und zu Starruhm gelangte, sie auch diese Furcht überwinden lassen, und sie glaubt jetzt fest daran, in ihren Beziehungen ein dauerhaftes Glück zu finden.

Auch Warren Beatty glaubt an sich und hat sich diesen Glauben hart erarbeitet. Er sagt, daß er, obwohl er sich selbst liebt (was sehr positiv ist), nicht »in sich selbst verliebt« ist, weil man sich dazu schrecklich ernst nehmen müsse; und er hat einen viel zu ausgeprägten Sinn für Humor, um das zu tun.

Geraldine Fitzgerald ist ein fantastischer Mensch und eine gute Schauspielerin. Sie ist eine warmherzige und geistreiche (und hitzige) Irin, die genau weiß, was sie will und was sie tun muß, um es zu bekommen. Geraldine ist inzwischen in den Sechzigern und trägt ihr langes Haar offen, obwohl sie sagt: »Man erwartet von einer Frau, daß sie ab einem gewissen Alter ihr Haar hochsteckt. Jedenfalls sollte sie ihr Haar nicht lose herabhängen lassen.« Aber Geraldine hat schon immer genug Mumm gehabt, so zu leben, wie *sie* wollte. Es ist noch gar nicht lange

her, daß sie zum erstenmal in einem Nachtclub auftrat und dort irische Volkslieder vortrug. Außerdem
hat sie eine Schallplatte aufgenommen. Sie sagt:
»Das Leben fängt dann an, wenn du es willst!«

Monique van Vooren ist Belgierin und nicht nur
eine schöne Frau, sondern auch eine sehr entschlos-
sene. Ihre Entschlußkraft hat ihr eine ganze Reihe
von Erfolgen als Schauspielerin und Sängerin beschert und hat sie auch dazu bewogen, ihren ersten
Roman *Night Sanctuary* zu schreiben. Außerdem ist
sie die Verfasserin eines Kochbuches, *The Happy Coo-
ker*, mit vielen Rezepten für Paare (aphrodisische
Dinner, Drinks und Gerichte nennt sie es selbst). Ursprünglich hatte Monique kein besonders starkes
Ego (das war übrigens bei *allen* Berühmtheiten, mit
denen ich sprach, der Fall), und erst die Schauspielerei und die Singerei, und in letzter Zeit auch das
Schreiben, womit sie wirklich großartigen Erfolg
hat, haben ihr Selbstbewußtsein gestärkt. *Niemand*
kann erfolgreich sein, wenn er ein schwaches Ego
akzeptiert und nichts dagegen unternimmt – jeder,
der nach Erfolg strebt, wird bemerken, daß sein
Selbstwertgefühl immer gesünder und stärker wird,
je weiter er vorankommt. Und Monique hat den
richtigen Weg gefunden. Sie sagt, daß ihr Selbstvertrauen von Tat zu Tag wächst, weil sie sich tagtäglich selber beweist, daß sie sich alles mögliche abverlangen kann (zum Beispiel einen Roman schreiben).

Regine besitzt zwölf Discotheken auf der ganzen
Welt (kommendes Jahr sind es wahrscheinlich
schon zwanzig!) und ist eine fantastische Frau. Sie
strahlt eine Energie aus, die einfach unerschöpflich
scheint. Ich lernte sie kennen, als wir zusammen in

einer Fernseh-Talkshow in Los Angeles auftraten, und sie war mir auf Anhieb sympatisch – sie hat einen scharfen Verstand, verfügt über große Liebesfähigkeit und ist nicht nur schön und eine clevere Geschäftsfrau, sondern besitzt auch eine tollen Sinn für Humor. Sie hat mir eine herrliche Geschichte über ihre erste Ehe erzählt: Sie war damals sehr jung (ungefähr sechzehn) und erklärte ihrem Mann immer, daß sie einen eigenen Club eröffnen wolle. Das ging so weit, daß er sie schließlich zum Therapeuten schickte, weil sie seiner Meinung nach »verrückt« war. Ihre Ehe ging in die Brüche, aber ihr »verrückter« Traum von einem eigenen Club hat sich gehalten, und sie konnte ihn inzwischen so realisieren, daß sie bereits als »Königin der Discos« gilt. Sie hat wieder geheiratet, und ihr Mann, Roger Choukroun, der übrigens hervorragend aussieht, ist unheimlich verliebt in sie (und sie in ihn). Regines Erfolgsstreben wird nur noch von ihrem Glauben an sich selbst übertroffen, der durch ihren wachsenden Erfolg täglich bestätigt wird.

Um andere Menschen mögen zu können, müssen Sie sich selbst mögen, und um sich selbst mögen zu können, müssen Sie an sich glauben, und sobald Sie an sich selbst glauben, werden Sie sich mögen, und sobald Sie sich selbst mögen, werden Sie auch anfangen, andere Menschen zu mögen, und so weiter und so fort. Also sollten Sie möglichst sofort damit anfangen, etwas (und seien es nur Kleinigkeiten) zu tun, das dazu führt, daß Sie sich mögen und an sich selbst zu glauben beginnen. Backen Sie einen wunderschönen Kuchen, malen Sie ein Bild von Ihrem

Haus, treten Sie einem Fitneßclub bei und trainieren Sie jeden Tag, schreiben Sie ein Gedicht über die große Liebe Ihres Lebens (Ihren Mann (Lebensgefährten) / Ihre Frau (Lebensgefährtin), Hund, Katze, Schildkröte, Goldfisch, Pflanze, Diamantarmband), gehen Sie in ein Altenheim und achten Sie darauf, wie die Augen der alten Menschen zu leuchten beginnen, weil sie seit Monaten oder sogar Jahren keinen Besuch mehr bekommen haben. Als ich seinerzeit – es ist inzwischen eine ganze Reihe von Jahren her – mit der Schauspielerei anfing, hielt ich es für eine gute Idee, praktische Erfahrung vor einem Publikum zu sammeln. Also lernte ich ein paar Monologe auswendig und trug sie in einem Altenheim vor. Ich tat das ausschließlich, um Erfahrung zu sammeln, keineswegs aus Nächstenliebe oder einem anderen altruistischen Grund. Wie erstaunt war ich, als ich erfuhr, daß einige der alten Leute seit Monaten keinen Besuch mehr gehabt hatten und schrecklich einsam waren. Ein Mann erregte mein besonderes Mitleid; seit über fünfundzwanzig Jahren hatte ihn niemand mehr besucht. Ich konnte das gar nicht glauben, aber die Schwestern versicherten mir, daß es die Wahrheit sei. Dieser Mann hatte keine Verwandten mehr, und es interessierte augenscheinlich keinen Menschen, ob er lebte oder tot war. Seine Einsamkeit hat mich so bewegt, daß ich im Anschluß an meinen Monologvortrag noch ein bißchen Zeit mit ihm verbrachte. Nachdem wir eine Weile geplaudert hatten, bat er mich, ihn einen Augenblick zu entschuldigen, ging ins Nebenzimmer und kehrte mit einem Aquarell zurück, das er gemalt hatte. Er schenkte mir das Bild, und ich konnte meine Rührung kaum verbergen. In der darauffolgenden Woche schrieb ich ihm einen kurzen Brief, in dem ich mich für sein Geschenk bedankte, doch an den Anfang des Briefes setzte ich die Frage, ob er sich denn überhaupt noch an mich erinnere (er war ein sehr alter Mann, weit über neunzig). Seine Antwort werde ich nie vergessen: »Ich mich an Sie erinnern? Sie sind mir wie ein Engel erschienen, der direkt aus dem Himmel zu mir herabgestiegen ist.« Ich war so gerührt, daß ich einen Briefwechsel mit ihm anfing, der vier Jahre lang dauerte – bis zu seinem Tod. Gelegentlich habe ich ihn auch besucht, und jedesmal schenkte er mir ein neues Bild, das er für mich gemalt hatte. Dieses Erlebnis, das aus dem egoistischen Motiv hervorging, Erfahrung vor einem Publikum zu sammeln, zählt zu den wichtigsten Eindrücken meines Lebens, und rückblickend könnte es auch der erste Schimmer aufkommender Selbstschätzung gewesen sein, den ich seit meiner Kindheit erlebte.

Sie sehen also, Sie brauchen keineswegs Präsident zu werden, bevor Sie anfangen, sich selbst zu mögen. Sie können mit kleinen Dingen beginnen (zum Beispiel damit, den Energietrank und die Vitamine zu nehmen) und sich dann langsam hinaufarbeiten, beispielsweise jeden Morgen joggen, oder das Rauchen aufgeben – ganz egal, womit Sie auch anfangen, es kommt nur darauf an, daß Sie anfangen, sich selbst zu mögen und an sich selbst zu glauben, und sobald Sie das erreicht haben, werden Sie erkennen, worum es im Leben *wirklich* geht!

III

EILAND DER HOFFNUNG

1. Kapitel
Die Quelle meiner Liebesenergie

Sobald Sie dank des Energietrankes *körperlich* entspannt sind, werden Sie auch *geistig* entspannter sein und infolgedessen klarer denken können und eine insgesamt positivere Einstellung gewinnen, was dann wiederum dazu führt, daß Sie auch *emotional* entspannter und darum in der Lage sind, ein liebesfähiger Mensch zu sein – und wenn Sie erst einmal an diesem Punkt angekommen sind, dann dürfen Sie Ihrer Imaginationskraft freien Lauf lassen und nach all den wunderbaren positiven Gelegenheiten greifen, die nur darauf warten, von Ihnen genutzt zu werden. Nach Jahren körperlichen Elends, nervlicher Belastungen und seelischer Pein hat mein Energietrank es mir ermöglicht, endlich lockerer zu werden. Es war ein sehr langwieriger Prozeß, aber ich habe mich voll reingehängt und niemals aufgegeben. Es hat Jahre gedauert, ein psychisches Wrack zu werden, und es dauert auch Jahre, das Chaos im Kopf wieder zu beseitigen, aber ich wußte, daß ich auf dem richtigen Weg war. Ich merkte, daß mein Körper sich von Tag zu Tag weniger verkrampft anfühlte und daß sich auch meine Psyche langsam entspannte. Und ich war gerne bereit, mir von allem und jedem helfen zu lassen. Ich las sehr viel, suchte nach Antworten, und eines Tages, als ich es am allerwenigsten erwartet hätte, lernte ich eine Frau kennen, die mir etwas sagte, das mein Leben vollkommen umkrempelte. Das war vor einigen Jahren, als ich gerade ein schlimmes seelisches Tief durchmachte und schrecklich litt. Die seelischen Qualen waren kaum noch auszuhalten, und nachdem ich das ein paar Wochen lang mitgemacht hatte, traf ich eine Frau, die irgendwie ahnte, daß ich Hilfe brauchte. Ich erzählte ihr nicht, daß ich litt oder warum ich litt, aber wir unterhielten uns eine Zeitlang über dies und das, und dann fragte sie mich ganz unvermittelt, ob ich wüßte, daß Gott die Quelle meiner Kraft sei. Ich kann nicht genau erklären, was in diesem Augenblick in meinem Kopf vor sich ging, aber der Gedanke, daß Gott die Quelle meiner Kraft, der Kern meines Daseins sei, hat sich in einem Winkel meines Gehirns festgesetzt und mich seit jenem Tag nicht mehr verlassen. Dann kam mir die Erleuchtung: Wenn es stimmt, daß Gott tatsächlich die Quelle meiner Kraft ist (und ich glaube wirklich, daß das wahr ist), dann kann Gott, der das Gute ist, der die Liebe ist, nur das Beste für mich wollen. Und ganz plötzlich bemerkte ich, daß die seelische Pein, die ich durchlitt, nur zu meinem eigenen Besten war, damit ich daran erstarken konnte und ein besserer Mensch wurde. Okay, ich weiß, Sie haben schon hunderttausendmal zu hören bekommen, daß irgend etwas nur zu Ihrem eigenen Besten sei (zum Beispiel, wenn Sie als Kind vorbestraft wurden), und auch ich habe es schon hunderttausendmal gesagt bekommen, aber es hat nie irgend etwas in mir ausgelöst. Doch als diese Frau es mir sagte, war ich augenscheinlich reif für die tiefere Erkenntnis, denn von eben diesem Augenblick an begann der schreckliche seelische Schmerz nachzulassen, und auf einmal *wußte* ich, daß mich diese

Erfahrung stärker und reifer gemacht hatte. Ich fing an, der Quelle meiner Kraft vollkommen zu vertrauen, und begann zu verstehen, daß die Quelle meiner Kraft nur das Allerbeste für mich wollte und mich deshalb verschiedene Erfahrungen machen ließ, damit ich letztlich alles bekommen konnte, was ich mir wünschte. Dieses Vertrauen ist seither ständig gewachsen, und inzwischen spüre und fühle und weiß ich, daß mir alles gegeben wurde, was ich brauchte, um all das an mir zu verändern, was ich ändern wollte und mußte. Und wenn ich Vertrauen sage, dann meine ich damit das tiefe und vollkommene Vertrauen: daß ich jeden einzelnen Tag meines Lebens in Gottes Händen bin. Es begann, als ich den Gedanken zum erstenmal aufgriff, und es hat seitdem nie mehr nachgelassen, sondern ist ganz im Gegenteil immer stärker geworden.

Nun sind natürlich alle Menschen verschieden, und etwas, das Sie beeindruckt, muß nicht unbedingt auch mich beeindrucken und umgekehrt, aber dieser eine Satz hat sich mir zuinnerst eingeprägt. Die Quelle – das ist der Ursprung allen Seins, und die Quelle meiner Kraft ist Gott oder das Gute oder die Liebe (diese Begriffe sind für mich Synonyme, also gleichbedeutend). Tagelang spukte dieser Gedanke in meinem Kopf herum, bis er sich endgültig einprägte. Ganz egal, was auch passiert, er sitzt darin fest. Und wenn nun *irgendein* negativer Gedanke aufkommen will, dann denke ich, Gott ist die Quelle meiner Kraft, und ich entspanne mich, und diese Gewißheit vermittelt Geborgenheit und macht mich ruhig und gelöst. Auf dieselbe Art und Weise, auf die durch die Vitamine und den Energietrank mein Bedürfnis nach Kaffee, Zi-

garetten etc. ausgelöscht wurden, löscht die Gewißheit, daß Gott die Quelle meiner Kraft ist, alle negativen Gedanken aus. Allerdings können Sie einen negativen Gedanken nicht einfach ausschalten – Sie
müssen ihn durch einen positiven ersetzen (so wie
Sie nicht einfach aufhören, Kaffee zu trinken, sondern ihn durch den Energietrank ersetzen). Wenige
Wochen nachdem der Gedanke erstmals in mir Fuß
gefaßt hatte, begann ich verstärkt darüber nachzudenken und erkannte, daß er mir dabei helfen würde,
das zu werden, was ich werden wollte, und das zu
bekommen, was ich bekommen wollte, und deshalb
habe ich ihn ans Ende meiner Gymnastik angehängt:
Wenn ich mit dem Training durch bin, lege ich mich
hin und mache ein paar geistige Übungen. Das tut
unglaublich gut und macht auch Spaß. Nachdem ich
mich körperlich ausgearbeitet habe, bin ich ganz entspannt und kann mich wunderbar konzentrieren.
Dann denke ich: Gott ist die Quelle meiner Kraft,
Gott ist die einzige Quelle meiner Kraft, Gott ist die
Quelle von allem und jedem. Schließlich spreche ich
es laut aus und lasse mich ganz in mein Unterbewußtsein sinken. Dann sage ich: »Ich bin entspannt
und optimistisch und selbstbewußt und voller Tatkraft und Lebensfreude – Gott ist die Quelle meiner
Kraft.«

Die meisten von uns möchten sofortige Resultate
sehen, wenn sie etwas tun. Aber manche Dinge brauchen eben ein bißchen Zeit; wie heißt es so schön: Gut
Ding will Weile haben. Auch wenn Ihnen diese geistigen Übungen lächerlich oder unsinnig vorkommen und Sie nicht glauben, daß sie etwas bewirken,
sollten Sie sie trotzdem machen. Auch wenn Sie sie

nur rein routinemäßig absolvieren, bleibt nämlich etwas hängen, da Ihr Unterbewußtsein keinen Unterschied merkt. Vielleicht ändert sich nicht gleich am ersten Tag etwas, aber wenn Sie sich eine Zeitlang täglich diesen Gedanken hingeben, werden Sie eine neue Furche in Ihr Gehirn ziehen (so wenigstens sehe ich es), und bevor Sie es merken, werden Sie Ihr ganzes Leben zum Guten hin verändert haben. Es dauert nicht mehr als zwei oder drei Minuten täglich, und doch kann es Ihr Leben verändern. Ja, es *wird* Ihr Leben verändern, aber, das muß ich nochmals betonen, Sie müssen die Übungen auch wirklich machen! Im ungünstigsten Fall haben Sie zwei Minuten vertan, im günstigsten können Sie Ihr ganzes Leben umkrempeln. Wann immer Ihr Bewußtsein Ihrem Unterbewußtsein etwas sagt, prägt sich das Gesagte dort ein. Und wenn Sie es wiederholen, wird es ein bißchen stärker, und nach einer gewissen Zeit ist es dann so stark, daß es beginnt, Ihr Leben zu beeinflussen. Und wenn gute Dinge anfangen, Ihr Leben zu beeinflussen, dann können Sie endlich anfangen, das Leben so zu genießen, wie man es eigentlich genießen sollte! Das ganze Leben wird zu einem einzigen Fest, das Sie einlädt, alle gebotenen Freuden und Köstlichkeiten zu genießen.

Nun muß natürlich jeder Mensch seine eigenen Prioritäten setzen – welche Eigenschaften er oder sie für besonders erstrebenswert hält; beispielsweise Selbstbewußtsein, Selbstvertrauen, Entspannung, Tatkraft, Lebensfreude. Ich sage: »Ich bin entspannt und optimistisch und selbstbewußt und voller Tatkraft und Lebensfreude.« (Lebensfreude ist für mich etwas ganz, ganz Wichtiges, alles im Leben sollte

Freude machen, oder wenigstens die meisten Dinge sollten es, und sie können es auch, sofern wir uns entspannen.) Um bestimmte Schwächen (unerwünschte Eigenschaften) auszumerzen, sage ich: »Ich bin der stärkste Mensch auf der Welt – Gott ist die Quelle meiner Kraft«, und: »Die Liebe begleitet mich immer und überall hin – Gott ist die Quelle meiner Kraft«, und: »Meine Gedanken sind nur für Gutes offen – Gott ist die Quelle meiner Kraft.« Das entspannt mich, weil ich damit die Verantwortung für mich auf mein höheres Selbst (die Quelle meiner Kraft) abwälze. Sie brauchen sich nicht länger über Dinge Sorgen zu machen, die passieren könnten; wenn sie gut und wichtig für Sie sind, dann werden sie passieren, und die Quelle Ihrer Kraft wird sich darum kümmern, und wenn sie nicht gut für Sie sind, dann wird die Quelle Ihrer Kraft dafür sorgen, daß sie nicht passieren, wenigstens im Moment nicht . . . es könnte immerhin sein, daß sie zu einem anderen Zeitpunkt gut und wichtig für Sie sein werden. Sie brauchen sich über gar nichts Sorgen zu machen. Sie müssen nichts weiter tun, als an all die Dinge zu denken, die Sie vom Leben erwarten, und auf sie hinzuarbeiten – mit dem Bewußtsein, daß die Quelle Ihrer Kraft dabei die wirkliche Arbeit tut.

Alle diese Übungen sind eine Art von Selbsthypnose (der direkten Verbindung zwischen Bewußtsein und Unterbewußtsein), und die Wissenschaft beweist täglich, welch ungeheure Kraft die Hypnose besitzt.

Nun habe ich gesagt, wenn etwas nicht gut oder richtig für Sie ist, wird die Quelle Ihrer Kraft dafür sorgen, daß es nicht geschieht – was aber nicht heißen soll, daß es nie geschieht. Wenn Sie irgend etwas unbedingt wollen, werden Sie es vielleicht nicht sofort bekommen, möglicherweise sieht es sogar so aus, als ob Sie es nie bekommen und als ob die Quelle Ihrer Kraft es Ihnen aus dem einen oder anderen Grund verweigert – vielleicht weil Sie früher einmal etwas ›Schlechtes‹ getan haben, so daß die Quelle Ihrer Kraft Sie jetzt dadurch bestraft, daß sie Ihnen nicht gibt, was Sie wollen. Aber das ist nicht wahr und außerdem negativ gedacht. Wenn Sie etwas *wirklich* wollen, wenn Sie Ihrem höheren Selbst vertrauen und es lieben und wissen, daß Ihr höheres Selbst (oder die Quelle Ihrer Kraft oder Gott, wie immer sie es nennen wollen) auch Ihnen vertraut und Sie liebt, dann werden Sie *wissen*, daß Ihr Wunsch erfüllt wird, wenn es an der Zeit ist. Vielleicht ist es nicht genau das, was Sie sich jetzt vorstellen, aber es wird mit Sicherheit etwas genauso Gutes, wenn nicht sogar Besseres sein. Lassen Sie mich Ihnen ein Beispiel nennen: Sie träumen seit zehn Jahren von einem eigenen Heim und stellen sich ein weißes Haus mit rotem Verandageländer und einem weißen Holzzaun vor; daran denken Sie und dafür arbeiten und darauf sparen Sie. Eines Tages fahren Sie dann eine Straße entlang und sehen ein gelbes Haus mit weißem Geländer und einem dunklen Holzzaun und einem Schild ›Zu verkaufen‹ davor; es kostet etwas mehr, als Sie ursprünglich ausgeben wollten; aber Sie haben sich auf den ersten Blick in eben dieses Haus verliebt. Also leihen Sie sich Geld und besitzen endlich Ihr langersehntes eigenes Heim. Es ist zwar nicht genau das Haus, von dem Sie geträumt haben, aber Sie übertünchen das Gelb mit Weiß, streichen das Geländer rot und den Zaun weiß – und nun haben Sie ein Haus, das sogar noch schöner und besser ist als das Ihrer Träume.

Haben Sie aus irgendeinem Grund eine Liebe verloren und quälen Sie sich nun mit dem Gedanken, daß Sie nie wieder eine Liebe finden werden, die so wunderbar ist wie die verlorene, dann sollten Sie tief in Ihrem Herzen wissen, daß Sie nicht nur eine neue Liebe finden werden, sondern daß diese sogar noch wunderbarer sein wird als die letzte. Sie haben diese Liebe verloren, weil Sie sich in dieser Beziehung nicht mehr weiterentwickeln konnten (und vielleicht konnte Ihr Partner bzw. Ihre Partnerin es auch nicht). Glauben Sie mir: Wenn eine Liebe wirklich für beide Teile schön und wunderbar ist, dann wird sie mit jedem Tag stärker, und auch Sie beide werden mit jedem Tag stärker, und damit wird auch Ihre Beziehung, Ihre Bindung, von Tag zu Tag enger und stärker. Wenn wir unser Leben als Ganzes betrachten, müssen wir uns darüber im klaren sein, daß wir hier sind, um zu wachsen und möglichst liebesfähig zu werden (Mangel an Wachstum bedeutet, daß die Liebesfähigkeit im Keim erstickt wird).

In den letzten paar Jahren hat mich eine Frage immer wieder beschäftigt. Ich begann zu erkennen, daß alles Unglück auf Angst basiert. Nun ist es so, daß viele Leute glauben, Haß oder Neid oder Eifersucht seien die negativen Ursachen des Unglücklichseins, doch haben alle diese negativen Gefühle mit Angst zu tun. Aber wo kommt diese Angst her? Alles auf dieser Welt hat einen Anfang, eine Ursache. Und wenn Gott oder die Liebe oder die Quelle meiner Kraft oder mein höheres Selbst *alles* ist, wie kommt es dann, daß etwas derart Negatives wie Angst überhaupt existiert? Noch wichtiger scheint mir allerdings die Frage: Wo fängt die Angst an? Diese Frage verfolgt mich seit Jahren, und ich hatte nicht die geringste Ahnung, wie oder wo ich eine Antwort darauf finden konnte. Dann, neulich erst (ich schrieb bereits an diesem Kapitel) war ich mit einem Geschäftsfreund, den ich mag und den ich sehr bewundere, zum Lunch. Mein Bekannter ist ein ausgesprochen netter, ruhiger, liebenswerter Mann, aber er hat mir vor einiger Zeit erzählt, daß er früher sehr viel unruhiger und ungeduldiger war und erst durch den Glauben seiner Frau die richtige innere Ruhe gefunden hat. Damals bin ich nicht näher auf das Thema eingegangen, weil ich glaubte, das Gespräch werde sonst in religiöses Geschwafel ausarten (worunter ich eine Unterhaltung über Kirchen und Äußerlichkeiten verstehe, was mit den wahren Werten wie gelebter Nächstenliebe und Liebe wenig oder nichts zu tun hat). Doch bei diesem Lunch siegte meine Neugierde, und ich fragte ihn, wie es denn zu dieser Veränderung in seinem Leben gekommen sei. Er antwortete mit einem Bibelzitat, das er als ungeheuer wichtig für seine Entwicklung bezeichnete: »Gott gibt uns nicht Angst, sondern Macht, Liebe und Verstand.« In diesem Moment stand die Antwort auf meine Frage ganz deutlich vor mir. Plötzlich war mir klar, wo Angst herrührt. Wenn ein Mensch von Gott weiß, und die Gegenwart der Liebe fühlt und versteht, daß sein höheres Selbst ihn liebt und nur das Beste für ihn will, dann kann es keine Angst geben. Wenn Sie die Liebe aber nicht kennen und fühlen, dann ist an dieser Stelle eine Leere, und eine Leere muß mit etwas ausgefüllt werden (Leere ist ein Vakuum, und wir alle wissen, was bei einem Vakuum passiert – wie es alles Umliegende verschlingt). Wer keine Liebe empfindet, hat folglich Angst, denn Angst ist die Abwesenheit von Liebe (oder von Gott oder der Quelle meiner Kraft oder des höheren Selbst).

Wann immer Sie also Angst verspüren, brauchen Sie sich nur zu entspannen (und das werden Sie können, wenn Sie den Energietrank und die Vitamine regelmäßig jeden Tag nehmen) und sich auf das Wissen zu konzentrieren, daß die Quelle Ihrer Kraft Sie liebt, Sie immer und überallhin begleitet und will, daß Sie glücklich und liebesfähig und voller Lebensfreude sind.

Ich glaube – nein, ich bin mir sicher –, daß es im Leben eines jeden Menschen ein ganz bestimmtes Verhältnis zwischen Liebe und Angst gibt. Je mehr Liebe Sie in sich tragen, desto weniger Platz ist dort für die Angst. Und je mehr Sie zulassen, daß die Angst Ihr Denken beherrscht, desto weniger Liebe wird es in Ihrem Leben geben. Wenn achtzig Prozent Ihres bewußten Denkens mit Ärger und Eifersucht und Angst ausgefüllt sind, bleiben nur noch zwanzig Prozent für die Liebe. Wenn Sie nun aber bewußt versuchen, diesen Prozentsatz durch Selbsthypnose zu verändern, können Sie es schaffen, das Verhältnis auf siebzig Prozent Liebe zu verbessern. Und mit noch mehr Anstrengung können Sie es auf sechzig Prozent Angst und vierzig Prozent Liebe bringen – und so weiter, bis Sie das Verhältnis umgekehrt haben.

Jedenfalls besteht eine direkte Beziehung zwischen diesen beiden Komponenten. Und um das Kräfteverhältnis zu verändern, dürfen Sie sich keinesfalls darauf versteifen, die Angst loszuwerden (das macht die Angst nämlich nur noch realer), sondern Sie müssen sich vielmehr darauf konzentrieren, sich selbst und anderen Menschen freundlich und positiv zu begegnen. Das verdrängt die Angst und ihre Auswirkungen aus Ihren Gedanken. Sobald Sie anfangen, sich voll und ganz darauf zu konzentrieren, daß Gott die Quelle Ihrer Kraft ist, und diesen Gedanken immer präsent haben, wenn sich die Angst einschleichen will, dann wird er schließlich zur Gewohnheit werden und von selbst dasein, wenn Sie ihn brauchen. Wann immer die Versuchung, sich zu verkrampfen und Angst zu haben, besonders stark ist (wenn ich zum Beispiel die letzte Monatsrate meines Bankkredites nicht bezahlen konnte und dem Mann auf der Bank versprochen habe, im nächsten, also diesen Monat, den doppelten Betrag zu zahlen, und dann irgend etwas dazwischenkommt, und ich das Geld ganz einfach nicht habe und deswegen nervlich völlig am Ende bin), dann hilft mir das Bewußtsein, daß Gott die Quelle meiner Kraft ist, zur Ruhe zu kommen, und ermöglicht es mir, konzentriert darüber nachzudenken, wie und wo ich das Geld auftreiben kann (Angst und Verkrampfung beeinträchtigen das klare Denkvermögen ganz beträchtlich).

Und je öfter Sie das machen, desto leichter wird es Ihnen fallen. Es ist wie bei allem anderen: Je öfter Sie etwas tun, desto mehr wird es Ihnen zur Gewohnheit, und Sie fangen schließlich an, es ganz automatisch zu tun, ohne extra darüber nachdenken zu müssen. Versuchen Sie also, sich möglichst oft dabei zu erwischen, wenn irgendeine Angst in Ihnen aufzukommen droht, und entspannen Sie sich dann ganz bewußt, indem Sie daran denken, daß die Quelle Ihrer Kraft absolut gut und liebevoll ist und immer gut auf Sie aufpaßt. Ich meine, wenn etwas derartig Kraftvolles wie Ihr höheres Selbst auf Sie acht gibt, wie könnte Ihnen da etwas Schlechtes oder Böses widerfahren?

Sobald Sie erkennen, daß Religion etwas ist, das Sie in Ihrem Inneren tragen und das nichts mit Bauwerken oder Statuen oder sonstigen banalen Äußerlichkeiten zu tun hat, wird Ihnen auch klarwerden, welche Macht der Glaube tatsächlich besitzt. Ihr Leben wird sich erst dann zu ändern beginnen, wenn Sie mit Ihrem Unterbewußtsein arbeiten (aber bevor Ihr Unterbewußtsein anfangen kann zu arbeiten, müssen Sie Ihr Bewußtsein ganz bewußt zur Ruhe kommen lassen). Das zu lernen ist mir persönlich am allerschwersten gefallen. Ich war daran gewöhnt, immer voll Angst, Neid, Ärger, Haß und all den anderen häßlichen Gefühlen zu sein, und war dabei natürlich ausgesprochen unglücklich. Erst als mir klar wurde, daß ich für die unschönen Erfahrungen in meinem Leben zum größten Teil ganz alleine selber verantwortlich war und daß sich die wenigen glücklichen Momente immer dann zu ereignen schienen, wenn ich relaxed war und nicht versuchte, mein Leben irgendwie zu kontrollieren – da traten die ersten echten Veränderungen ein. Als ich nun erfuhr, daß ich eigentlich nichts weiter zu tun brauchte, als das Gefühl der Liebe in mir auszubauen, die ihrerseits mein ganzes Wesen erfüllt und die Angst fernhält, da begannen die Momente des Glücks häufiger zu werden, während die schlimmen Ängste und die anderen negativen Gefühle zusehends nachließen.

Der Psychiater Dr. Curt G. Batiste vertritt die Ansicht, daß Menschen, die an Gott glauben, glücklicher sind, weniger unter Streß und Verspannungen leiden und insgesamt viel gesünder sind als Ungläubige. Betet ein Mensch, so ist das Gebet als eine Form positiven Denkens anzusehen, und positives Denken stärkt unser Immunsystem ganz beträchtlich. Dr. Batiste sagt, daß achtzig Prozent der Leute, die in seine Praxis kommen, nicht an Gott glauben, und er meint, daß sogenannte ›religiöse‹ Menschen weniger häufig psychiatrischen Rat und Hilfe suchen.

Was halten Sie davon, den Satz ›Gebete sind positives Denken‹ ganz einfach umzukehren in: ›Positives Denken bedeutet zu beten‹? Wir neigen dazu, Gebete als etwas Formelhaftes anzusehen, was man in einer Kirche oder einem Tempel vor sich hin sagt, aber wenn Gebete positives Denken sind, dann folgt daraus, daß auch umgekehrt positives Denken ein Gebet ist. Und je positiver Ihr Denken ist, desto näher sind Sie Gott, der Liebe, dem höheren Selbst oder der Quelle Ihrer Kraft.

Donny und Marie Osmond dürfen sich außerordentlich glücklich schätzen, weil sie eine ganz besonders warmherzige Mutter haben. Olive Osmond ist eine Frau, die über unendlich viel Liebe verfügt und sie auch reichlich verschenkt. Vor dreißig Jahren erfuhr Mrs. Osmond, daß ihre beiden ältesten Söhne, Tom und Virl, fast vollständig taub waren, und natürlich traf sie das zutiefst, doch sie weigerte sich, zu verzweifeln. Sie hatte so viel Liebe in sich und ein solches Vertrauen zum Leben und in Gott, daß sie sich tatsächlich für besonders auserwählt hielt. Und sie wußte, daß sie selbst etwas unternehmen mußte, um ihren beiden behinderten Söhnen zu helfen. Mrs. Osmond war Lehrerin gewesen, und nun machte sie sich daran, alles Informationsmaterial zu sammeln, das sich über Taubheit finden ließ. Sie arbeitete jeden Tag mehrere Stunden mit den Jungen, um ihnen das Sprechen beizubringen. Sie kaufte Schallplatten mit den verschiedenen Geräuschen, und Tom und Virl übten sich darin, Geräusche und Töne zu produzieren und anschließend schriftlich festzuhalten, was diese Geräusche und Töne bedeuteten. In der Schule lernten beide Buben die Taubstummensprache, aber zu Hause bestand ihre Mutter darauf, daß sie redeten. Als ihre anderen Kinder anfingen, Gesangsunterricht zu nehmen, ließ sie einen Tanzlehrer kommen, der den beiden Jungen Unterricht im Stepptanz erteilte. Sie bestand auch darauf, daß beide Saxophon spielen lernten; die Töne des Instruments waren laut genug, daß sie mit Hilfe der Vibrationen die Geräusche, die sie damit machten, ›hören‹ konnten. Mrs. Osmonds Liebe und Entschlossenheit sind wahrlich bewundernswert, aber ich glaube, daß es ihre enorme Liebesfähigkeit war, die ihr die Kraft und die Entschlossenheit gab, all das zu erreichen.

Als ich neulich auf meiner ›Jogging-Maschine‹ joggte (genaugenommen ist es gar keine Maschine, sondern ein ungefähr 50 x 50 cm großes Schaumgummistück auf Federn, das mit Vinyl überzogen und schräggestellt ist, so daß man das Gefühl hat, bergauf zu laufen), ließ ich meine Gedanken einfach so schweifen, und da fiel mir etwas Neues zur Angst ein. Wenn ich aus irgendeinem Grund nicht draußen joggen kann, laufe ich jeden Tag auf meinem Jogger oder Trampolin, und dabei bin ich noch nie auf den Gedanken gekommen, daß ich runterfallen könnte (die Lauffläche beefindet sich ungefähr zehn Zentimeter über dem Boden). Wenn ich dagegen auf einer 50 x 50 cm großen Plattform stünde, die fünf oder zehn oder hundert Meter über dem Boden wäre, hätte ich so schrecklich Angst herunterzufallen, daß ich vermutlich nicht einmal darauf stillstehen könnte – wahrscheinlich würde ich mich draufsetzen, mich mit beiden Händen daran festklammern und vor lauter Angst ganz furchtbar zittern. Hier haben wir genau das, was die Angst in uns auslöst. Sie führt dazu, daß wir uns verspannen, und macht uns so negativ, daß möglicherweise genau das eintritt, wovor wir uns fürchten (das heißt, wenn Ihr Jogger tatsächlich zehn Meter hoch wäre, würden Sie vermutlich *wirklich* runterfallen).

Ich wollte meine Angst-Theorie einmal in der Praxis ausprobieren, und die Gelegenheit ergab sich vor ein paar Tagen, als ich beim Gynäkologen zur Untersuchung war. Nun bin ich, was Ärzte angeht, normalerweise ein gräßlicher Feigling. Zum Beispiel kostet es mich eine wahnsinnige Überwindung, mir Blut abnehmen zu lassen. Erstens kann ich die Röhrchen nicht anschauen (ich habe Ihnen doch gesagt, daß ich furchtbar feige bin) und singe deshalb, um mich abzulenken, und natürlich bin ich während der gesamten Prozedur unheimlich verkrampft. Wann immer ich glaube, daß etwas weh tun könnte, warne ich den Arzt (bzw. den Zahnarzt) rechtzeitig, damit er nicht überrascht ist, wenn dann der Augenblick der Wahrheit kommt. Ich sage ihm oder ihr, daß ich ein gräßlicher Feigling bin, daß ich schon immer ein gräßlicher Feigling war und daß ich bei Schmerzen einfach ausflippe – schon allein bei dem Gedanken, daß etwas weh tun könnte, werde ich ganz nervös. Seit ich ein kleines Kind war, mache ich das durch, und obwohl es mir furchtbar peinlich ist, solche Angst zu zeigen, habe ich meine Feigheit immer als etwas Gegebenes akzeptiert, weil ich glaube, daß sie auf irgendein furchtbares Erlebnis zurückginge, das ich in frühester Kindheit durchgemacht habe und das auf diese Art seine unauslöschlichen Spuren in mir hinterlassen hat. Wie auch immer, jedenfalls lag ich auf dem Untersuchungstisch und war sehr verspannt, und der Arzt sagte mir, ich solle mich entspannen. Da fiel mir meine Angst-Theorie ein, und ich dachte mir, okay, Mädchen, jetzt oder nie. Ich befahl meinem Körper, sich zu entspannen . . . und er tat es – und dann dachte ich sofort an die Quelle meiner Kraft, die mich liebt und will, daß ich all das bekomme, was ich mir wünsche (darunter auch: keine Schmerzen), und mein Wille war tatsächlich so stark, daß ich entspannt blieb. Ich schaffte es, die Angst zu vertreiben (weil die Untersuchung an sich eigentlich gar nicht weh tat, ich aber immer Angst hatte, daß es doch weh tun könnte und deshalb auf den Schmerz wartete, weshalb es kein Wunder war, daß ich mich verkrampfte). Es war ein sagenhaftes Gefühl zu wissen, daß ich mich zum erstenmal in meinem Leben *selber* so in der Hand hatte, daß ich die Erwartung des Schmerzes kontrollieren konnte.

Ich konzentrierte mich so sehr darauf, mich zu entspannen, daß für die Angst einfach kein Platz mehr blieb.

Diese geistigen und emotionalen Übungen bilden den Anfang der Entwicklung der persönlichen Stärke. Je stärker Sie sich geistig und emotional fühlen, desto leichter wird es Ihnen fallen, sich auf die Quelle Ihrer Kraft zu stützen und ihr die Führung Ihres Lebens zu überlassen. Wenn wir schwach sind, haben wir Angst, und indem wir versuchen, unser Leben trotzdem und mit Gewalt in den Griff zu bekommen, verhunzen wir uns alles erst recht. Es ist wie bei einem falsch programmierten Computer: Er *kann* gar nicht richtig funktionieren. Genau dasselbe passiert in unserem Gehirn. Die Angst führt zu Verspannungen, und diese Verspannungen verkrampfen unseren Körper, lähmen unsere Emotionen und hindern unseren Verstand daran, richtig zu funktionieren. Wenn das passiert, hat unser Unterbewußtsein oder die Quelle unserer Kraft oder unser höheres Selbst gar keine Chance, uns auf den richtigen Weg zu führen.

Damit unsere Stärken wachsen können, müssen wir sie gebrauchen. Und Selbstdisziplin ist ein fantastischer Lehrer. Im Laufe der Jahre habe ich hart an mir selbst gearbeitet, und es funktioniert – langsam und zunächst zögerlich, aber es funktioniert. Um mich selber auf die Probe zu stellen, zwinge ich mich ab und zu etwas zu tun, was mir wirklich schwerfällt. Wenn ich etwas unheimlich Leckeres esse, etwas, das ich wahnsinnig gern mag, überlege ich mir, ob ich mich dazu bringen kann, mittendrin aufzuhören – so nach ungefähr zwei Drittel, obwohl ich immer noch Hunger habe und das Essen ganz super toll genieße. Dann zwinge ich mich dazu, die Gabel oder den Löffel hinzulegen und mit Essen aufzuhören. Ich schaue auf den Teller und weiß, daß ich Herr meiner selbst bin. (Wenn Sie glauben, das sei nicht schwer, versuchen Sie es einmal! Aber es muß etwas sein, was Sie wirklich *wahnsinnig* gern essen, etwas, wo Ihnen schon bei dem Gedanken daran das Wasser im Munde zusammenläuft.) Das Machtgefühl, das Sie dabei empfinden, ist es wert. Sie werden sich vorkommen wie der Herrscher der Welt. Stark zu sein, heißt das Gefühl zu haben, unbesiegbar zu sein – und zu fühlen, wie die Macht Ihres höheren Selbst aus Ihrem Inneren heraus wirkt. Und wenn Sie sich stark fühlen, fühlen Sie sich automatisch gut. Ich meine, gut in jeder Hinsicht – es ist eine Art von Wohlbefinden, die auch damit zusammenhängt, daß man das Gefühl hat, ein guter Mensch zu sein. Bette Davis hat einmal etwas sehr Scharfsinniges gesagt, was genau darauf paßt:

»Schwache Menschen sind die hinterlistigsten und gefährlichsten von allen. Verwundbar sind vor allem die Starken.«

Oder, wie Leo Rosten es ausgedrückt hat:

»Es sind die schwachen Menschen, die grausam sind. Sanftmut und Zärtlichkeit darf man nur von den Starken erwarten.«

Das ist ja so wahr! Schwach sein, heißt Angst haben, und wenn Sie Angst haben, dann sind Sie verspannt und hinterlistig und ärgerlich und feindselig und eifersüchtig. Stark sein, heißt entspannt sein, und wenn Sie entspannt sind, sind Sie aufgeschlossen und vertrauensvoll und warmherzig und liebesfähig und verletzlich – und wenn Sie positiv denken, dann kann aus diesen Eigenschaften nur Gutes erwachsen.

Muhammad Ali ist in meinen Augen ein ganz besonderer Mensch. Hinter seinem Mut und seinem Humor steckt ein Herz, das so viel Liebe birgt, daß es mich geradezu umwirft. Im Moment beschäftigt er sich mit einer Organisation namens WORLD – World Organization for Rights, Liberty and Dignity –, die sich international für Menschenrechtsbelange einsetzt. Er glaubt, daß alles im Leben seinen Sinn und Zweck hat – Bäume haben einen Daseinszweck, Schweine haben einen Daseinszweck, Termiten haben einen Daseinszweck –, und er sagt, daß auch der Mensch, die höchste Schöpfung Gottes, einen Daseinszweck hat. Ali glaubt, daß ›der Dienst am anderen die Miete ist, die wir für unseren Platz im Himmel zu zahlen haben‹. Er glaubt so fest an Gott, daß er diesen Glauben als die treibende Kraft in seinem Leben bezeichnet und sagt, daß es ihm das Allerwichtigste sei, Gott zu dienen, und daß es sein höchstes Ziel sei, der Welt das Evangelium Gottes zu bringen. Nun, *das* nenne ich einen wahrhaft religiösen Mann – nicht in dem Sinn, daß er regelmäßig den Gottesdienst besucht, sondern im wahren, im besten Sinne des Wortes: Daß er versucht, anderen Gutes zu tun, und daß er einen starken Glauben an das Gute in sich und in seinen Mitmenschen hat.

Shaun Casssidy weiß, daß Liebe die Quelle seiner

Kraft ist, und er ist ein sehr ausgeglichener Mensch. Seiner eigenen Aussage zufolge verdankt er das seine Mutter, Shirley Jones, die ihm und seinen beiden jüngeren Brüdern sehr viel Liebe entgegenbrachte, sie aber auch lehrte, was Disziplin bedeutet.

Shirley ist voller Liebe für alle möglichen Dinge, darunter Musik und Menschen, und das hat auf Shaun abgefärbt. Ich habe mit Shauns Vater, dem Schauspieler und Sänger Jack Cassidy, zusammengearbeitet, und bis zu seinem tragischen, vorzeitigen Tod vor einigen Jahren waren wir gute Freunde. Jack liebte seine Kinder über alles; als er und Shirley sich trennten, war er am Boden zerstört und schaffte es nie mehr, sich von diesem emotionalen Tief zu erholen. Er war ein guter Schauspieler und ein sagenhafter Freund, aber irgendwie brachte er es nicht auf die Reihe. Seine Kindheit war recht unglücklich gewesen, und deshalb bettelte sein Ego unentwegt nach Anerkennung. Aber Shaun ist in einer anderen Welt aufgewachsen, und dank Shirleys Hilfe und ihrer unheimlichen Liebesfähigkeit hatte er psychisch und physisch ganz andere Ausgangsmöglichkeiten als sein Vater, so sind auch seine Ansichten überraschend weitsichtig. Er sagt, daß er momentan ganz zufrieden damit ist, als Schauspieler und Sänger zu arbeiten, daß er langfristig aber vorhat, Produzent zu werden. Shaun weiß, was er will.

Betty Ford, die lebhafte Gattin des früheren Präsidenten Gerald Ford, sagte: »Mit sechzig fängt das Leben erst richtig an.« Kurz vor ihrem eigenen sechzigsten Geburtstag hatte sie gravierende Probleme mit Alkohol und Medikamenten, und nachdem ihre Familie sie damit konfrontiert hatte – ein traumatisches Erlebnis für alle, das nichtsdestoweniger nötig war – gab sie öffentlich zu, alkoholabhängig und tablettensüchtig zu sein und begab sich in eine Klinik. Seit dieser Zeit hat sie keines von beiden mehr angerührt und fühlt sich jetzt mit sechzig besser als jemals zuvor. Betty glaubt an Gott, und ihr Glaube hat ihr die Kraft gegeben, mit all dem furchtbaren Druck fertig zu werden. Eine Zeitlang war sie dem Irrglauben erlegen, daß Drogen (Alkohol und Tabletten) einem Menschen helfen können, seine Probleme zu überwinden, aber sobald ihr klar wurde, daß sie mit ihrer schleppenden Stimme, ihrem unsicheren Gang und ihrem lückenhaften Gedächtnis niemanden täuschen konnte, riß sie sich zusammen. Sie sagt, daß sie es mit Gottes Hilfe geschafft hat, das alles hinter sich zu lassen, und es gelang ihr ein wunderbares Comeback, was ihren Mann, ihre Kinder und sie selbst sehr stolz und glücklich gemacht hat.

Wenn Sie wissen, daß Gott (oder die Liebe oder Ihr höheres Selbst oder der himmlische Vater oder wie Sie Ihn/Sie/Es auch immer nennen wollen) die Quelle Ihrer Kraft ist, wird Sie ein solches Glücksgefühl durchfluten, wie Sie es noch nie erlebt haben. Wie Shakespeare sagte: »Gut oder böse wird eine Tat erst dadurch, wie man darüber denkt.« Sie sollten also immer denken, fühlen, WISSEN, daß die Quelle Ihrer Kraft für Sie arbeitet und daß die Macht, über die die Quelle Ihrer Kraft verfügt, auch *Ihre* Macht sein wird.

2. Kapitel
Wer liebt mich richtig?

Geliebt zu werden – das heißt, sich lieben zu lassen – ist genauso wichtig wie lieben, denn jeder, der lieben will, muß auch jemanden haben, den er lieben kann. Zur Liebe gehören immer zwei, es sei denn, Sie sind ein Masochist und klammern sich an eine Liebe, die nicht erwidert wird (der große Lyriker Larry Hart sagte: »Nichterwiderte Liebe ist etwas Langweiliges.«). Ich finde unerwiderte Liebe zwar eher schmerzhaft als langweilig, aber in Anbetracht der ganzen Geschichten, die über Hart in Umlauf sind, blieben alle seine Lieben unerwidert, und so nehme ich an, daß es ihm deshalb relativ bald langweilig erschien.

Genauso wie Lieben eine Kunst ist, ist auch geliebt werden eine Kunst. Man kann sie erlernen und man kann daran arbeiten. Es ist wie geben und nehmen – die meisten Menschen können geben (was nicht heißen soll, daß sie es immer tun wollen), aber viele Menschen wissen nicht, wie man etwas annimmt. Sie werden verlegen, wenn ihnen jemand etwas schenkt. Beobachten Sie einmal jemanden, dem ein Kompliment gemacht wird, und achten Sie darauf, wie er oder sie darauf reagiert – ob es ihm bzw. ihr peinlich ist. Mir scheint, daß viele von uns das Gefühl haben, ein Geschenk oder ein Kompliment nicht zu verdienen. Ich weiß noch genau, wie ich früher immer verlegen herumgestottert habe, wenn mir jemand ein Kompoliment gemacht hat: »Oh, das Kleid ist nicht neu, es hängt schon jahrelang bei mir im Schrank«, oder: »Meine Mutter hat viel schönere Beine als ich«, oder: »Wenn man braun ist, sieht jeder gut aus.« Ich wollte oder konnte einfach nicht fassen, daß jemandem etwas an mir wirklich gefiel – da ich das Gefühl hatte, nicht soviel wert zu sein, glaubte ich, der andere müsse sich irren oder aber er ziehe mich auf; und beides war mir furchtbar peinlich.

Es hat lange Zeit gedauert, bis ich herausfand, wie ich dieses Minderwertigkeitsgefühl überwinden konnte. Zunächst einmal mußte ich anfangen, eine höhere, bessere Meinung von mir selbst zu haben, und obwohl das vielleicht ganz einfach klingt, wenn man es so sagt, ist es mir persönlich wahnsinnig schwergefallen. Vermutlich hängt das damit zusammen, wie man sich selber einschätzt – wenn Sie glauben, soweit okay zu sein – nichts Besonderes, aber ganz okay –, dann ist das in Ordnung. Wenn Sie sich aber für vollkommen wertlos halten, dann, Herrschaften, liegt ein gewaltiger Berg Arbeit vor Ihnen.

Eines Tages, nachdem ich wieder einmal besonders lächerlich auf ein Kompliment reagiert hatte, indem ich irgend etwas Ablehnendes stammelte, war ich so enttäuscht von mir, daß ich mich hinsetzte und einen letzten Versuch startete, herauszufinden, wie ich mir das abgewöhnen könnte. Ich wollte eruieren, warum ich dieses schreckliche Schuldgefühl mit mir herumschleppte, diese Überzeugung, daß ich kein Kompliment verdiene. Und das war noch nicht einmal alles – das Schuldgefühl machte sich nämlich in meinem ganzen Leben breit.

Ich durchwühlte mein Gedächtnis auf der Suche nach dem auslösenden Faktor, nach etwas, was vielleicht meine Eltern oder Verwandte gesagt oder getan hatten (ich erinnere mich noch genau daran, wie ich mit sechs Jahren bei uns am Eßtisch saß, und ein Besuch meiner Mutter sagte, was ich für ein hübsches Mädchen sei, und meine Mutter entgegnete der Frau, daß sie so etwas nie wieder sagen solle. Weil ich heute weiß, daß meine Mutter es damals nur gut gemeint hat, *glaube* ich nicht, daß darin das auslösende Moment für mein Schuldgefühl zu suchen ist. Dann habe ich versucht, mich zu erinnern, ob während der zwölf Jahre, die ich eine religiöse Schule besuchte, irgend etwas Besonderes passiert sei (natürlich lehren sie, daß reiche Leute nie so gut sein können wie arme und daß man nicht nach Vergnügungen streben solle – Schmerzen scheinen einen schneller in den Himmel zu bringen, und den Armen stehen die Himmelspforten wohl automatisch offen; vielleicht war das der Anfang meines Schuldgefühls: daß ich nie arm und leidend sein wollte). Nun ja, jedenfalls habe ich mir stundenlang mein armes Gehirn zermartert, und weil ich ein sehr logisch denkender Mensch bin (aber auch ein sehr gefühlvoller, was *mir* als Beweis genügt, daß man beides sein kann, oder, um es etwas anders auszudrücken, daß man gleichzeitig logisch *und* emotional kann), kamen mir ein paar Gedanken und Ideen, die mich ein ganz gewaltiges Stück vorwärtsgebracht haben.

Ich wußte, daß es mir schon immer leichter gefallen war, zu lieben, als mich lieben zu lassen, und deshalb beschloß ich, damit anzufangen. Mein

Schuldgefühl (oder jedenfalls irgend etwas) hielt mich davon ab, zu glauben, ich sei es wert, geliebt zu werden. Es fiel mir relativ leicht, jemanden zu finden, den ich wunderbar fand und den ich lieben konnte, weil ich aber gleichzeitig das Gefühl hatte, selbst nicht so toll zu sein, glaubte ich, die Liebe anderer nicht zu verdienen.

So kam ich auf eine geistige Übung, die ich seither jeden Tag mache. Sie hat mir derart geholfen, meinen Gefühlshaushalt zum Besseren zu verändern, daß ich jetzt allmählich in der Lage bin, Komplimente anzunehmen und einfach nur »Danke« zu sagen. Weil ich diese Übung so ungeheuer wichtig finde, wiederhole ich sie hier, obwohl ich sie schon in meinen anderen Büchern beschrieben habe.

Jeden Morgen, nachdem ich auf der Gymnastikmatte meine zwanzig Sit-ups gemacht habe, absolviere ich also die folgende geistige Übung: Ich lege mich auf den Rücken, schließe die Augen und entspanne. Dann rufe ich mir jemanden ins Gedächtnis, der mich wirklich geliebt hat (Mutter, Vater, Ehemann, Ehefrau – wer es ist, spielt gar keine Rolle, es geht vielmehr um das *Gefühl* des Geliebtwerdens, dieses herrliche Gefühl einer inneren Wärme, das man verspürt, wenn man aufrichtig geliebt wird). Dazu muß man sich sammeln, und man muß entspannt sein, aber es ist wirklich ein großartiges Erlebnis. Wenn mich dieses herrliche Gefühl überkommt, lächle ich und sage: »Gott liebt mich«, und dann lächle ich noch inniger und genieße dieses *wundervolle* Gefühl der inneren Wärme und Erfüllung. Dann sage ich: »Gott liebt mich und will, daß *alle* meine Wünsche in Erfüllung gehen.« Nehmen wir an, Sie folgen meiner Gedankenführung – daß Gott oder der Allmächtige existiert und mich *wirklich* liebt (was wir zwar gelehrt bekommen, uns emotional aber selbst erarbeiten müssen) und will, daß ich alles bekomme, was ich brauche und mir sehr wünsche. Und jetzt gehe ich ein bißchen mehr ins Detail. »Gott liebt mich und will, daß ich alles bekomme, was ich mir sehr wünsche« – normalerweise belasse ich es dabei, aber ab und zu nenne ich auch alles, was ich mir wünsche (und Sie nennen all die Dinge, die Sie sich wünschen, und erkennen, daß all diese wundervollen Dinge Ihnen gehören, wenn Gott Sie wirklich liebt – Erfolg, Liebe, Freunde, ein befriedigender Job, eine wunderschöne Wohnung, die noch dazu erschwinglich ist, prächtige Kleider, Ruhm, ein neues Auto, ein Diamantring, ein Baby). Wenn jemand Sie *wirklich* liebt, dann wird er versuchen, Ihnen all Ihre Wünsche zu erfüllen, und wenn Gott Sie *liebt* – und Sie nicht nur daran glauben, sondern diese Liebe auch wirklich *fühlen* – dann wird dieses Gefühl immer mehr wachsen, und Sie fühlen sich immer mehr geliebt und auch immer wertvoller. Es ist sehr wichtig, daß Sie glücklich lächeln, denn das wird Ihnen dabei helfen, sich geliebt und glücklich zu fühlen.

Wie ich schon sagte, war es immer mein größtes Problem, daß ich nie das Gefühl hatte, irgend etwas zu verdienen. Ich fühlte mich schuldig, wenn ich irgend etwas Schönes oder Gutes für mich wollte. Vielleicht war meine übertrieben religiöse Erziehung (mit Hölle und allem Drum und Dran) daran schuld, vielleicht lag es auch an etwas anderem – jedenfalls war es da, und es vermieste mir einfach alles. Kein Wunder, daß das Leben mir nichts Gutes und Schönes bescherte – ich glaubte schließlich allen Ernstes, nichts Besseres erwarten zu dürfen. Aber seit ich ausnahmslos *jeden* Tag diese geistige Übung mache, habe ich das Gefühl, geliebt zu werden, und ich weiß jetzt, daß ich ein liebenswerter Mensch bin, der es verdient, alles zu bekommen, was er sich wünscht. Das Gefühl, geliebt zu werden, läßt Sie die *Güte* erkennen, die in Ihrem Inneren verborgen liegt, und diese Güte ist Ihr INNERES ICH oder ›Mein höheres Selbst‹, wie ich Gott nenne.

Es ist einfach sagenhaft, sich geliebt und liebenswert zu fühlen, und ich werde Ihnen jetzt gleich verraten, wie eben dieses Gefühl es mir ermöglicht hat, etwas wirklich Fantastisches zu erleben. Bevor ich anfing, jeden Tag diese geistige Übung zu machen, besaß ich nie etwas wirklich Wertvolles. Natürlich hatte ich mein Auto und meine Möbel und ein bißchen Schmuck und ein paar Pelzmäntel (das war, bevor ich erkannte, wie sehr ich Tiere liebe und deshalb aufhörte, Pelz zu tragen und, wie Sie wissen, auch aufhörte, Fleisch zu essen. Das hat, wie ich in meinem ›Energy-Buch‹ erläutert habe, damit zu tun, daß ich gegen das Töten im allgemeinen und ganz besonders gegen das Töten von Tieren bin), aber ich besaß nie irgend etwas *wirklich* Wertvolles. Ich spielte öfters mit dem Gedanken an ein eigenes Haus, aber die Art Haus, die ich mir vorstellte, schien völlig unrealistisch. Nun ja, als ich damals – es ist jetzt mehrere Jahre her – mit meinem ›Gott liebt mich und will, daß ich alles bekomme, was ich mir wünsche‹ anfing, begann ich auch, den Immobilienteil der NEW YORK TIMES zu lesen. Nachdem

ich mir ein paar Wochen lang das Vergnügen ge-
gönnt hatte, mir vorzustellen, in einigen dieser sagenhaften dort angebotenen Wohnungen zu woh-
nen, fiel mir eine ganz bestimmte Anzeige ins Auge.
Es war ein Penthouse mit großem Dachgarten. Nun
muß ich Ihnen sagen, daß ich mich schon als kleines
Mädchen ganz wahnsinnig in New York City verliebte, ohne jemals dort gewesen zu sein. Ich wuchs
an der Westküste auf, aber ich träumte immer davon, in Manhattan zu leben. Wahrscheinlich waren
diese wunderbaren alten Filme daran schuld, die
Filme, die in einem luxuriösen Penthouse spielen
und in denen eine kluge und sinnliche Frau im
traumhaften Abendkleid den hinreißend aussehen-
den Helden verführt, der, natürlich im Frack, auf
einer dieser Dachterrassen steht, und beide haben
ein Glas Champagner in der Hand und blicken über
die Skyline all jener fantastischen Gebäude, die es
nur in Manhattan gibt. Wie auch immer, jedenfalls
stand in der Anzeige der Name einer Frau und eine
Telefonnummer. Ich rief an und erfuhr, daß die Frau
eine Immobilienmaklerin war. Ich sagte ihr, daß ich
mich für das Penthouse interessieren würde (nun
müssen Sie wissen, daß ich damals keinen roten Heller besaß – oh, ich hatte genug Geld, um die Miete zu
bezahlen und das Hunde- und Katzen- und Schild-
krötenfutter für Seymour und Nathan und Oswald
zu kaufen, aber das war auch alles). Aber egal – jedenfalls vereinbarten wir einen Termin und trafen
uns am nächsten Tag vor einem wunderschönen
Haus in der East Side von Manhattan. Die Maklerin
fuhr mit mir hinauf, und sobald ich die Wohnung
sah, verliebte ich mich in sie. Ich stellte mir genau

vor, was ich alles ändern würde – im Geist ließ ich Wände herausreißen, ein neues Bad einbauen und bepflanzte die sagenhafte, RIESIGE Terrasse mit Ahornbäumen und Petunien. Schon allein das Pläneschmieden war himmlisch. Sie nannte mir den Preis (er war astronomisch – aber wissen Sie, wenn man schon träumt, dann soll man wenigstens *richtig* träumen), und ich sagte, ich würde es mir überlegen (schließlich bin ich nicht umsonst eine gute Schauspielerin!). Dann fragte sie, ob ich gerne noch weitere Wohnungen sehen würde, und ich sagte: Sicher. Sie hatte nicht die geringste Ahnung, wieviel Spaß mir das machte. Im Laufe der nächsten Wochen rief sie mich ein paarmal an und zeigte mir dann weitere palastartige Eigentumswohnungen, die ausnahmslos horrend teuer waren. Da sie wirklich unheimlich nett war, entschloß ich mich, ihr zu erzählen, daß ich nicht einmal den Bruchteil dessen besaß, was allein die Anzahlung kostete, aber daß ich eines Tages ganz bestimmt genug Geld beisammenhaben würde. Sie nahm das Ganze wundervoll gelassen (inzwischen waren Rose und ich schon fast Freundinnen) und sagte, ja, sie glaube mir, daß ich es eines Tages haben würde, und in der Zwischenzeit würde sie mir sehr gerne weitere fantastische Wohnungen zeigen. Ab und zu, wenn sie ein ganz besonders schönes Penthouse oder Ähnliches zu verkaufen hatte, rief sie mich an, und dann besichtigte ich alles und genoß jede Sekunde. Meine Einbildungskraft war vollauf damit beschäftigt, diese traumhaften Wohnungen einzurichten und zu dekorieren, nur so zum Spaß.

So vergingen einige Jahre, und wir blieben in Verbindung. Wie gesagt, von Zeit zu Zeit zeigte sie mir eine Eigentumswohnung, und eines schönen Tages rief ich sie an und sagte, daß ich jetzt ein bißchen Knete beisammen hätte (nicht sehr viel, aber wenigstens mehr als ich vorher besaß) und daß ich jetzt gerne anfangen würde, ernsthaft nach einer Wohnung zu suchen, die ich mir leisten konnte. So machten wir es, und eines Tages im Herbst fand ich SIE, die Wohnung, die ich schon immer gewollt hatte. Es war buchstäblich Liebe auf den ersten Blick, und ich schrieb sofort einen Scheck aus, um sie für mich reservieren zu lassen. Da ich wußte, daß ich bei weitem nicht genug Geld für die Anzahlung hatte, überlegte ich, wie und wo ich es mir borgen könnte. Ich rief einen lieben Freund an, Gary, und er lieh sich Geld von einigen *seiner* Freunde, bis genug Geld für die Anzahlung beisammen war (ist das nicht ein *wahrer* Freund?!). Weil meine neue Freundin Rose, die Maklerin, an mich glaubte, ließ sie sich auf den Handel ein, und ich bekam mein eigenes Heim, weil ich zu träumen gewagt hatte, daß ich es eines Tages besitzen würde. (Inzwischen habe ich das geliehene Geld für die Anzahlung zurückerstattet, und ich weiß, daß ich noch viele, viele Jahre lang Schulden habe, aber ich *liebe* mein Heim!)

Immer habe ich versucht, an mir zu arbeiten und mein Leben besser und schöner zu gestalten, und, glauben Sie mir, ich habe wirklich viel geschafft – was nicht heißen soll, daß ich nicht noch viel mehr vor mir hätte. Früher war ich unheimlich unsicher und negativ eingestellt (natürlich hing das ganz wesentlich mit den Verspannungen zusammen, an denen ich seit meiner Kindheit litt). Nun mußte ich nicht nur meine Unsicherheit, meine Ängste und meine negative Einstellung etc. loswerden, sondern ich wollte auch nach dem Guten im Leben streben. Wie ich schon sagte, habe ich als Kind die ganzen Filme über New York angeschaut. Ich wußte, daß ich irgendwann einmal hier landen würde, und so war es dann ja auch. Ich hatte mir vorgenommen, Filmschauspielerin zu werden, und genau das bin ich auch geworden (natürlich sind die Filme, in denen ich eine größere Rolle spiele, nicht *Vom Winde verweht*, aber ich arbeite ja auch noch weiter an meiner Karriere). Es ist wirklich verblüffend, wie sich die Dinge entwickeln, wenn Sie erst einmal genau wissen, was Sie wollen, und dann alles exakt durchdenken und schließlich auch noch den Mut haben, anderen Leuten zu erzählen, was Sie vorhaben.

Als ich noch in Hollywood wohnte und gerade erst mit der Schauspielerei anfing, wurde ich des öfteren gefragt, was mir an diesem Beruf so gefiele und warum ich unbedingt Schauspielerin werden wollte. Meine Antwort war immer die gleiche: »Es geht mir darum, Gefühle auszudrücken und die Erfahrungen anderer Menschen umzusetzen« (das muß ich irgendwo gelesen haben – diese Zeilen hätte ich mir damals unmöglich selber ausdenken können). Und dann kam der übliche Mist, es ginge mir nur darum, eine gute Schauspielerin zu sein – Ruhm spiele überhaupt keine Rolle, und Geld sei absolut nebensächlich. Ich war damals sehr arm, und ich schätze, es wäre mir unheimlich peinlich gewesen, wenn die Leute erfahren hätten, daß Geld für mich alles andere als nebensächlich war. Dann wären sie nämlich unweigerlich auf die Idee gekommen, mich für dumm oder blöde zu halten, weil ich es zwar wollte, aber trotzdem arm war. So aber ließ ich mir selber ein Hintertürchen offen. Meine Entschuldigung war, daß mir Geld egal sei – ja, es würde mir sogar Spaß machen, mich ohne welches durchzuschlagen.

Wie ich nun reifer und mir selber gegenüber ehrlicher wurde, erkannte ich freilich, daß das alles reiner Bockmist war. *Niemand* ist gerne arm, und es ist eine Sache, anderen Leuten etwas vorzumachen – aber eine andere – und wirklich ausgesprochen dumm –, sich selber etwas vorzumachen. Folglich habe ich mein Leben analysiert und bin zu der Erkenntnis gelangt, daß ich am liebsten sowohl Superstar als auch Multimillionär wäre, und seit einigen Jahren stehe ich auch dazu und sage *jedem*, daß ich genau das vorhabe. Sehr viele Leute ziehen mich damit auf, aber nachdem ich meine wahren Wünsche jahrelang vor aller Welt (und sogar vor mir selbst) geheimgehalten und mich dafür geniert hatte, etwas wirklich Großes zu wollen – und, natürlich, das Gefühl gehabt hatte, etwas Derartiges auch gar nicht zu verdienen –, genieße ich das jetzt in vollen Zügen. Und außerdem hört mein Unterbewußtes es auf diesem Wege auch oft genug und wird immer stärker. Auch das ist eine Form der Selbsthypnose (je öfter ich es sage, desto mehr glaube ich selbst daran). Ich bin sicher, daß Muhammad Ali nach demselben Prinzip vorging, als er immer und überall verkündete: »Ich bin der Größte« und »Ich bin schön« – und weil er selbst fest genug daran glaubte, hat es auch funktioniert und er wurde tatsächlich ›der Größte‹!

Immer wieder kommt mir das Gerücht zu Ohren,

daß sämtliche Fluggesellschaften ihre Erste-Klasse-Sektion auflösen wollen, so daß alle Passagiere in derselben Klasse fliegen. Ich hoffe von ganzem Herzen, daß es nie soweit kommen wird. Selbst als ich noch arm war (und so lange ist das nun wirklich nicht her), träumte ich immer davon, erster Klasse zu fliegen (und all die anderen sündhaft teuren Dinge zu tun – wie Designerklamotten zu kaufen und mich in einer Limousine mit Chauffeur durch die Gegend kutschieren zu lassen). Lieber Himmel, können Sie sich vorstellen, wie öde und langweilig es wäre, wenn wir alle gleich aussähen und uns auch gleich anziehen würden? Ich liebe es, die unterschiedlichsten Dinge anzustreben. Mag sein, daß ich es nie zu einem Rolls-Royce mit eigenem Chauffeur bringe und daß ich mir nie ein Mädchen leisten kann, das mir jeden Morgen den Energietrank ans Bett bringt und sich um meinen Haushalt kümmert – aber deswegen macht es doch unheimlich Spaß, davon zu träumen. Und den Gedanken, daß all diese herrlichen Luxusdinge nicht existieren könnten, finde ich einfach gräßlich. Schlimm und traurig ist es nur, daß manche Menschen sich mit dem Gegebenen abfinden und nichts mehr anstreben, weil sie entweder Angst haben oder in dem negativen Gedanken verhaftet sind, daß es sowieso unmöglich sei, mehr zu erreichen. *Nichts ist unmöglich!* Sie können alles erreichen, was Sie sich vorstellen. Voraussichtlich wird es große Opfer kosten und viel Selbstdisziplin und Entschlossenheit und lange Jahre harter Arbeit – aber wenn Sie das Ziel ganz genau vor sich sehen, werden Sie keine Mühe scheuen und entschlossen darauf hinarbeiten. Allein schon die

Vorstellung, wie es wäre, das zu besitzen, wovon Sie schon immer geträumt haben, ist unheimlich aufregend.

Eine der wichtigsten Fähigkeiten, die wir besitzen, ist das Gedächtnis. Es ist permanent im Einsatz. Wir erinnern uns, wie man aufsteht, wie man sich die Zähne putzt, wie man den Energietrank und die Vitamine nimmt. So werden diese Dinge zur Gewohnheit, gehen uns in Fleisch und Blut über; wir erinnern uns an sie, prägen sie uns ein, und wenn wir sie oft genug getan haben, werden sie uns zur zweiten Natur. Ohne unser Gedächtnis könnten wir also gar nichts tun. Wenn jedesmal das erste Mal wäre, lebten wir noch heute auf Steinzeitniveau. Wir wären noch immer Jäger und Sammler (jeden Tag würde uns der Hunger sagen, daß wir etwas Eßbares bräuchten, und jeden Tag müßten wir aufs neue überlegen, wie und wo wir es finden könnten) und beständig auf der Flucht vor wilden Tieren. Aber es gibt noch eine Fähigkeit, die genauso wichtig ist wie das Gedächtnis – aber auf einer ganz anderen Ebene. Ohne diese Fähigkeit würden wir so gut wie nichts zustande bringen – und das Traurige daran ist, daß eine ganze Menge Menschen diese Fähigkeit nicht nutzen. Erfolgreiche Menschen aber setzen sie regelmäßig ein, denn ohne sie wäre jeder permanent enttäuscht und entmutigt und würde einfach aufgeben. Das, wovon ich hier spreche, ist unsere Fähigkeit, bestimmte Dinge zu vergessen. So, wie wir uns an manche Dinge erinnern müssen, sollten wir auch manche Dinge vergessen können. Jedes Kind, das Laufen lernen will, fällt zuerst einmal hin. Jedes Kind, das lernen will, wie man mit einem Löffel ißt,

verkleckert erst einmal alles. Und während man aufwächst, probiert man alles mögliche aus, und fast
immer mißlingt der erste Versuch. Wenn wir nun
nicht in der Lage gewesen wären, diese Mißerfolge
zu vergessen, hätten wir nichts ein zweites Mal probiert und es folglich nie gelernt. Dasselbe gilt auch
für uns Erwachsene. Wenn Sie nichts probieren,
werden Sie nichts erreichen. Wenn Sie aber einen
Versuch wagen, dann müssen Sie sich darüber im
klaren sein, daß auch Mißerfolge den Weg zum Erfolg pflastern können. Ich habe mich in den unterschiedlichsten Dingen versucht. Ja, eigentlich ist es
so, daß ich andauernd irgend etwas Neues auspro-
biere. Manchmal habe ich Erfolg, häufig aber scheitern meine Versuche auch, das heißt, ich habe versagt. Nun müssen Sie wissen, daß das Versagen in
einer Sache einen Menschen noch lange nicht zum
Versager stempelt. Versager zu sein, ist Einstel-
lungssache, in einer Sache zu versagen kann durchaus ein gutes Zeichen sein, weil es ein Zeichen dafür
ist, daß jemand versucht, voranzukommen. Wenn
ich versuche, etwas auf die Reihe zu bringen, etwas
Neues auszuprobieren, dann setze ich ganz bewußt
diese Fähigkeit ein: Ich vergesse alle gescheiterten
Versuche und behalte nur die Erfolge im Gedächtnis. Sonst wäre ich nämlich ganz schnell entmutigt
und würde aufgeben. Ich glaube an meinen Erfolg,
weil das der einzige Gedanke ist, den ich in meinem
Kopf speichere – der Gedanke, daß ich letztlich gewinnen werde. Sämtliche Gedanken an frühere Mißerfolge verdränge ich bewußt ganz schnell. Sie wissen, daß Sie alles erreichen können, wenn nur Ihr
Wille stark genug ist. Sie haben die Wahl, das zu tun,

was Ihrer Meinung nach das Beste für Sie ist. Und wenn Sie sich selbst lieben (und Ihr Selbst als einen Ausläufer, einen Teil der Quelle Ihrer Kraft, Ihres höheren Selbst ansehen), dann werden Sie sich ganz automatisch auf Ihren Erfolg konzentrieren!

Viele von uns meiden Gefühle, weil sie Angst davor haben, schließen sich dabei aber in Wahrheit nur selbst von einem ganz wesentlichen Teil des Lebens aus. Die Gefühle, die wir bei irgend etwas empfanden, zeigen uns, wie wir zu dieser Sache stehen. Dr. Robert Kronemeyer hat dazu einen fantastischen Artikel geschrieben, der in *Psychotherapy: Theory, Research and Practice* erschienen ist, einer amerikanischen Fachzeitschrift, die von Ärzten, Studenten und interessierten Laien gelesen wird. Der Titel des Artikels lautet: ›Syntonische Therapie: Ein Versuch zur ganzheitlichen Behandlung mentaler und emotionaler Störungen.‹ Hier der Text:

»Das Wort ›syntonisch‹ bezeichnet die harmonische Anordnung veschiedener Teile zu einem Ganzen; in diesem Fall geht es darum, Körper, Seele und Geist des Patienten wieder zu einem physisch entspannteren, angemessenen, emotional gesicherten und geistig lebendigem Selbst zusammenzufügen.

Durch Fehl-Erziehung hat der moderne Mensch viel von der ursprünglichen Lebendigkeit und Spontaneität verloren, mit der er erschaffen wurde; der Fluß staut sich zu pathologischen Verspannungen auf und bricht dann gelegentlich in Form destruktiver Gewalt (sei es bei Individuen oder bei ganzen Kollektiven) aus.

Diese emotionale Erkrankung beeinträchtigt den

menschlichen Willen, verwandelt Liebe in Furcht und Feindseligkeit und setzt das menschliche Potential für Verantwortlichkeit, Reife und Glück deutlich herab. Deshalb geht es bei den neuen Therapien verstärkt auch darum, Wege zu finden, die den Menschen als Ganzes ansprechen, um so die Fähigkeit wiederherzustellen, als ganzheitliches Ich auf kreativem Wege fühlen – denken – handeln – sein zu können.

Dabei ist es wichtig, den Patienten warnend darauf hinzuweisen, daß er sich, sobald er überhaupt wieder Gefühle entwickelt, nicht nur besser, sondern auch schlechter fühlen wird; so verringert sich die Gefahr, daß er gleich beim ersten Anflug von Panik oder Wut aufgibt. Ich erkläre auch, daß Drogen und Alkohol der Behandlung entgegenwirken, und empfehle statt dessen gesunde Ernährung, viel Ruhe und Gymnastik. Nach der ersten Sitzung ist eine Beziehung entstanden, in der die gegenseitigen Verantwortlichkeiten (der Patient ist selbst dafür verantwortlich, sich meiner Hilfe zu bedienen) und die persönlichen Ziele geklärt sind.

Der nächste Schritt mit einem Patienten, der von seinen Gefühlen abgeschnitten ist und eine grundlegende Persönlichkeitsveränderung anstrebt, besteht weniger in Ratschlägen oder zeitweiliger Unterstützung als vielmehr in einer Einführung in das, was ich ›die Sprache der Gefühle‹ nenne. Bevor wir anfingen, Worte zu benutzen, brachten wir in der frühen Kindheit unsere Gefühle durch Geräusche und Bewegungen, also in Form einer frühen nonverbalen Sprache zum Ausdruck. Und auch die tiefsten Gefühle im Leben lassen sich nicht in Worte fassen.

Dementsprechend reiche ich dem Patienten ein großes aufgerolltes Handtuch – negative Gefühle sind immer laut, wenn sie voll zum Ausdruck gebracht werden. Häufig kann schon das Verursachen von Geräuschen einen Teil der bestehenden Blockaden (Repression) sowie chronischer viszeraler und muskulärer Verspannungen lockern. Geräusche lösen nicht nur deshalb Gefühle aus, weil sie die Sprache unserer frühen Kindheit waren und deshalb längst begrabene Gefühle, Erinnerungen und Erfahrungen wieder freilegen. Um Geräusche machen zu können, muß man auch die Atmung verstärken! Alle verhaltensgestörten Personen neigen infolge Ihrer Ängste und Verspannungen dazu, den Atem so lange wie möglich anzuhalten; das ist ein ganz natürlicher Teil jeder Angstreaktion. Auf Grund ihrer permanenten Wachsamkeit und chronisch verspannter Muskeln ist es ihnen unmöglich, sich zu entspannen und ›frei durchzuatmen‹.

Diese Freiheit, die uns von Geburt an zusteht – sowie die Fähigkeit, Liebe und Selbstsicherheit zu empfinden, ohne die es kein gesundes Selbstwertgefühl und keine seelische Gesundheit geben kann –, zurückzugewinnen, erfordert viel Kraft. Nur die letzte der drei negativen Emotionen: Angst-Furcht-Panik, Trauer-Hoffnungslosigkeit-Verzweiflung und Verdruß-Ärger-Wut verfügt über die nötige nach außen gerichtete Energie, um dieses selbstzerstörerische Schema durchbrechen zu können.

Nach und nach wird dem Patienten bewußt, wie frustrierend dieser schmerzhafte Zustand aus

Angst und Verspannung ist. Unterstützt von der positiven Bindung zum Therapeuten sowie seinem eigenen Bedürfnis, Schmerzen zu meiden, und mit der Tatsache konfrontiert, daß nur er selbst sich noch im Weg steht, wird er wütend. Übliche Begleiterscheinungen dieser Frustration sind aggressive Bewegungen wie Aufstampfen, Schlagen auf die Couch oder Wringen des Handtuchs.

Verstärktem Widerstand begegnet man am besten begrifflich. Im gleichen Maße, in dem die ursprünglichen Bilder der pathogenen Familie ins Bewußtsein treten, kommen die Angst, die Wut und das Schuldgefühl zum Ausbruch, die den Patienten überhaupt erst dazu trieben, jenen psychischen Panzer aufzubauen. Nun erkläre ich den Patienten, daß jeder Mensch seinen Eltern gegenüber gemischte Gefühle hat – man liebte die ›guten‹ Eltern, hatte Mitleid mit den ›schwachen‹ Eltern, fürchtete und haßte die ›bösen‹ Eltern.

Dann ermutige ich den Patienten, seinen Eltern alles anzutun, wonach er sich gerade fühlt – aber natürlich nicht seinen wirklichen Eltern, sondern den Bildern seiner Eltern, die er in seinem Inneren trägt! Da er selbst diese Bilder geschaffen hat, steht ihm auch das Recht zu, sie gänzlich oder einen unerwünschten Teil davon zu zerstören.

Angst, Wut und Trauer findet man unterschiedlich ausgeprägt bei jedem Menschen jeder Altersgruppe; im schlimmsten Fall hat der Betreffende jegliche innere Sicherheit und die Fähigkeit, Freude und Liebe zu empfinden, verloren.

Es ist herrlich, den Umschwung von Angst und Schuldgefühlen – via Wut – in Richtung auf Liebe,

Verständnis und Mitgefühl zu beobachten. Sobald ein Mensch kein seelischer Krüppel mehr ist, bildet sich auch seine Fähigkeit zur Versöhnung heraus.«

Zu jedem Problem gibt es eine Lösung – daran glaube ich ganz fest –, und das gilt auch für jedes emotionale Problem. Kann sein, daß Sie danach suchen müssen, aber sie ist da und wartet nur darauf, von Ihnen entdeckt zu werden. Vielleicht sind der Energietrank und die Vitamine in Ihrem Fall ausreichend, möglicherweise benötigen Sie aber darüber hinaus noch weitere Hilfe von außen. Es gibt viele gute Therapeuten, Psychiater, Psychologen etc., aber es gibt auch eine Reihe weniger guter, deshalb sollten Sie, wenn Ihnen der erste, den Sie aufsuchen, nicht zusagt, ruhig weitersuchen und sich so lange umhören, bis Sie einen gefunden haben, bei dem Sie sich wohl fühlen, zu dem Sie Vertrauen haben und mit dem zu reden Ihnen leichtfällt. Mit der richtigen Hilfe werden sie bald auf dem besten Wege sein, sich selbst zu akzeptieren, was dazu führt, daß Sie sich mögen – und das wiederum ist ja der erste Schritt in Richtung Glücklichsein.

Aber noch einmal zurück zu dem Gefühl, geliebt zu werden – das ist ganz super-toll, und Sie brauchen nicht einmal einen anderen Menschen neben sich zu haben. Wenn es Ihnen gelingt, dieses herrliche Gefühl einer inneren Wärme und Entspanntheit wieder wach werden zu lassen (es muß dasselbe Gefühl sein, das wir hatten, als wir Babys waren und von vorne bis hinten umsorgt wurden), dann können Sie das Gefühl des Geliebtwerdens dauernd auskosten. Und, seien wir ehrlich, ist das nicht viel,

viel besser als das Gefühl zu haben, zurückgewiesen und nicht gemocht zu werden? Also rufen Sie dieses Gefühl wieder wach und lassen Sie es wiederaufleben, damit Sie sich schon jetzt geliebt fühlen können, während Sie vielleicht noch darauf warten, daß auch andere Menschen entdecken, wie hinreißend Sie sind – und die anderen werden es bemerken, keine Sorge, denn es ist einfach unmöglich, daß Sie sich selber großartig finden, ohne daß Ihre Umwelt sich davon anstecken läßt. Wenn Sie sich selbst lieben, wird es gar nicht lange dauern, bis eine Menge anderer Menschen genau dasselbe für Sie empfindet!

3. Kapitel
Sexualkraft und Liebe

Eiland der Hoffnung . . . Ich liebe dich . . . Wenn ich mit meinem Buch nur erreiche, daß die Menschen wieder sagen: »Ich liebe dich«, dann habe ich sehr viel erreicht.

Ich mag deinen Mantel . . . Ich liebe dich.

Ich mag dieses Haus . . . Ich liebe dich.

Ich mag diesen neuen Film . . . Ich liebe dich.

Ich liebe dein rotes Haar und deine grünen Augen . . . Ich liebe dich.

Fangen wir endlich an, einander zu *lieben.*

Wenn ich dich liebe, heißt das noch lange nicht, daß wir heiraten müssen. Nur weil du mir sagst, daß du mich liebst, bedeutet das noch lange nicht, daß ich mein Zuhause aufgebe. Liebe ist eine Verpflichtung, das stimmt schon, aber sie ist kein Vertrag. Sie ist eine Verpflichtung, miteinander liebevoll, warmherzig und fürsorglich umzugehen, einander nicht zu verletzen.

Wer wahrhaft liebt, muß den Mut haben, verletzlich zu sein, darf nicht zurückschlagen, wenn er verletzt wurde (und das ist nicht leicht). Lieben heißt, für den anderen zu sorgen, sich um den anderen zu kümmern, heißt zuweilen auch: ›Es tut mir leid.‹ Mir ist nie ganz klargeworden, warum es in dem Film *Love Story* heißt, Liebe bedeute, niemals sagen zu müssen, es tue einem leid. Wenn Sie jemanden lieben und ihm oder ihr weh tun – und davor ist keiner von uns gefeit, weder davor, verletzt zu werden, noch davor, selber den geliebten Menschen zu verletzen –, dann hebt ein ernstgemeintes ›Es tut mir leid‹ den Schmerz auf. Ganz egal, was für einen Schnitzer wir uns erlaubt haben, wie sehr wir den anderen auch gekränkt haben mögen – ein ehrliches ›Es tut mir leid‹ wird das Gesagte ungeschehen machen. Wenn Sie sagen, es tue Ihnen leid, und der andere merkt, daß es Ihnen damit ernst ist, dann verschwindet die Feindseligkeit. Ganz egal, wie sauer Sie auf jemanden sind, der sich eine Mordsdummheit geleistet hat, die Ihnen Schmerzen bereitet oder Sie viel Geld gekostet hat; wenn Sie das Gefühl haben, es tue dem anderen aufrichtig leid, dann werden Sie vergeben und vergessen. Man kann auf jemanden, der etwas wirklich bedauert, ehrlich bereut, nicht lange böse sein, denn wir wissen doch alle, daß jeder von uns selber Fehler macht. Sagen zu können, daß einem etwas leid tut, beweist Einfühlungsvermögen und zeigt, daß man Trauer darüber empfindet, den anderen verletzt zu haben.

Wenn es um die Liebe geht, dann scheinen viele Menschen gefühlsmäßig irgendwie gehemmt. Ich weiß das, weil ich es war. Als ich sehr jung war, hatte ich solche Angst davor, verletzt zu werden, daß ich mich gefühlsmäßig total abkapselte, damit mir niemand Schmerz zufügen konnte. Und niemand hat mir Schmerzen zugefügt, weil ich niemanden an mich herangelassen habe. Ich hatte oberflächliche Beziehungen, die mich weder körperlich noch geistig oder seelisch befriedigten. Dann, als sich mein Bewußtsein erweiterte, wurde mir klar, daß Leben Fühlen heißt und daß man sich selbst vom Leben abkapselt, wenn man sich aus Angst vor dem Verletztwerden den Gefühlen verschließt. Also fing ich ganz langsam damit an, die Schutzschichten abzulegen, hinter denen ich mich verschanzt hatte, und begann die wahre Lebensfreude kennenzulernen, die darin besteht, Liebe zu geben und Liebe zu empfangen. Klar, daß ich viele Enttäuschungen erlebte, aber die Freude überwog die Schmerzen um ein Vielfaches.

Und noch etwas zum Thema Schmerzen – warum glauben wir eigentlich immer, daß unsere eigenen Probleme die schwerwiegendsten überhaupt sind? Und warum haben wir immer das Gefühl, der einzige Mensch zu sein, der soviel durchmachen muß? Das stimmt nämlich überhaupt nicht, glauben Sie mir – und wenn Sie erkennen, daß ausnahmslos jeder Mensch seelische Qualen durchmacht und übersteht, dann wird Ihnen Ihr eigener Schmerz nicht mehr ganz so schlimm vorkommen. Schon allein das Wissen, daß andere Leute genauso gelitten haben, wie Sie jetzt leiden, daß gerade jetzt, in diesem Augenblick, in dem Sie so Schreckliches durchmachen, Tausende, vielleicht sogar Hunderttausende andere Menschen noch Schlimmeres erleiden (zum Beispiel den Tod eines geliebten Menschen), wird Ihren eigenen Schmerz mildern. Wie hat mein Lieblingsphilosoph Ralph Waldo Emerson so schön gesagt:

»Die Zeit und ich gegen den Rest der Welt.«

Mit der Zeit vergeht auch der Schmerz. Die Zeit heilt tatsächlich alle Wunden. Oh, Sie werden vielleicht niemals vergessen, wie sehr Sie gelitten haben, aber dieser höllische, bohrende Schmerz, der in Ihrem Inneren wütet, der sie innerlich zerfleischt, der wird mit der Zeit abklingen, und mag es Monate dauern. Sicher, es wird Ihnen einen Stich ins Herz geben, wann immer Sie daran denken, aber Sie werden nicht mehr so schnell in Tränen ausbrechen, und bald wird auch die Übelkeit nachlassen, so daß Sie nach einiger Zeit wieder richtig essen können. Ich habe herausgefunden, daß ich immer dann, wenn es wirklich nicht mehr schlimmer kommen kann, wenn ich total down bin, schon unbewußt darauf warte, daß es wieder aufwärtsgeht. Und dann kommt meistens auch schon bald ein neues Jobangebot – oder eine neue Liebe.

Als ich zum erstenmal Kahlil Gibrans *Der Prophet* las, war ich überrascht von der Schönheit und der Logik dieses Buches. Eine Zeile, die ich nie vergessen habe, lautet:

Je tiefer sich der Schmerz in Ihr Inneres eingräbt, desto mehr Freude hat darin Platz.

Das ist ja so wahr! Ich habe es selbst erlebt. Solange ich Angst davor hatte, verletzt zu werden und mich gegen alles abschottete, blieben mir auch die wahren Freuden des Lebens vorenthalten. Und jetzt, da ich anfange, mich zu öffnen, bin ich zwar verletzlicher geworden, aber ich weiß jetzt auch, daß die Liebe wichtiger ist als alle Trauer der Welt.

Ein anderes Gibran-Zitat, das mir sehr viel bedeutet, lautet:

Manche mögen sagen: »Freude ist bedeutender als Trauer«, und andere sagen: »Nein, die Trauer ist bedeutender.« Ich aber sage Ihnen, sie sind nicht voneinander zu trennen. Sie kommen immer gemeinsam, und wenn nur eine davon sichtbar bei Ihnen am Tisch sitzt, dann sollten Sie daran denken, daß die andere sicherlich in Ihrem Bett schläft.

Jedesmal, wenn ich an einem absoluten Tiefpunkt angelangt bin, denke ich an diese Worte, und bisher haben sie noch jedesmal gestimmt. Sie halten mich davon ab, zu euphorisch zu werden, aber auch davor, in Selbstmitleid zu zerfließen. In Zeiten der Trauer weiß ich, daß die Freude nicht weit ist, und wenn ich vor Übermut fast platze, dann holt mich das Wissen, daß auch die Trauer wiederkommen wird, auf den Erdboden zurück. Und warum sollte es nicht so sein? Ich kann ehrlich sagen, daß ich einen Großteil der wichtigen Dinge meines Lebens in Phasen der Trauer gelernt habe. Wenn ich glücklich bin, lasse ich mich auf den Wogen des Glücks treiben. Aber wenn ich seelische Schmerzen leide, gehe ich in mich und überprüfe meine Gedanken und Gefühle und finde eine Menge Antworten, wie ich ein besserer Mensch – besser zu mir und besser zu anderen – und damit auch glücklicher werden könnte.

Der Nobelpreisträger Isaac Bashevis Singer, der Sohn eines Warschauer Rabbi, der 1935 in die USA emigrierte, zählt zu den produktivsten Schriftstellern überhaupt. Er arbeitet als Journalist, schreibt Memoiren, Novellen, Dramen und Kinderbücher.

Und das zentrale Thema in allen seinen Büchern ist, daß Gefühle das Allerwichtigste im Leben sind und daß man sie auf gar keinen Fall verdrängen darf. Singer sagt, daß alle Philosophen Emotionen geringschätzig abtun, ganz besonders gelte das für Spinoza, demzufolge alle Gefühle schlecht seien. Singer glaubt, daß alles, was sich in unseren Köpfen abspielt, einen bestimmten Wert hat – ganz gleich wie trivial, wie lächerlich oder wie böse es auch sein mag. Er sagt, daß ein Mensch, nähme man ihm die Gefühle weg, ganz gleich wieviel Intellekt er auch besäße, unweigerlich nur noch vor sich hin vegetieren würde – die Gefühle und der Mensch selbst hängen untrennbar zusammen. Und ganz besonders interessiert sich der Autor für die Gefühle, die zu Leidenschaften werden. In einem Interview mit Laurie Colwin für die *New York Times* sagte Mr. Singer, er stimme mit dem überein, was Spinoza in seiner *Ethik* gesagt habe, daß nämlich alles im Leben zu einer Leidenschaft werden könne, ganz besonders dann, wenn es mit Sex oder mit dem Übernatürlichen zu tun habe – weil Sex und das Übernatürliche weitgehend dasselbe seien. Er glaube, daß das Bedürfnis, das die Menschen zueinander treibt, nicht nur körperlicher Natur, sondern auch ein Bedürfnis der Seele sei. Wenn sich zwei Menschen – ein Mann und eine Frau – umarmen und sagen, daß sie ohne einander nicht leben könnten, wenn sie einander verrückt und leidenschaftlich begehrten, dann würden sie dabei nicht nur etwas Körperliches empfinden, sondern etwas, was sehr, sehr viel mehr sei als rein physischer Natur.

Bertrand Russell hat in *Marriage and Morals* (nicht in Deutsch) geschrieben:

Ich persönlich glaube, daß romantische Liebe die Quelle der höchsten Genüsse ist, die das Leben zu bieten hat.

In der Zeitschrift *Family Health* habe ich einen fabelhaften Artikel von Elizabeth Kaye entdeckt, der die Überschrift trägt: ›Warnung: Sich zu verlieben, kann Ihre Gesundheit gefährden.‹ Der Text:

»Sind Sie momentan, oder waren Sie jemals hoffnungslos verliebt?

Wenn ja, dann sind Sie laut Professor Dorothy Tennov, Verhaltenspsychologin und Professorin für Psychologie an der University of Bridgeport, Connecticut, USA, die gerade ein zehnjähriges Forschungsprogramm zur romantischen Liebe abgeschlossen und auch ein Buch zum Thema veröffentlicht hat, alle ›Limerents‹.

›Limerent‹ ist eine Wortschöpfung von Professor Tennov. Sie definiert es wie folgt: Ein Limerent ist ein Mensch, der sich verliebt. Denjenigen, in den sich der Limerent verliebt, bezeichnet Tennov als Limerent-Objekt. Und Limerenz beschreibt den Zustand des Verliebt-Seins, ein Wort, das Professor Tennov extra geprägt hat, um es von anderen Aspekten der Liebe, wie zum Beispiel Sorge und Zuwendung, zu unterscheiden. Tennov zufolge sind limerente Menschen in der Lage, sich zu verlieben, während nicht-limerente es nicht können.

Mit der häufig geäußerten Ansicht, Frauen seien

die Limerents unserer Welt und Männer die Lime-
rent-Objekte, stimmt Tennov nicht überein. Nun
wird romantische Liebe generell den Frauen zuge-
ordnet, und das nicht ganz zu Unrecht, denn sie
paßt in ein stereotypes weibliches Gefühlsleben;
doch tritt sie auch bei Männern auf, und zwar in
einer Art und Weise, die sich von der weiblichen
Form nicht unterscheiden läßt.

Wie aber finden Sie nun heraus, ob Sie ein Limerent sind oder nicht? Das wichtigste Kennzeichen
von Limerenz ist eine Absolutheit, die die Beschäfti-
gung mit irgendwelchen anderen Problemen von
vornherein ausschließt. Ein Limerent wird alles aus
der Perspektive des Limerent-Objekts betrachten –
wie ihm oder ihr etwas gefällt, was er oder sie dazu
sagen wird. Auch hängt das Wohlbefinden eines Limerents ganz wesentlich davon ab, wie sich das Limerent-Objekt verhält. Das Limerent-Objekt bestimmt durch sein Verhalten (einen Telefonanruf
oder keinen Telefonanruf) die Gefühle des Limerents; es herrscht also ein echtes Abhängigkeitsver-
hältnis.

Ist Liebe neurotisches Verhalten? Ja, auf die Limerenz trifft dies zu, und deshalb wird die Liebe auch
seit Jahrhunderten als Krankheit bezeichnet. Wer limerent ist, ist irgendwie geisteskrank. Was aber keineswegs heißt, daß Sie verrückt sind. Angemessener
wäre es, Limerenz als eine Form von Verhaltensstö-
rung zu bezeichnen.

Nach Tennov neigen verliebte Menschen dazu,
sich auf kleine Dinge (wie ›ihren Mund‹ oder ›seinen
Gang‹) zu konzentrieren, und darüber hinaus fangen Limerents an, die guten Eigenschaften ihres Li-

merent-Objektes überzubewerten. Nicht daß sie die schlechten Eigenschaften nicht sehen würden, es ist nur so, daß sie ihnen keine besondere Aufmerksamkeit schenken. Ein Limerent sagte, er habe bemerkt, daß er immer dann wegsah, wenn sein Limerent-Objekt eine unvorteilhafte Pose einnahm. Sich auf das Positive zu konzentrieren, ist ganz typisch.

Doch Limerenz fängt nicht einfach an und hört wieder auf, obwohl natürlich auch das vorkommen kann. Wenn Limerent und Limerent-Objekt umgehend eine auf Gegenseitigkeit basierende Beziehung eingehen, dann wird ihre Affäre zwar recht nett, aber keineswegs stürmisch verlaufen. Denn für eine richtige, verrückte Limerenz braucht es einen gewissen Zweifel. Dieser Zweifel, das Spiel zwischen Hoffnung und Unsicherheit, gehört unweigerlich dazu.

Ein weiteres Charakteristikum der Limerenz ist eine ungeheuer ausgeprägte Angst, zurückgewiesen zu werden. Diese Angst wirkt sich oftmals zum Schaden des Limerents selbst aus – so etwa, wenn er sein Limerent-Objekt mit Aufmerksamkeiten überschüttet, anstatt zu versuchen, langsam auf echte gegenseitige Zuwendung hinzuarbeiten. Selbst wenn sein Verstand den Limerent anweist, nein zu sagen, kann er es nicht.

Bei nicht-limerenten Menschen endet der Liebesprozeß vorzeitig, ohne daß sie überhaupt etwas Außergewöhnliches bemerkt hätten. Sie gehen ihre Liebesbeziehungen viel praktischer an. Für die Limerents dieser Welt dagegen ist das Ganze etwas völlig anderes – ein aufregendes, erregendes Spiel.«

Die Liebe wissenschaftlich zu untersuchen, ist ein positiver Ansatz und dient ganz wesentlich dazu, alles darüber zu erfahren – über ihre Freuden und über ihre Leiden. Aber ich finde es genauso wichtig, das Fehlen von Liebe zu untersuchen, und eine Form davon ist der Narzißmus. Viele Menschen glauben, daß Narzissen sich selbst lieben, aber genau das Gegenteil davon ist der Fall.

In *Psychology Today* stand ein sagenhafter Artikel von Dr. Otto Kernberg, den Linda Wolfe interviewt hat. Seinen Worten nach ist der Grund für die Liebesunfähigkeit vieler Menschen darin zu suchen, daß sie nicht fähig sind, sich selbst zu lieben, und daß sie weder ihren Partnern etwas geben noch mit dem zufrieden sein können, was sie erhalten. Dr. Kernberg sagt auch, daß die Gründe dafür in der Kindheit lägen, während eine Behandlung noch im mittleren Alter erfolgen könne. Als Psychoanalytiker unterscheidet Dr. Kernberg exakt zwischen normalem und pathologischem Narzißmus. Während einige seiner Kollegen die Tatsache, daß immer mehr Menschen sich auf sich selbst konzentrieren, als beginnenden Narzißmus im Nationalcharakter deuten, sagt Dr. Kernberg, daß jeder Mensch bis zu einem gewissen Grade in sich selbst verliebt sei und seine Selbstbestätigung aus der Anerkennung anderer ziehe. Er sagt, daß pathologische Narzissen sich von uns anderen dadurch unterscheiden, daß sie sich extrem intensiv mit sich selbst beschäftigten und an einer psychischen Krankheit litten, die behandelt werden müsse. Ein pathologischer Narziß sei nämlich keineswegs wirklich in sich selbst verliebt, sondern habe ganz im Gegenteil ein sehr niedriges Selbstwertgefühl, so daß Dr. Kernberg argumentiert, die Wurzeln des krankhaften Narzißmus lägen viel eher im Selbst-Haß als in einer übertriebenen Selbst-Liebe. Wir alle haben gewisse narzißtische Neigungen und investieren Zeit und Geld in den Versuch, die Bewunderung und Zuneigung anderer zu gewinnen; sobald jedoch unser Selbstwertgefühl gänzlich davon abhängt, ob andere uns bewundern und schätzen, stimmt irgend etwas nicht. Er sagt, pathologische Narzissen seien nicht in der Lage, ihre Selbstachtung aufrechtzuerhalten, wenn sie nicht permanent von der Aufmerksamkeit anderer gefördert werde. Narzissen fehle emotionaler Tiefgang, und ganz besonders mangele es ihnen an der Fähigkeit, wahre Trauer zu empfinden. Wenn sie verlassen oder enttäuscht werden, wirken sie zwar niedergeschlagen, doch komme dies eher als Ärger denn in Form aufrichtiger Trauer zum Ausdruck, wahrer Trauer darüber, einen Menschen verloren zu haben, den man sehr schätzte. Die meisten Narzissen waren laut Dr. Kernberg nie verliebt, weil man, um sich verlieben zu können, in der Lage sein muß, einen anderen Menschen zu idealisieren; sobald dieser idealisierte Mensch dann aber anfängt, auf den Narzissen einzugehen, verliert er in dessen Augen sofort an Wert und Anziehungskraft. Sexuelle Erfüllung befriedigt das Eroberungsbedürfnis des Narzissen, doch sobald der Narziß von der betreffenden Person genug hat, wendet er sich der nächsten Eroberung zu. Daraus zieht der Narziß ein gewisses Machtgefühl (um sich für den Ekel zu entschädigen, den er sich selbst gegenüber empfindet), doch wird er erkennen, daß es auf die Dauer kein lohnendes Geschäft ist, sich seiner Geliebten zu entledigen, da auch dem Narzissen früher oder später klarwerden wird, daß all seine Beziehungen nach immer demselben Schema ablaufen – ganz egal, wie attraktiv der Partner auch sein mag. Dr. Kernberg sagt, daß wir nur dann Erfüllung finden, uns nur dann selbst verwirklichen können, wenn wir in der Lage sind, auch anderen Menschen tiefere Gefühle entgegenzubringen; daß in einem Menschen, der sich in einer engen Beziehung befindet, etwas vorgeht, was ihm immense Befriedigung verschafft: Das Gefühl, sich zu öffnen, sich über seine eigenen engen Grenzen hinaus ausdehnen zu können und ein Gefühl der Einheit mit allen Lebewesen zu entwickeln, die wie er gelebt und geliebt und gelitten haben. Und wenn man diesen Zustand nicht erreichen kann, macht sich die Leere und eine wirkliche Unzufriedenheit mit dem Leben an und für sich breit.

Der Psychiater Dr. Robert L. Spitzer vertritt die Ansicht, es gäbe viele Menschen, deren Narzißmus so ausgeprägt sei, daß er als eigene Funktionsstörung bezeichnet werden müsse. Wir neigen dazu, Narzissen als Menschen anzusehen, die sich selbst zu sehr lieben, doch sind sie in Wahrheit Menschen, die überhaupt keine Liebe empfinden können und die eine derart niedrige Meinung von sich selbst haben, daß sie permanent die Bestätigung durch andere brauchen. Da Narzissen krank sind, dabei aber den Anschein erwecken, sie seien voller Liebe (alle Ärzte, mit denen ich gesprochen habe, geben zu, es seien zum größten Teil wirklich charmante Menschen), sind sie schuld am Herzeleid derjenigen, die das Unglück haben, ihnen nahezustehen. Ich habe es ein- oder zweimal selber mitgemacht, und es ist wirklich zum Heulen.

Sehnsucht ist etwas, das vielen Menschen Angst einjagt – sie scheinen sich vor ihren eigenen Sehnsüchten zu fürchten. Vielleicht hängt das damit zusammen, daß sie nicht daran glauben, daß ihre innigsten Wünsche jemals in Erfüllung gehen könnten und daß sie deshalb der Meinung sind, es sei besser, sie gar nicht erst hochkommen zu lassen, um hinterher nicht enttäuscht zu werden.

In Wahrheit jedoch ist Sehnsucht die Ausgangsbasis dafür, das zu bekommen, was Sie sich wünschen. Wenn Sie einen wirklich großen Wunsch haben, dann bildet dieser Wunsch die Motivation für Ihr weiteres Handeln. Sich etwas wünschen, heißt, etwas letztlich zu bekommen. Doch gehört noch etwas mehr dazu, wie mir ein Filmregisseur vor ein paar Jahren erklärt hat: »Sehnsucht ohne Entschlossenheit taugt nichts.« Wenn Sie beginnen, Sehnsucht nach etwas zu verspüren, stellen Sie sich ganz genau vor, *was* Sie wollen. Und je stärker die Sehnsucht wird, desto klarer wird das geistige Bild davon. Ich glaube, daß das Vorhandensein eines positiven Wunsches (im Gegensatz zu einem negativen Wunsch oder etwas, womit Sie sich oder anderen weh tun werden) zeigt, daß dieser positive Wunsch Teil Ihres Selbst, Teil Ihres Naturells ist.

Sehnsucht ist etwas vollkommen anderes als innerer Zwang. Sehnsucht ist etwas Positives, ein innerer Zwang etwas Negatives. Positive Wünsche sind entspannend und auf positive Dinge gerichtet, wie zum

Beispiel Lehrer(in), Künstler(in), Regisseur(in), Besitzer(in) einer Yacht etc. zu werden. Innere Zwänge dagegen sind verkrampfend und auf negative Dinge konzentriert, wie zum Beispiel Glücksspiel, Putzzwang, Verbrechen etc.

Positive Wünsche resultieren aus Liebe. Negative Wünsche resultieren aus Angst. Wenn Sie sich eine Million Dollar wünschen und etwas erfinden oder erschaffen, das Ihnen das Geld verschafft (eine Arbeit oder ein Produkt oder eine Idee, jedenfalls etwas, das Sie gern tun), dann ist es ein positiver Wunsch. Wenn Sie sich aber die Million wünschen und Angst haben, daß Sie es nie zu etwas bringen werden und deshalb mit dem Gedanken spielen, die Knete zu stehlen oder jemanden auszutricksen, oder wenn sie absichtlich und wissentlich etwas Minderwertiges herstellen und es Ihren Mitmenschen andrehen, dann ist es ein negativer Wunsch. Liebe ist etwas Positives; Angst ist etwas Negatives.

Ein Holzfäller mag davon träumen, 1000 Hektar Waldland in Wyoming zu besitzen, ich ganz bestimmt nicht. Dieser Wunsch rührt von seiner Psyche her, kommt aus seinem Innersten. Wahrscheinlich würde er sich niemals wünschen, eine tolle Wohnung im Herzen von Manhattan sein eigen zu nennen (wie ich es tue!). Wenn Sie davon träumen, Rockstar oder Kosmonaut oder Präsident der größten amerikanischen Telefongesellschaft oder ein neuer Modezar zu werden, dann kommt dieser Wunsch aus Ihrem Innersten und gehört Ihnen ganz allein. Kein anderer Mensch hat genau dieselben Wünsche wie Sie – sie sind vielleicht ähnlich, aber sie sind bestimmt etwas anders gelagert. Ist Ihre

Sehnsucht stark genug, werden Sie höchstwahrscheinlich auch die nötige Entschlossenheit mitbringen, um Ihr Vorhaben in die Tat umzusetzen. Und je stärker Ihre Sehnsucht wird, desto besser, denn um so entschlossener werden Sie handeln.

Sehnsucht ist auch der erste Schritt des Sich-Verliebens – die Sehnsucht nach körperlichem Kontakt, die Sehnsucht nach emotionaler Nähe und nach geistiger Einheit mit dem geliebten Menschen. Aber auch hier gilt: Sehnsucht ohne Entschlossenheit ist umsonst. Wie hat es der Dichter Edmund Spencer vor langer, langer Zeit so schön formuliert: »Ein schwaches Herz hat nie die Lieb' errungen.« Ein schwaches Herz hat niemals *irgend etwas* errungen.

Kahlil Gibrans *Prophet* gibt zu den Sehnsüchten der Liebe die folgenden weisen Ratschläge:

Die Liebe hat nur den einen Wunsch, sich selbst zu erfüllen. Doch wenn du liebst und dennoch Wünsche hast, dann laß dies deine Wünsche sein: Schmilz und sei wie ein rauschender Bach, der sein Leid an die Nacht erklingen läßt. Wisse von den Leiden überschwenglicher Zärtlichkeit. Laß dich von deinen eigenen Liebesgefühlen verletzen. Und blute willig und freudvoll. Erwache im aufgehenden Licht mit beschwingtem Herzen und begrüße dankbar einen neuen Tag voller Liebe. Lege dich um die Mittagsstunde zur Ruhe und meditiere über die Kraft der Liebe. Kehre des Abends voll Dankbarkeit nach Hause zurück; und schlafe dann ein, ein Gebet für die Geliebte in deinem Herzen und ein Loblied auf deinen Lippen.

Es ist noch gar nicht so lange her, daß mir ein lieber Freund ein wunderbares Buch geschenkt hat: *The Secret of Staying in Love* (nicht in Deutsch) von John Powell. Darin erzählt der Autor die Geschichte vom Tod seines Vaters und nennt die ersten Worte seiner Mutter nach dessen Hinscheiden:

»Oh, er war so stolz auf dich. Er hat dich so sehr geliebt.«

Er erzählt, wie diese Worte ihn wie ein Messerstich mitten ins Herz getroffen hätten, so als lerne er seinen Vater jetzt im Tode besser kennen als er ihn zu Lebzeiten gekannt hatte. Als der Arzt dann den Tod seines Vaters bestätigte, weinte er leise, und eine Krankenschwester kam, ihn zu trösten, aber er konnte vor Tränen nicht sprechen. Er schreibt, daß er ihr aber unbedingt das Folgende sagen wollte:

Ich weine nicht, weil mein Vater tot ist. Ich weine, weil mein Vater mir nie gesagt hat, daß er stolz auf mich ist. Weil er mir nie gesagt hat, daß er mich liebt. Natürlich hat er wohl angenommen, daß ich es wüßte. Daß ich wüßte, welch wichtige Rolle ich in seinem Leben spiele und welch wichtigen Platz in seinem Herzen ich einnehme. Aber er hat es mir nie gesagt.

Jeder Mensch braucht diese Art von Bestätigung, will es in Worten gesagt bekommen. Ich brauche es (und wie ich es brauche!), und Sie brauchen es. Und so, wie wir darauf brennen, es gesagt zu bekommen, so müssen wir es auch selbst sagen. Wir alle müssen jemandem mitteilen, welch wunderbaren Gefühle wir erleben, und je deutlicher wir sie zum Ausdruck bringen, desto stärker können diese Gefühle wachsen.

Ich liebe dich. Ich liebe dein Kleid, dein Haar, deine Krawatte, dein Auto, deine Wohnung. Aber ich liebe vor allem *dich*. Ich mag dich, ja, und ich *liebe* dich. Je öfter Sie es sagen, desto leichter wird es ihnen über die Lippen gehen. Sollten Sie am Anfang aber noch Probleme damit haben, dann werden Sie sicherlich einen eigenen Ausdruck finden; oder Sie sagen einfach »Eiland der Hoffnung«.

Stellen Sie sich nur vor, wie wunderbar es sein wird, wenn wir alle es sagen:

Eiland der Hoffnung.

II

EILAND DER LIEBE

1. Kapitel
Wie man ein guter Liebhaber/ eine gute Liebhaberin wird
USE AMERICA'S ARMS FOR HUGGING
Illinois Police Federation*

Es war auf dem Weg vom Chicagoer Flughafen zu meinem Hotel (ich war wie so oft unterwegs zu einer Fernseh-Talkshow), als ich aus dem Fenster des Taxis blickte und dieses Schild sah – das vermutlich tollste Schild, das mir je untergekommen ist. Es war sehr groß und nahm, ungefähr auf halbem Wege in die Stadt, eine ganze Hausseite ein. Wer immer sich diesen Spruch ausgedacht hat, ist genau das, was ich einen ›Liebhaber‹ nenne – ein Mensch, der weiß, was Liebe ist und der davon erfüllt ist. Stellen Sie sich das bloß mal vor: Keine Waffen mehr, nur noch jede Menge Umarmungen. Das hat mich echt angeturnt.

Was einen guten Liebhaber ausmacht? (Ich sage im folgenden immer ›Liebhaber‹, also die männliche Form; aber natürlich gilt alles Gesagte ganz genauso für Sie, meine Damen!) Ein guter Liebhaber zu sein heißt, liebesfähig zu sein, fähig zur Liebe zu sein. Aber woher kommt es, daß wir, wenn wir das Wort ›Liebhaber‹ hören, fast automatisch an Sex denken? Ein guter, ein großartiger Liebhaber zu sein

---

* Die Doppeldeutigkeit dieses Wortspiels beruht darauf, daß das englische ›arms‹ übersetzt sowohl ›Arme‹ als auch ›Waffen‹ heißt. ›Hugging‹ bedeutet hier ›umarmen‹.

bedeutet viel mehr, als nur gut im Bett zu sein. Jeder kann sich ein Handbuch über Liebestechniken kaufen (es gibt bestimmt Hunderte), sich die verschiedenen Stellungen merken und die nächsten sechs Jahre fleißig üben – aber das macht ihn noch lange nicht zu einem guten Liebhaber. Schließlich bedeutet miteinander ins Bett zu gehen, einander zu lieben – und das ist mehr, als nur gymnastische Übungen zu machen, und deshalb sind die Stellungen, und der Körper überhaupt, nur zu einem kleinen Teil für das verantwortlich, was wir ›Lieben‹ nennen. Sex ist eine wunderbare Zugabe, das Tüpfelchen auf dem i, aber dazu kann er nur werden, wenn wir wissen, was es heißt, liebesfähig zu sein.

Ein Liebhaber ist ein Mensch, der etwas oder jemanden liebt und/oder sich darum kümmert. Um ein großartiger Liebhaber sein zu können, muß man viele Dinge lieben – Musik, die Kunst, Schönheit, Tiere, Menschen. Ich kann mir nicht vorstellen, daß es jemanden gibt, der Musik, die Kunst, Schönheit und den größten Teil der Menschheit haßt oder sich zumindest nicht darum schert, und trotzdem ein guter Liebhaber ist. Liebe ist etwas Allumfassendes: Wenn ich dazu in der Lage bin, Musik zu lieben und sie zu schätzen; wenn ich die Fähigkeit besitze, die bildenden Künste zu lieben und die Rodins oder Michelangelos oder Monets zu bewundern; wenn ich Tiere liebe und mich um sie kümmere und es mir Kummer bereitet, wenn eines Schmerzen hat, und wenn ich alles tue, um ihm zu helfen; wenn ich sehe, daß jemand seelische Qualen leidet, und ich versuche, sein Leid mit tröstlichen Worten zu mildern – dann bin ich fähig, mich wirklich um einen anderen

Menschen zu kümmern und ihn oder sie aufrichtig zu lieben.

Viele von uns sind seelisch ›blockiert‹ und halten ihre Gefühle unter Verschluß, damit sie nur ja nicht außer Kontrolle geraten. Es ist uns peinlich, wenn jemand sieht, daß wir bei einem traurigen Film weinen – wir wollen nicht, daß irgend jemand bemerkt, wie nahe uns etwas geht. Es macht uns verlegen, wenn jemand bemerkt, wie verletzlich wir sind. Aber gerade diese Verletzlichkeit ist der Grundstock der Liebe.

Ich erinnere mich noch sehr gut daran, daß ich bei traurigen Filmen immer Kopfweh bekam, weil ich mich so furchtbar anstrengte, die Tränen zurückzuhalten. Damals glaubte ich, daß meine Tränen allen zeigen würden, wie schwach ich sei, und das war das *letzte*, was ich wollte. Also kämpfte ich verbissen und arbeitete hart daran, in Anwesenheit anderer meine Gefühle schon im Ansatz zu unterdrücken (wenn ich allein war, hat es mir nie etwas ausgemacht, loszuheulen). Nun nahm ich mir also vor, meinen Gefühlen freien Lauf zu lassen. Ich werde nie vergessen, wie ich mit einem Mann, den ich erst ein paarmal getroffen hatte, in einem Restaurant in Hollywood saß und unser Gespräch auf den Tod eines gemeinsamen Bekannten kam, etwas, was mich sehr, sehr traurig stimmte. Jener Mann war der erste, der die Ehre hatte, mich in aller Öffentlichkeit weinen zu sehen, aber es muß den armen Kerl gewaltig schockiert haben, denn ich habe nie wieder von ihm gehört. Jetzt denken Sie vielleicht, das hätte mich so getroffen, daß ich wieder in mein altes Versteckspiel zurückgefallen wäre, aber dem war nicht so. Ich dachte mir nämlich, daß er, wenn ihm mein *wahres* Ich – die manchmal lachende, manchmal weinende Naura – nicht gefiel, ganz bestimmt viel zu verklemmt für mich und sicherlich nicht der Richtige für eine intime Beziehung war.

Nathaniel Hawthorne hat die folgenden Zeilen über das Glück geschrieben; versuchen Sie beim Lesen des Zitates, das Wort ›Glück‹ durch ›Romantik‹ oder ›Romanze‹ zu ersetzen:

Wem das Glück in dieser Welt begegnet, dem begegnet es ganz zufällig. Begeben wir uns auf die Jagd nach dem Glück, dann wird es vor uns davonlaufen, und wir werden es nie erreichen. Folgen wir aber einem anderen Ziel, dann ist es sehr wahrscheinlich, daß wir das Glück erringen, ohne darauf ausgewesen zu sein. Doch in dem Augenblick, in dem wir zu uns selbst sagen: »Hier ist es!«, wird es vermutlich schon wieder entschwunden sein.

Wann immer wir uns auf die Suche nach der Liebe, nach einer Romanze begeben, entflieht sie uns. Ich habe zu viele Leute gesehen, die verzweifelt der Liebe nachjagten, immer und überall nach dem/der Einen Ausschau hielten und ihn/sie niemals fanden. Menschen können Verzweiflung ahnen, spüren, und sie macht ihnen angst. Wir wollen jemanden lieben, der uns nicht verzweifelt braucht, jemanden, der selbständig und unabhängig ist. Bei manchen Leuten führt die Einsamkeit dazu, daß ihr Bedürfnis nach menschlicher Gesellschaft nur allzu offensichtlich wird, und das ist jämmerlich mit anzusehen, denn genau das vertreibt alle Liebeschancen. Es scheint, als fänden wir die Liebe immer dann, wenn wir sie am wenigsten erwarten und nicht bewußt danach suchen.

Und wenn Sie dann am Anfang einer Beziehung stehen, machen Sie nicht den Fehler, ganz und gar darin aufzugehen, bevor Sie sich nicht völlig sicher sind, daß Sie und Ihr Partner genug Gemeinsamkeiten haben, um Ihrer Liebe Bestand zu verleihen. Ich fange an zu denken, daß Gemeinsamkeiten (gemeinsame Interesssen, gemeinsame Ziele etc.) das allerwichtigste für eine dauerhafte glückliche Beziehung sind – denn dann können Sie gemeinsam träumen, gemeinsam Pläne schmieden, gemeinsam genießen und gemeinsam lieben, und nie wird Ihnen der Gesprächsstoff ausgehen, wenn Sie sich gemeinsam amüsieren.

Ist Woody Allen ein guter Liebhaber? Ich weiß es nicht, aber sein Humor und die Art und Weise, wie er mit Sex umgeht, den er nicht so wichtig zu nehmen scheint wie so viele andere Leute, scheint mir ein Schritt in die richtige Richtung. Wer kann schon die herrliche Szene aus *Bananas* vergessen, wo der kleine Held zu dem überlaufenen Zeitschriftenstand geht und dort diverse ›angesehene‹ Zeitschriften wie *National Geographic, Business Week* und den *New Yorker* durchblättert und herausnimmt; und dann schlendert er hinüber zu *Good Housekeeping* und nimmt auch das und auch ein *McCall's* und ein *Psycholoy Today*. Dann macht er einen unauffälligen kurzen Abstecher zur Zeitschrift *Orgasm* hinüber, schiebt sie verstohlen zwischen die anderen Hefte und geht dann zur Kassiererin. Sie tippt alle ein, hält dann aber ein Heft hoch und ruft in unüberhörbarer Lautstärke einem Kerl im Nebenraum zu: »Hey, Irving, wieviel kostet das *Orgasmus*-Magazin?«, während unser kleiner Held puterrot anläuft und vor Scham am liebsten im Erdboden versinken würde, weil sich alle Köpfe nach ihm umdrehen.

Oder diese andere hinreißende Szene, die Woody für *Mach's noch einmal, Sam* geschrieben und auch selber gespielt hat:

Allen: Das dürfen wir nicht. Das ist verboten.

Linda: Aber so was kommt vor. Kein Mensch plant das vorher.

Allen: Ja, aber du bist nicht frei.

Linda: In meinem Herzen bin ich frei. Ich kann es nicht länger unterdrücken. Zuerst habe ich ja gedacht, du bist nur ein hilfloses, verwirrtes Kind, aber damals habe ich dich auch noch nicht richtig gekannt. Jetzt glaube ich, daß du alles bist, was ich mir jemals erträumt habe.

Allen: Du armes Ding. Was mußt du gelitten haben – mich so sehr zu begehren.

Linda: Mein Liebster. Ich brauche dich. Ich muß dich besitzen, deinen Leib und deine Seele.

Allen Mit welchem von beiden möchtest du anfangen . . .?

Um ein großartiger Liebhaber sein zu können, braucht man meiner Ansicht nach unbedingt Sinn für Humor, und den hat Woody zweifelsohne.

Der Psychotherapeut Dr. Rolland S. Parker hat ein

wunderbares Buch geschrieben, es heißt *Emotional Common Sense* (nicht in Deutsch) und trägt den Untertitel: »Wie man vermeidet, sich selbst kaputtzumachen«. Rolland und ich trafen uns vor einigen Jahren in Baltimore, wo wir beide zu Gast in einer Fernseh-Talkshow waren, in der wir unsere Bücher vorstellten.

Anschließend fuhren wir mit dem Metroliner zusammen nach New York zurück, und während dieser Fahrt lernten wir uns ein bißchen besser kennen. Ich war sehr beeindruckt von ihm und auch von seinem Buch, das ich noch am gleichen Tag las. Dann verloren wir uns aus den Augen, bis wir uns vor ein paar Monaten zufällig wiedertrafen. Wieder daheim, suchte ich sein Buch heraus und las es nochmals. Er spricht darin von Selbstzerstörung, sexueller Selbstzerstörung, und wie man mit Einsamkeit und Verlustgefühlen fertig wird und eine erfüllte sexuelle Beziehung aufbaut. Ein Kapitel handelt davon, was einen guten Liebhaber ausmacht:

»Ein guter Liebhaber zu sein, erfordert einigen Einsatz, ja Enthusiasmus; man muß dem Partner Freude bereiten wollen. Aber es erfordert auch ein nicht geringes Maß an Empfänglichkeit. Das heißt, daß Sie darauf warten und willens sein müssen, selber Freude zu empfangen.

Ich glaube, daß ein guter Liebhaber über ein großes Wissen verfügen und aufgeschlossen sein muß. Auch muß ein gewisses Gleichgewicht zwischen dem ›technischen‹ Teil und den geistigen Qualitäten herrschen. Es gibt eine Menge Sexbücher, die

Ihnen verraten, wie Sie Abwechslung in Ihr Liebesspiel bringen oder es anderweitig verbessern können.

Für außerordentlich wichtig halte ich auch eine
positive Einstellung zum Sex überhaupt, und natürlich ganz besonders Ihrem Partner gegenüber. Wer
Abhängigkeitsbedürfnisse, Feindseligkeiten, Streben nach Dominanz, Angst vor Zurückweisung etc.
mit ins Schlafzimmer bringt, darf sich nicht wundern, wenn damit auch die Frustration Einzug hält.
Solche ungelösten Probleme führen zu Funktions-
störungen wie vorzeitiger Ejakulation oder Potenz-
problemen beim Mann und Frigidität oder sexueller
Verweigerung bei der Frau. Lassen Sie also Ihre Probleme draußen vor der Schlafzimmertür.

Wie steht es nun mit Verpflichtungen? Diese
Frage läßt sich nur beantworten, wenn vorher geklärt wurde, welche Art von Beziehung die beiden
eingehen wollen.Wenn einer oder beide Partner un-
bedingte Anhänger des One-night-stand sind, dann
bedeutet ein guter Liebhaber zu sein lediglich, gute
Liebestechniken zu beherrschen, die Wünsche und
Gefühle des anderen zu berücksichtigen, die Fähigkeit zu besitzen, auf den anderen einzugehen, und
ähnliche technische Dinge. Wenn aber einer der beiden Partner Sex automatisch mit einer festen Beziehung in Verbindung bringt, dann ist Frustration
häufig schon vorprogrammiert. Für manche Menschen gilt freilich genau das Gegenteil: Sie wollen
keinerlei Verpflichtungen eingehen. Wer ehrlich
und aufrichtig ist, wird seine Einstellung und Er-
wartungen kundtun, bevor er (oder sie) sich aus-
zieht.

Und dann ist da natürlich das Thema Rücksicht. Es gibt so viele äußere Umstände, die die Sexualität des einzelnen beeinflussen. Nun ist erwiesen, daß Männer im allgemeinen mehr auf Sex erpicht sind als Frauen, doch trifft dies in der Regel nur so lange zu, bis beide Partner sich näher kennengelernt haben. Danach kann sich dieses Rollenverhalten gravierend ändern. Lebt das Paar jedoch zusammen und erübrigen sich insofern die Werbungsrituale, müssen beide noch verstärkt Rücksicht auf die Wünsche des anderen nehmen.

Auch Ausdrucksfähigkeit gehört meiner Ansicht nach dazu, wenn Sie ein guter Liebhaber sein wollen. Lassen Sie Ihren Partner wissen, was Sie fühlen, was Sie mögen, aber auch was Sie nicht mögen oder gerne ändern würden. Da Ihr Vergnügen wesentlich für Sie beide ist – vorausgesetzt natürlich, Ihre Beziehung ist insgesamt intakt –, sollten Sie keine Möglichkeit auslassen, Ihren Partner wissen zu lassen, wie er/sie Ihr Vergnügen steigern kann – aber auch hier gilt die Voraussetzung, daß Sie fähig und willens sind, sich Vergnügen bereiten zu lassen! Wenn es Ihnen Spaß macht, dann sollten Sie es auch sagen und vielleicht häufiger miteinander schlafen. Lassen Sie Ihren Elan auf alle Aspekte Ihrer Beziehung abfärben.

Last not least gehört zu einem guten Liebhaber aber auch, daß er dem anderen nicht auf den Geist geht.«

Dem anderen nicht auf den Geist gehen – ist das nicht herrlich? Nach all seinen klugen Erläuterungen sagt Dr. Parker zum Schluß, man dürfe dem anderen nicht auf die Nerven fallen. Sie können also enthusiastisch und super gebildet und aufgeschlossen und ausdrucksfähig sein und eine positive Haltung zum Sex einnehmen – und trotzdem als Nervensäge wirken, was, das versteht sich ja wohl von selbst, den anderen nicht gerade anturnt.

Mich persönlich turnen am allermeisten Güte und Aufmerksamkeit an. Ich weiß noch, wie ich vor ein paar Jahren auf Höhe des Sherry-Netherland Hotels die Fifth Avenue entlangging und plötzlich bemerkte, daß ein Schäferhund herrenlos auf dem Bürgersteig herumlief. Das ist in New York sehr selten, weil hier strikter Leinenzwang herrscht. In demselben Moment, in dem ich den Schäferhund sah, fiel er auch einem jungen Mann auf. Bevor ich Gelegenheit hatte, den Hund festzuhalten, hatte der junge Mann seine Krawatte heruntergerissen und bemühte sich, den Hund einzufangen, was ihm letztlich (nach fast zehn Minuten) auch gelang. Der Hund wäre garantiert überfahren worden (wer New York kennt, weiß, wie tödlich der Verkehr hier ist). Dieser Mann hat seine Krawatte ruiniert, viel Zeit und Kraft geopfert, sein eigenes Leben riskiert, indem er jedesmal den Verkehr anhielt, wenn der Hund auf die Straße lief, und dann einen Polizisten gerufen, der das Tierheim informierte, daß sie den Hund abholen sollten. Dieser junge Mann war ein Liebhaber.

Ein andermal war ich auf dem Weg zum Flughafen, als mein Taxi auf dem FDR Drive in einen Verkehrsstau geriet. Da ich befürchtete, meinen Flieger zu verpassen, stieg ich aus um nachzusehen, was den Stau verursachte. Ungefähr zehn Autos vor uns waren drei Männer, die den Verkehr in beiden Richtungen angehalten hatten, weil ein kleiner, völlig verängstigter Hund auf den Highway geraten war. Ganz bestimmt hätte man ihn innerhalb weniger Sekunden überfahren, wären diese Männer nicht so gütig und aufmerksam gewesen. Autos hupten, Leute fluchten, aber diese drei ließen sich nicht beirren, fingen schließlich das arme kleine Wesen und retteten sein Leben. Das hat mich so beeindruckt und gerührt (das bin ich immer, wenn mir wahre Güte begegnet), daß ich meinen ersten und einzigen ›Leserbrief‹ an die *New York Times* schickte (der allerdings nicht abgedruckt wurde). Aber das spielt auch gar keine Rolle – ich wollte einfach nur zeigen, daß es nicht stimmt, was man häufig von den New Yorkern hört, daß sie kalt und herzlos seien. Wenn jemand sich die Mühe macht, einem anderen Menschen oder Tier zu helfen, dann ist das wunderbar. *Das* ist es, was einen guten Liebhaber ausmacht. Nicht nur unendlich viel Liebe zu empfinden, sondern sie auch auf vielerlei Art zu zeigen.

Es gibt ein wundervolles Buch von Leo Buscaglia mit dem Titel *Love* (Dtsch.: Liebe das Leben; das Leben liebt dich). Darin erzählt er von einem experimentellen Kurs, den er an der University of Southern California gehalten hat und den er ›Love Class‹ nannte. Aus diesem Kurs ist sein Buch entstanden, in dem er die These vertritt, daß Liebe lernbar sei und daß jeder Mensch lernen könne und auch solle, wie man liebt und wie man ein guter Liebhaber wird. Hier ein paar seiner Notizen aus dem ›Liebes-Kurs‹:

Man verliebt sich nicht einfach so, sondern wächst in die Liebe hinein.

Wahre Liebe ist immer etwas Kreatives. Sie ist niemals destruktiv.

Liebe reicht weiter als Hoffnung. Hoffnung ist nur ein Anfang. Liebe dauert ewig.

Der Mensch muß lieben. Denn wenn er es nicht tut, bleiben ihm nur Einsamkeit, Destruktion und Verzweiflung.

Besitzt ein Mensch die Liebe, ist er nicht länger fremden Mächten ausgeliefert, denn er ist selbst zur kraftvollen Macht geworden.

Wer sich selbst liebt, wird auch andere lieben. Und mit derselben Innigkeit und demselben Ausmaß, mit dem man sich selbst liebt, wird man auch andere lieben können.

Die Liebe und das Selbst sind eins, und beider Sehnsüchte sind darauf gerichtet, *beides* zu verwirklichen.

Wer ein Liebhaber werden will, muß damit anfangen, die Liebe zu bejahen.

Ein anderes wunderbares Buch ist *Advice From A Failure* (nicht in Deutsch) von Jo Coudert, die darin sagt, wenn man sich und alle anderen gut behandle, folge die Liebe wie von selbst:

»Es gehört zu den Eigenarten der menschlichen Natur, daß man einen Menschen liebt, den man gut behandelt, und nicht unbedingt den Menschen, der einen selbst gut behandelt. Die Liebe bevorzugt Pfade, die mit Großzügigkeit gepflastert sind. Lincoln sagte einmal sinngemäß: Wenn man erreichen wolle, daß jemand einen möge, dann solle man ihn um einen Gefallen bitten; das heißt, man solle den anderen bitten, einem ein Buch zu leihen – anstatt dem anderen eines seiner eigenen Bücher anzubieten. Genauso ist es in der Ehe: Wenn Sie Ihrem Partner taktvoll begegnen, ihm/ihr Verständnis entgegenbringen und Ihren guten Willen zeigen, dann werden Sie den anderen nicht wegen seiner Fehler hassen und verachten, sondern Ihre Liebe wird ganz im Gegenteil sogar noch wachsen. Der Mensch, dem gegenüber Sie sich besonders gut benehmen, wird in Ihrer Achtung steigen, Sie werden ihn immer lieber gewinnen. Und auch wenn es auf den ersten Blick so aussehen mag, als seien Nachsicht und Geduld und Schweigen ein zu hoher Preis, so ist in Wahrheit doch genau das Gegenteil der Fall. Der andere wird davon profitieren, doch *Sie* werden noch viel mehr profitieren, denn Ihre Liebe wird wachsen – vielleicht sogar weit mehr, als Sie es selbst jemals für möglich gehalten hätten; und das ist ein unbeschreibliches Gefühl. Wir alle wissen, daß wir geliebt werden wollen, und wir sprechen auch darüber, aber uns ist meist nicht klar, *wieviel* Liebe wir selbst geben sollen. Wir suchen einen Menschen, dem wir die ganze Liebe schenken können, die wir in uns fühlen. Wir suchen jemanden, der all diese Liebe verdient. Dabei ist uns allerdings nicht klar, daß wir einen Menschen eben dadurch, daß wir ihn sehr lieben, unserer Liebe wert machen können.«

Und sie fährt fort:

»Wir müssen nicht lieben, um geben zu können. Wir müssen geben, um lieben zu dürfen.«

Ich habe sehr viel über den ›Lebenswillen‹ gelesen, und ich finde, daß es wirklich wahr ist: Ein starker Lebenswille kann viele negative Kräfte neutralisieren. Ein Mann kann im Sterben liegen, und die Ärzte haben ihn schon aufgegeben, und doch wird er wieder gesund. In einem solchen Fall heißt es dann normalerweise: Er hatte einen starken Lebenswillen. Oder eine Frau steht auf dem Fenstersims im zweiunddreißigsten Stock eines Hotels in Midtown Manhattan und macht Anstalten zu springen. Die Polizei ist da und versucht, sie davon abzuhalten. Die Zeitungsleute stehen in rauhen Mengen unten auf der Straße, um darüber zu berichten. Endlich, nach zehn Stunden Ungewißheit, gelingt es, sie zu überreden, ins Zimmer zurückzukommen. Ihr Lebenswille war stärker als ihr Gefühlsaufruhr oder ihr Todeswunsch. Wir alle wollen leben, wir alle haben, bewußt oder unbewußt, den Willen zum Leben in uns. Trotzdem ziehen manche Menschen den Tod vor, entweder die schnelle Art: durch Selbstmord, oder auf die langsame Art: zu viele Tabletten und Drogen, oder auf die ganz langsame Art: zuviel Alkohol und Zigaretten (auch das sind Drogen, aber legale). Ich glaube, daß Menschen, die sehr viel rauchen und trinken einen (unbewußten) Todeswunsch in sich tragen, während bei denen, die sich von Alkohol und Nikotin lossagen, der Lebenswille offensichtlich stärker ist. Unsere Wünsche sind also ganz essentiell, wenn es ums Leben geht. Entweder wir wollen leben, oder wir wollen nicht leben.

Wir haben auch einen Liebeswillen – und die Möglichkeit, nicht zu lieben. Wenn Sie jemanden sehen, der seine Liebe unterdrückt und Angst davor hat, sie zu zeigen, dann hat er oder sie, bewußt oder unbewußt, den Wunsch, nicht zu lieben. Genauso wie es verschiedene Wege gibt, den Lebenswillen zu stärken (Psychoanalyse, Therapie, Selbsthypnose), besteht auch die Möglichkeit, den Liebeswillen aufzubauen. Der erste und wichtigste Schritt dazu ist die Erkenntnis, daß die Empfindung, nicht lieben zu können, vorhanden ist – dann müssen Sie entweder in diesem Bewußtsein weiterleben, oder aber Sie versuchen, etwas dagegen zu unternehmen. Die Empfindung, nicht lieben zu können, ist *immer* auf irgendwelche Ängste zurückzuführen. Auf etwas, das in der Vergangenheit passiert ist und so furchtbar war, daß der betreffende Mensch nicht mehr in der Lage ist, als liebesfähiges Wesen weiterzuleben. Das Traurigste bei diesen Menschen, die ihre Liebe nicht zum Ausdruck bringen können, ist, daß ihnen nicht nur die Freuden und Vergnügen der Liebe vorenthalten bleiben, sondern daß auch alle, die ihnen nahestehen, darunter leiden müssen. Wie viele Ehemänner/Ehefrauen warten verzweifelt auf ein Zeichen der Zuneigung von ihrem Partner – und ernten immer nur kalte Ablehnung! Und wie viele Kinder wachsen bei kalten, distanzierten Eltern auf, obwohl sie doch alles dafür geben würden, einmal ganz fest in die Arme genommen zu werden und die Sicherheit und Geborgenheit zu spüren, die ein ›Ich liebe dich‹ vermittelt!

Wäre es nicht fantastisch, wenn wir alle in der Lage wären, einander ungezwungen zu umarmen und zu küssen und zu sagen »Ich liebe dich«? Kleine Kinder, ältere Menschen, Teenager, alle Menschen – und das ist kein unerfüllbarer Traum. Sobald wir erst einmal angefangen haben, uns körperlich, geistig und seelisch super-fit zu fühlen, und somit fähig sind, mit allen unseren sogenannten Problemen fertig zu werden, können wir auch anfangen, den Kindern auf der ganzen Welt Umarmungen und Küsse zu schenken, denn bei ihnen fängt schließlich alles an. Vor einiger Zeit stand ich an der Ampel hinter einem alten, verrosteten Kombi und las den Aufkleber auf der Heckscheibe: ›HAVE YOU HUGGED YOUR KID TODAY?‹ (Hast du dein Kind heute schon umarmt?)

Wir alle reagieren auf Zeichen der Liebe, sei es eine Umarmung, ein Kuß oder ein ›Ich liebe dich‹, aber Kinder brauchen es ganz besonders. Sie saugen Wärme und Zuwendung wie ein Schwamm in sich auf. Es liegt schon einige Jahre zurück, da sah ich ein Plakat mit dem folgenden Text. Ich habe die Worte niemals vergessen:

KINDER LERNEN DAS, WOMIT SIE
AUFWACHSEN

Wenn ein Kind mit Kritik aufwächst,
    lernt es zu verurteilen.
Wenn ein Kind mit Feindseligkeit aufwächst,

lernt es zu kämpfen.
Wenn ein Kind mit Spott aufwächst,
    lernt es schüchtern zu sein.
Wenn ein Kind mit Scham aufwächst,
    lernt es, sich schuldig zu fühlen.
Wenn ein Kind mit Toleranz aufwächst,
    lernt es, geduldig zu sein.
Wenn ein Kind mit Ermutigung aufwächst,
    lernt es Selbstvertrauen.
Wenn ein Kind mit Lob aufwächst,
    lernt es, Dinge zu schätzen.
Wenn ein Kind mit Fairneß aufwächst,
    lernt es Gerechtigkeit.
Wenn ein Kind mit Sicherheit aufwächst,
    lernt es, Vertrauen zu haben.
Wenn ein Kind mit Bestätigung aufwächst,
    lernt es, sich selbst zu mögen.
Wenn ein Kind mit Anerkennung und
    Freundschaft aufwächst,
    lernt es, wie man in unserer
    Welt Liebe findet.

Ich weiß, daß ich als Kind unheimlich viel Liebe erfuhr (zwischendurch aber auch Feindseligkeit und
Ärger und Ängste) und daß ich deshalb stets das Bedürfnis hatte, selbst Liebe zu geben. Als ich acht
Jahre alt war, ging ich oft die Straße entlang und be-
grüßte alle Leute, die mir begegneten, auch die, die
ich gar nicht kannte. Und alle lächelten und grüßten
mich zurück. Eines Tages merkte meine Mutter, was
ich da tat, und sie sagte mir, daß man so etwas nicht
macht (vielleicht hatte sie ja recht, aber ist es nicht
traurig, daß wir uns nicht unser ganzes Leben lang

so verhalten können, anstatt mißtrauisch und ängst-lich zu sein?). Dann, im Teenageralter, bekam ich mein erstes Auto, und eines Abends, als es ganz fürchterlich schüttete, sah ich einen Mann am Stra-ßenrand winken und hielt an, um ihn mitzunehmen. Nie werde ich vergessen, wie dieser Mann – er war völlig durchnäßt – mir eine regelrechte Predigt hielt und wortreich erklärte, warum ich niemals Fremde in meinem Auto mitnehmen solle. Ich glaube, ich war schon immer auf der Suche nach der Utopie, daß alle Menschen einander lieben sollten, aber wenn wir nicht alle damit anfangen, dann wird sie nie Realität werden. Nun sagen mir viele Leute: »Ist ja gut und schön, aber was ist mit all den Verbre-chern und Mördern? Du darfst nicht vorurteilslos je-dem vertrauen.«

Nun, da habe ich meine eigene Ansicht. Ich glaube nicht, daß Dinge gut oder böse sind. Sie *sind* einfach so, wie sie sind. Nehmen wir zum Beispiel einen Stuhl. Ein Stuhl ist nicht gut oder böse. Er ist einfach ein Stuhl. Vielleicht ist der Stuhl blau (das wäre dann eine Tatsache), aber er ist ganz bestimmt nicht gut oder böse (das wären Werturteile). Dinge sind dann ›gut‹, wenn sie mir gefallen. ›Schlechte‹ oder ›böse‹ Dinge dagegen sind Dinge, die mir mißfallen. Ich bin ein hochgewachsener, rothaariger Mensch, nicht gut und nicht schlecht, ich bin einfach so, wie ich bin. Adjektive sind okay, wenn es darum geht, etwas zu beschreiben, was grün oder hochgewach-sen oder breit oder schwer ist. Aber bestimmte Wör-ter geben nur Meinungen wieder; zum Beispiel ›be-quem‹ (ein bestimmter Stuhl mag für jemanden wie mich, der fast eins achtzig groß ist, sehr bequem sein, für jemanden, der nur eins fünfzig groß ist, aber ausgesprochen unbequem) oder ›einfach‹ (ein Test kann einem intelligenten Menschen wie Ihnen ganz einfach vorkommen, für einen anderen, weniger intelligenten, aber schon schwieriger sein) oder ›gut‹ (Sie fanden das Gespräch möglicherweise gut, mich hat es zu Tode gelangweilt) oder ›schlecht‹ (Ihnen hat der Film überhaupt nicht gefallen, ich fand ihn toll). Gut und schlecht und schwierig und einfach sind Urteile, die wir über etwas fällen. Ein ›guter Mensch‹ tut Dinge, die ich mag, ein ›schlechter‹ Mensch dagegen Dinge, die mir nicht gefallen. Aber deshalb ist er/sie immer noch lediglich ein Mensch und nicht gut oder schlecht. Kürzlich hat mir jemand die Brieftasche gestohlen, und ich war stinkesauer. Mein ganzes Geld und alle meine Kreditkarten und Ausweise und persönliche Dinge waren weg. Ich war unheimlich wütend auf diesen ›schlechten‹ Menschen, der mich beklaut hatte, habe Stunden auf der Polizei verbracht und viel Zeit damit vertan, alle meine Kreditkarten als gestohlen zu melden und in den Mülltonnen der Nachbarschaft nach der Brieftasche und meinen Papieren zu suchen. Völlig verkrampft und verärgert legte ich mich schließlich auf meine Gymnastikmatte und ließ mir alles in Ruhe durch den Kopf gehen. Der Mensch, der mich beklaut hatte, war einfach nur ein Mensch – ein verkorkster Mensch, ein verwirrter Mensch, aber kein ›schlechter‹ Mensch. Er (ich fand später heraus, daß es ein Mann war) glaubte, der einzige Weg an Geld zu kommen sei Stehlen, und das finde ich unheimlich traurig. All die Energie, die er darauf verschwendet hat, Menschen auszurauben, hätte er so viel sinnvoller auf einem anderen Gebiet einsetzen können, wo er noch dazu stolz auf sich gewesen wäre. Mein Ärger verpuffte. Ich stellte mir vor, daß ich meine Brieftasche zurückbekam, und dann machte ich meine geistige Übung: »Gott liebt mich und will, daß ich meine Brieftasche zurückbekomme.« Dabei ging es mir gar nicht um das Geld; ich wollte meine Ausweise und meine persönlichen Dinge wieder haben. Drei Tage später rief mich der Pfarrer einer nahe gelegenen Kirche an und sagte, er habe meine Brieftasche im Rinnstein gefunden, und als ich sie abholte, sah ich, daß außer dem Bargeld nichts fehlte. Der Pfarrer ist kein ›guter‹ Mensch (obwohl er mir eine große Freude gemacht hat), und der Dieb ist kein ›schlechter‹ Mensch (obwohl er mir großen Kummer bereitet hat) – beide sind einfach nur Menschen, die das tun, was sie ihrer Ansicht nach glücklich machen wird. Der Dieb mag geistig verwirrt oder seelisch krank sein, aber nur weil er mich unglücklich gemacht hat, ist er noch lange nicht ›schlecht‹. ›Schlecht‹ ist ein sehr emotionales Wort, das mich ärgerlich macht, und ich bin nicht gerne ärgerlich, weil mich das seelisch belastet und körperlich verspannt. ›Geistig verwirrt‹ oder ›seelisch krank‹ bringt mich dazu, emotionslos darüber nachzudenken, wie ich die Lage am besten in den Griff bekomme, was ich tun muß, um den Dieb bzw. den verwirrten Menschen zu ›entwirren‹. Sollen wir den Dieb ins Gefängnis stecken, und wenn ja, dann für wie lange? Sollen wir seine physische Nahrung mit Vitaminen und Mineralstoffen anreichern und seine psychische Nahrung mit Hilfe eines Psychiaters oder Analytikers umstellen? Können wir Menschen, die im Gefängnis sitzen, irgendwie dazu benutzen, unsere Gesellschaft besser zu machen (Schuhe für Waisenkinder herzustellen, öffentliche Gebäude zu streichen)? Ist es möglich, diesen Menschen geistig zu entwirren und seelisch zu heilen und dann als veränderten Menschen, der mit uns und nicht mehr gegen uns arbeitet, wieder in die Gesellschaft einzugliedern? Wenn wir ihn uns anschauen, ohne Wut im Bauch, nur einfach so als Menschen – dann können wir objektiv sein und vielleicht sogar Mitgefühl entwickeln; wenn wir ihm aber wütend begegnen und ihn als ›schlechten‹ Menschen ansehen, dann wird es uns schwerfallen, die Dinge genauso klar zu erkennen. Das Endergebnis könnte jedoch dasselbe sein. Ihn einzusperren, damit er nicht noch mehr Menschen ausrauben kann, scheint der bislang beste Weg zu sein – zumindest so lange, bis er gelernt hat, sich selbst und sein Eigentum (und sei sein einziger Eigentum sein Körper) und dann das Eigentum anderer zu respektieren.

Alle Menschen sind verschieden, nicht gut oder schlecht, einfach nur verschieden. Einiges freilich haben wir alle gemeinsam (wir alle werden geboren, wir alle fühlen Schmerz, wir alle sind fähig, Spaß und Freude zu empfinden, wir alle sterben), doch sind wir gleichzeitig sehr, sehr verschieden voneinander (Sie malen gerne, er spielt gerne Volleyball, ich schreibe gerne). Deshalb müssen wir uns darüber im klaren sein, daß wir nicht deshalb hier sind, weil wir darum gebeten haben, sondern einfach deshalb, weil wir geboren wurden, und wir müssen uns auch darüber im klaren sein, daß jeder von uns sein

Glück auf seine eigene Weise finden muß. Was Sie glücklich macht, würde mich nicht unbedingt glücklich machen, und umgekehrt. Ich bin total fatalistisch – ich glaube, daß wir alles uns Mögliche tun müssen (ohne uns selbst oder andere zu verletzen), um unsere Ziele zu erreichen, und dann müssen wir in Ruhe und entspannt das Endergebnis abwarten, das so ausfallen wird, wie es ausfallen soll. Viele Leute glauben, fatalistisch sein bedeute, den ganzen Tag im Bett zu bleiben, weil man ja ›sowieso nichts ändern kann‹, aber das ist nicht fatalistisch, sondern einfach nur bekloppt. Echter Fatalismus beinhaltet das Wissen um einen höheren Plan, bedeutet aber auch, daß man hingeht und tut, was man kann und daß man dann, *nachdem Sie alles Ihnen Mögliche getan haben*, abwartet, daß das, was geschehen soll, geschieht. Auf diese Art und Weise werden Sie alle psychischen Ängste los und brauchen sich nicht wegen irgend etwas, das höchstwahrscheinlich sowieso nicht geschieht, halb zu Tode zu sorgen, und außerdem werden Sie so auch kein schlechtes Gewissen haben oder etwas Getanes hinterher bedauern. Die Dinge geschehen, weil sie geschehen sollen, weil sie geschehen müssen, und auch wenn das, was geschieht, Ihnen vielleicht überhaupt nicht paßt oder falsch oder ungerecht vorkommt, dann ist es trotzdem richtig. Vielleicht sollen Sie aus den Schmerzen lernen, etwas in Ihrem Leben zu ändern und aus Ihrem geistigen oder seelischen Trott herauszukommen. Ich habe mir früher immer gräßliche Sorgen um alles mögliche gemacht, bevor es überhaupt passiert ist, und ich habe fast alles bedauert, was ich gemacht habe, nachdem es passiert war.

Aber je mehr ich darüber nachdachte, desto dümmer kam es mir vor und desto logischer erschien mir der Fatalismus. Wenn ich wirklich an Gott (oder die Liebe oder das höhere Selbst) glaube und auch glaube, daß Gott die Liebe und die Liebe Gott ist und daß ich das Ziel dieser Liebe bin, warum mache ich mir dann Sorgen:

1. Warum mache ich mir dann Sorgen, daß etwas schiefgeht, bevor es passiert?
2. Warum mache ich mir dann Sorgen, daß etwas schiefgegangen ist, und wünsche mir, ich könnte es nochmals machen, und warum werfe ich mir dann andauernd vor, daß wenn ich dies und das nicht oder anders gemacht hätte, dies und das nicht passiert wäre, und wenn ich nicht gesagt hätte, was ich aber nun mal gesagt habe, daß dann nichts von all dem Furchtbaren geschehen wäre?
3. Warum mache ich mir dann *überhaupt* Sorgen?

Ich tue einfach, was ich kann, und weiß, daß das, was geschehen soll, geschehen wird. Ich bin jetzt und hier am richtigen Fleck – wenn es nicht der richtige wäre, dann wäre ich nicht hier, sondern anderswo.

Und dieses Gefühl, daß Gott die Liebe ist und daß die Liebe Gott ist, verhilft mir dazu, ein vollkommenerer und besserer Liebhaber zu werden.

Frank Gifford sagt, daß guter Sex zu einem guten Liebhaber ganz einfach dazugehöre, aber das sei bestimmt nicht alles – es gebe nämlich keinen wirklich *guten* Sex ohne wahre Liebe, und *totale* Befriedigung erreichten Sie immer nur mit dem einen Menschen, den Sie ehrlich und aufrichtig lieben. Ich zitiere: ›Wirklicher, wahrer Sex wird mit der Zeit immer besser, da Sie einander immer besser kennenlernen. Wenn das Liebesleben aber mit den Jahren eher abnimmt, dann liegt das mit Sicherheit daran, daß die Partner andere Probleme haben.‹

Frank hält die Liebe für das *einzige* im Leben, was wahren Wert besitzt (und er sagt, er ist *wirklich* überzeugt davon). Er zeigt die Liebe, die er für seine Frau und seine Kinder und seinen Hund empfindet, auch ganz offen, ohne sich dabei irgendwie komisch vorzukommen. Seiner Meinung nach sind diejenigen Männer, die Angst davor haben, eine emotionale Verpflichtung einzugehen, fast ausnahmslos Supermacho-Typen, die in Wahrheit voller Komplexe stecken. Ein Mann, der sich seiner Männlichkeit auch nur einigermaßen sicher ist, kann zärtlich und warmherzig und liebevoll sein. Frank glaubt, daß man Liebe lernen kann und daß sie um so stärker wird, je mehr wir mit Menschen zusammen sind, denen wir etwas bedeuten. Er sagt, seine Eltern seien dreiundfünfzig oder vierundfünfzig (er war sich nicht völlig sicher) Jahre verheiratet und die ganze Zeit über immer ineinander verliebt gewesen. Und Frank beendet kein Telefonat mit seinen Kindern, ohne vorher zu sagen: »Ich liebe dich.«

Jane Fonda, die mehrfach für einen Oscar nominiert war und auch einen gewonnen hat, sieht sich selbst als ›Überlebende‹ an, und sie hat eine ganze Menge überlebt. Weil sie über sehr viel Liebe und ein sehr waches Gewissen verfügt, hat sie sich in der Antikriegsbewegung engagiert, was fast ihre Karriere kaputtgemacht hätte, aber das hat sie nicht davon abgehalten. Weil sie ein ausgesprochen kompromißloser Mensch ist und das Gefühl hat, daß Krieg etwas Unrechtes ist, hat sie alles in Ihrer Macht Stehende getan, um die Öffentlichkeit darauf aufmerksam zu machen. Sie hat auch einen politischen Aktivisten geheiratet, John Hayden (nicht verwandt oder verschwägert mit mir, wir sind aber beide irischer Abstammung), sich wieder von ihm scheiden lassen und ist jetzt mit dem TV-Magnaten Ted Turner verheiratet. Jane ist eine außerordentlich couragierte Frau, die keine Hemmungen hat, ihr Geld, ihre Karriere und ihr Leben für das einzusetzen, was ihr wichtig scheint. Sie ist stark und ernst, dabei aber warmherzig und liebevoll, und sie macht sich viel Gedanken über die Menschheit. Ihre Liebe kommt in ihrem Aktivismus zum Ausdruck. Ich stimme mit ihr nicht in allen ihren politischen Ansichten überein, aber wenn der wahre Glaube darin besteht, Liebe in Taten umzusetzen, dann ist Jane Fonda mit jeder Faser ihres Lebens wirklich gläubig.

Um ein großartiger Liebhaber zu sein, sollten Sie nicht nur viele Dinge und Menschen lieben, sondern Sie müssen auch von den meisten Menschen geliebt werden. Es ist nicht möglich, ein liebevoller Mensch zu sein, wenn viele Leute Sie nicht mögen oder sogar hassen. Und das bringt mich auf etwas, was ich für unheimlich wichtig halte, wenn es darum geht, ein guter Liebhaber zu sein und Ihren Mitmenschen Liebe und Glück zu bescheren. Ich glaube an ›kreatives Lügen‹. Nun ist im Grunde genommen natürlich jede Lüge kreativ in dem Sinne, daß man sich etwas ausdenkt, doch sind die meisten Lügen negativ und basieren auf Angstgefühlen. Mein ›kreatives Lügen‹ dagegen ist positiv und basiert auf der Nächstenliebe, so wie die kleinen ›Notlügen‹, die man erzählt, um jemandem eine Freude zu machen. Um ›kreativ lügen‹ zu können, müssen Sie die Menschen aufrichtig lieben und zugleich eine lebhafte Fantasie besitzen. Ich meine das nicht in dem Sinn, daß Sie Unwahrheiten erfinden und sie anderen als Wahrheit auftischen sollten, ich meine vielmehr, daß Sie Fantasien kreieren sollten, die – zumindest theoretisch gesehen – tatsächlich wahr werden könnten und mit denen Sie Ihren Mitmenschen Freude bereiten und Hoffnung geben können. Kein Mensch kann ohne Hoffnung leben, und glückliche Menschen sind immer voller Hoffnung. Wir sind glücklich, weil unsere Eltern oder Lehrer oder *irgend jemand* uns beigebracht hat, an die Möglichkeiten zu glauben, die das Leben für uns bereithält. Für einen Menschen, der voller Hoffnung und Träume ist und sich all die herrlichen Dinge vorstellt, die das Leben so lustvoll und schön machen, ist *alles* möglich.

Wenn Sie also ›kreativ lügen‹, erzählen Sie irgend jemandem durchaus nicht etwas, das ihn enttäuschen oder entmutigen könnte – nicht einmal dann, wenn für ihn scheinbar keinerlei Hoffnung mehr besteht. ›Kreatives Lügen‹ besteht darin, etwas Positives zu entdecken (und in allem steckt *irgend etwas* Positives), es auszuschmücken und den Betreffenden dann mit Hilfe Ihrer Fantasie dazu zu bringen, selber daran zu glauben, daß er oder sie etwas Bestimmtes tun oder sein oder machen kann. Wenn Sie sich selbst lieben (und jeder Liebhaber fängt zuerst einmal damit an, sich selbst zu lieben), werden Sie sich niemals selber entmutigen – Sie werden vielmehr versuchen, Wege zu finden, etwas Bestimmtes tun oder sein oder machen zu können, und sobald Sie gelernt haben, das für sich selbst zu tun, wird es Ihnen auch leichter fallen, es für andere zu tun. Ich zum Beispiel habe aufgehört, mir selber Vorwürfe zu machen. Früher habe ich das andauernd getan, aber als mir dann klar wurde, wie dumm es ist und wie mies es mir anschließend immer geht, habe ich damit aufgehört. Wenn ich jetzt etwas mache, worauf ich nicht stolz bin, dann sage ich mir, daß ich es in dem Moment, in dem ich es getan habe, einfach tun *mußte* (ich hatte in dem Augenblick verschiedene Möglichkeiten, die ich gegeneinander abwog und wählte dann diejenige, die mir *in diesem Moment* als die klügste und beste erschien; wenn ich eine andere Wahl gehabt hätte, dann wäre ich überhaupt nie in diese Situation gekommen), und dann bemühe ich mich, aus dieser Eerfahrung zu lernen. Nun, mit Freunden und Liebhabern ist es genau das gleiche. Er oder sie ist vielleicht nicht stolz auf das, was geschehen ist, aber sich deswegen Vorwürfe zu machen, macht die Sache nicht besser, sondern höchstens schlimmer, während ›kreatives Lügen‹, d. h. das Negative auszuschließen und sich mit Hilfe Ihrer Fanatasie auf das Positive zu konzentrieren, das beste ist, was Sie tun können.

Lassen Sie mich zwei Beispiele anführen: Ich werde häufig zu Talkshows eingeladen, und manchmal bin ich mit meinem Auftritt sehr zufrieden und manchmal überhaupt nicht. Vielfach hängt das mit dem Interviewer zusammmen – manche Moderatoren sind großartig, andere nicht. Ich erinnere mich an eine Show, die einfach grauenhaft war. Die Moderatorin war absolut unfähig, und es war noch eine andere Frau zu Gast, die mich nicht ausstehen konnte (da wir uns niemals vorher begegnet waren, weiß ich bis heute nicht, warum). Diese Frau ging unentwegt auf mich los und ließ kein gutes Haar an mir, und die Moderatorin war nicht fähig, das Ganze in den Griff zu kriegen. Jedesmal, wenn ich den Mund aufmachte, unterbrach mich die andere Frau ganz unverschämt – oh, es war einfach grauenvoll! Die Sendung wurde aufgezeichnet, und einige Tage später sah ich sie mir zusammen mit einem Freund an. Ich wußte, daß es furchtbar war, ganz bestimmt wußte kein Mensch besser als ich, daß es furchtbar war, und deshalb war das letzte, was ich brauchte, noch zusätzliche Kritik (ich schaute mir das Ganze nur an, um herauszufinden, ob es irgend etwas gab, was ich hätte tun können, um dem Massaker zu entgehen). Mir war *alles*, was ich falsch gemacht hatte, völlig klar (ich glaube, jeder Mensch ist sich selbst gegenüber sehr viel kritischer, als es sein schlimmster Kritiker sein könnte). Nun fing aber mein Freund an, mich zu kritisieren, und es endete in einem regelrechten Bombardement. Ich schrieb ihn innerlich ab und sagte ihm, daß ich sehr wohl wisse, wie schrecklich ich gewesen wäre, und daß er sich seine negativen Bemerkungen deshalb ruhig sparen könne, aber er fuhr trotzdem fort. Es war ein grauenhafter Abend, und ich habe auf diese Weise einen Freund (?) verloren.

Bei dem zweiten Beispiel, das ich Ihnen erzählen will, ging es ebenfalls um die Aufzeichnung einer Fernsehshow, in der ich zusammen mit einem bekannten männlichen Star aufgetreten war. Der Regisseur der Show wäre vielleicht ein guter Taxifahrer oder Straßenfeger oder Hot-dog-Verkäufer geworden, als Regisseur dieser Show war er jedenfalls denkbar ungeeignet. Das Ganze war gräßlich, und wir alle wußten es. Diese Aufzeichnung schaute ich mir zusammen mit einem anderen Freund an, der einfach wunderbar war. Er wußte, daß ich nicht gut war, aber er sagte trotzdem, daß ich gut gewesen sei. Irgendwie ist es komisch, daß wir, wenn wir etwas wirklich glauben wollen, tatsächlich anfangen, es zu glauben, und ich begann allen Ernstes zu denken, ich sei gar nicht sooo schlecht gewesen. Meinem Freund fielen bestimmte positive Dinge auf (die ich gar nicht bemerkt hatte, so unglücklich war ich über die Show) – die Art, wie ich mein Haar trug, und die Art, wie ich bestimmte Sätze sagte. Er benahm sich einfach fantastisch. Als das Band zu Ende war, glaubte ich wirklich, es sei gar nicht so schlimm gewesen, und fing an, mich besser zu fühlen. Mein Freund benutzte ›kreative Lügen‹, um mich glücklich zu machen, und es hat funktioniert (einmal habe ich dabei zugehört, wie zwei Männer über einen dritten sprachen – einer sagte, der Kerl habe einen wirklich widerlichen Charakter, den er aber hinter einer Fassade aus Freundlichkeit und Charme gut verberge, und der andere sagte, das fände er ganz okay; solange dieser Mensch seine abscheuliche Art für sich behalte und nach außen hin immer freundlich sei, fände er das gar nicht schlimm). Jedenfalls war diese Fernsehshow einfach gräßlich. Nun konnte ich daran aber nichts mehr ändern, und da ich mich viel lieber gut als schlecht fühle, handelte mein Freund wie ein wahrer Freund und sorgte dafür, daß ich mich besser fühlte.

So wie ein Schauspieler (ich erinnere mich leider nicht mehr, wer es war) einmal zu jemand sagte, der seine Arbeit kritisiert hatte: »Ich möchte von dir nicht kritisiert, sondern geliebt werden.« Und genau darum geht es. Wer braucht schon einen Nörgler? Nun, das soll natürlich nicht heißen, daß wir keine konstruktive Kritik bräuchten, aber genau das ist ja ›kreatives Lügen‹ – das Gute herauszupicken und zu versuchen, das weniger Gute auf konstruktive (nicht destruktive) Weise zu ändern. Der Mann, der mir das Gefühl gab, mein Auftritt sei gar nicht so schlimm gewesen, ist ein wahrer Freund. Ich liebe ihn, weil er mich liebt. Ich liebe Menschen, die mich lieben (tut das nicht jeder?). Ein guter Liebhaber zu sein, bedeutet also, allem und jedem mit Liebe zu begegnen – seine Blumen zu gießen; sich sein Gesicht zu waschen; sich bei jemandem zu entschuldigen, selbst wenn man meint, im Recht gewesen zu sein; den Briefträger zu grüßen und ihm ein herzliches Lächeln zu schenken – eben dafür zu sorgen, daß alle Menschen sich genauso gut fühlen, wie Sie es tun.

2. Kapitel
Wie man dem anderen Freude und Genuß bereitet

Mit das Aufregendste und Schönste und Befriedigendste an der Liebe ist das Gefühl, den Menschen, in den man verliebt ist, glücklich zu machen. Kaufen Sie einen Rolls-Royce und überreichen Sie Ihrer/Ihrem Liebsten die Zündschlüssel (ich würde glatt in Ohnmacht fallen!), schicken Sie eine witzige Karte oder ein Paar Socken (weil Sie gesehen haben, daß bei seinen schon die große Zehe durchspitzt) oder eine einzelne Blume. Das gehört zur Romantik der Liebe, und ein Leben ohne Romantik ist schlichtweg öde.

Es heißt, daß die Romantik ein großes Comeback erlebt, doch meiner Ansicht nach war sie überhaupt nie verschwunden. Es hat sie immer gegeben, diese romantischen Naturen, die es lieben, romantische Dinge zu tun; aber natürlich gibt es auch Menschen, die Romantik für Zeitverschwendung halten. Menschen werden immer Blumen schicken, langsame Tänze tanzen und eher in Liebes- als in Sexfilme gehen. Blues wird immer beliebt sein, und egal in welche Disco Sie gehen, Sie werden immer ein paar Leute sehen, die nach langsameren, romantischen Liedern fragen und sich dann engumschlungen auf der Tanzfläche wiegen. Kennen Sie etwas, was einen mehr anturnt? Händchenhalten, sich umarmen, sich berühren – Zeichen der Zuneigung gibt es überall, und sie werden uns immer begleiten, ganz egal, was momentan gerade Mode ist. Vielleicht haben Sie *Barbarella*, den futuristischen Roger-Vadim-Film mit Jane Fonda in der Hauptrolle gesehen, und wenn ja, dann erinnern Sie sich sicher an die »Sexyszene«, in der ein Mann (ich glaube, es war David Hemmings) sich an eine Maschine anschnallt, sie anschaltet und sich von der Maschine einen Orgasmus verpassen läßt. Wenn so die Zukunft aussieht, dann NEIN DANKE! Wenn ich jemanden glücklich machen will, dann heißt das ganz bestimmt nicht, daß ich ihn auf einen Stuhl setze, eine Maschine anschalte und zusehe, wie er (oder sie) Spaß hat. Zu wissen, daß ich dem Partner Vergnügen bereiten kann, ist nämlich nur die Hälfte der Freude, während die andere Hälfte darin besteht, dieses Vergnügen mit dem anderen zu teilen. Allein schon der Gedanke, daß der andere etwas für mich empfindet, turnt mich so an, daß ich es kaum erwarten kann, wunderbare Dinge mit ihm zu tun, die ihm Vergnügen bereiten und ihn glücklich machen.

Der Wissenschaftler und Therapeut Dr. Wardell B. Pomeroy hält Sex in Verbindung mit Liebe für wesentlich wichtiger als großartige sexuelle Techniken ohne Liebe; er sagt, daß Sex ursprünglich als Ausdruck romantischer Liebe galt, heute jedoch das Hauptgewicht auf Liebestechniken und Varianten gelegt wird, wodurch viele Leute den Eindruck gewinnen, dies reiche vollkommen aus, um sexuelle Erfüllung zu finden. Dr. Pomeroy sagt, Liebe sei keineswegs unwichtig, was sexuelle Freuden angehe, und er glaubt, daß der Gedanke, es käme allein auf die technische Seite an, ein neuer Mythos sei – natürlich sind sexuelle Techniken hilfreich, doch wird die Qualität des Liebesaktes in erster Linie von der Qualität der zwischenmenschlichen Beziehung bestimmt und nicht von »gymnastischen« Übungen. Dr. Pomeroy ist davon überzeugt, daß wir mehr Abwechslung in den Sex hineinbringen sollten, daß es aber auch ernste und feierliche und stille Momente geben muß – daß Sex im Grunde das ganze Spektrum abdecken kann: von selbstvergessener körperlicher Hingabe bis hin zu bedeutungsschwerem Gefühlsaustausch, und daß Sex für die einen eine tiefe Bindung bedeutet, während er für andere (möglicherweise sogar für dieselben Menschen, aber zu anderen Zeiten) eine angenehme Freizeitbeschäftigung darstellt.

Sex ist Realität – eine physische Tatsache –, Liebe jedoch ist Romantik, Fantasie, Träume; und Träume sind eine wichtige Antriebskraft im Leben. Eines meiner Lieblingsgedichte (leider weiß ich nicht, von wem es stammt), das ich schon als Kind auswendig konnte, lautet:

Bedenke, wenn die dunklen Tage kommen,
daß jeder Kompaß lügen kann und auch das Lot.
Dein Leben aber kannst du selbst bestimmen
durch deiner Träume Leben oder Tod.

Sex allein ist gut und schön. Sex ist etwas, das jeder hat und das jeder geben und bekommen kann. Jeder von uns hat einen Körper – einige sind klein, andere groß, manche sind dünn, andere dick. Wir haben Brüste und Geschlechtsorgane in allen möglichen Größen und Formen. Wir haben Lippen und Zungen und Hände und Finger, und folglich gehört auch gar nichts Besonderes dazu, mit jemandem zu schlafen. Aber Sex in Verbindung mit Liebe . . . das ist der wahre Traum.

Wie Mae West so treffend gesagt hat: »Sex ist großartig, aber Sex in Verbindung mit Liebe kann einen schier wahnsinnig machen!«

Ich möchte meinem Partner mehr geben. Ich möchte ihn dadurch glücklich machen, daß ich ihn liebe und für ihn sorge und ihm Zuwendung schenke und Geborgenheit vermittle. Ich möchte seine Fantasie beflügeln, so daß wir zusammen träumen können. Ich möchte, daß wir zusammen in Höhen aufsteigen, wie sie nur zwei Menschen gemeinsam erreichen können. Ich möchte, daß wir zusammen in Fantasiewelten vordringen, wie wir sie in unseren kühnsten Träumen nicht für möglich gehalten hätten. Ich möchte, daß wir einander um-werben – und all die Dinge miteinander tun, die uns glücklich machen und uns Vergnügen bereiten.

Das alles will ich durch meine Liebe erreichen. Ich möchte, daß mein Partner glaubt, daß er Dinge zustande bringen kann, die er niemals für möglich hielt. Ich möchte sein Ego aufbauen, so daß er sich für den größten und besten Menschen der Welt hält. Wenn ich das schaffe, dann wird keine Angst und kein Zweifel mehr zwischen uns stehen, dann werden wir alles gemeinsam erleben und alles mit-einander teilen können. Viele Menschen fürchten, daß ein Partner mit einem starken Ego sie nicht mehr brauchen würde, aber das stimmt nicht. Nur ein Mensch, der an sich selbst glaubt und sich selbst liebt, weil er gut und stark ist, nur ein solcher

Mensch kann einen anderen wirklich und aufrichtig lieben.

Und die Liebe muß gegenseitig sein. Sie müssen wirklich *für einander* dasein. Leider Gottes sind viele Liebesbeziehungen einseitig, und wenn das der Fall ist, dann sind sie von vornherein zum Scheitern verurteilt. Liebe ist ein immerwährendes Geben und Nehmen, ein beständig wachsendes Gefühl, und die Wärme und Zuneigung Ihres Partners läßt Ihre Liebe immer mehr erblühen. Und indem Ihre Liebe wächst, werden Ihre Wärme und Zuneigung die Liebe Ihres Partners wachsen lassen, und so weiter und so fort. Wenn Sie Wärme und Zuneigung anbieten und zurückgewiesen werden, können Sie natürlich so tun, als träfe es Sie nicht, und Sie können auch weiterhin mit Ihrem Partner zusammenbleiben und sich um ihn kümmern – aber das wahre Gefühl von Liebe, dieses wundervolle, herrliche Gefühl, daß das Leben wie eine Schale voll von saftigen, dunkelroten, süßen Herzkirschen sei, von denen Sie jede einzelne mit Genuß verzehren, dieses Gefühl wird für immer dahin sein (sofern es jemals vorhanden war), oder es wird niemals aufkommen. Es ist genauso wie die Beziehung zwischen einem Schauspieler und seinem Publikum: Wenn das Publikum die Darbietung oder das Stück toll findet und jede Menge Liebe und Applaus zur Bühne hinaufschickt, dann blüht der Schauspieler auf und gibt alles, was er geben kann, und noch zehn Prozent mehr. Wenn andererseits das Stück oder die Darbietung dem Publikum nicht gefällt und wenig oder kein Applaus gespendet wird, dann fühlt der Schauspieler die Kälte und verschließt sich und kann vielleicht noch zehn Prozent von seinem eigentlichen Können geben. Es ist alles eine Frage der Gegenseitigkeit. Wärme ruft Wärme hervor, und Kälte ruft Kälte hervor.

Selbst in einer großen Menschenmenge werden Sie spüren, wer Sie mag und wer nicht. Die Menschen, bei denen Sie das Gefühl haben, daß sie Sie mögen oder daß sie sich zu Ihnen hingezogen fühlen, werden dieselben sein, in deren Gesellschaft Sie sich wohl fühlen und die Sie näher kennenlernen möchten. Liebe wirkt anziehend – Angst wirkt abstoßend.

Nach Ansicht des Philosophen Milton Mayeroff wird sich der Mensch – wenn überhaupt – nur dann auf der Erde zu Hause fühlen können, wenn er selbst Liebe gibt und Liebe erfährt. Durch dominantes Verhalten, weitschweifige Erklärungen oder auch bloße Anerkennung wird es ihm dagegen nicht gelingen. In seinem Buch *On Caring* schreibt er:

Wenn ich einem anderen Menschen Zuwendung entgegenbringe, mache ich ihm damit Mut und gebe ihm die nötige Kraft, die er braucht, um er selbst sein zu können. Mein Vertrauen in ihn gibt ihm den Mut, sich selbst zu vertrauen, und das Gefühl, das ihm entgegengebrachte Vertrauen auch wert zu sein. Es dürfte kaum etwas geben, was einem Menschen mehr Mut macht, als festzustellen, daß er Bewunderung wecken und spontane Freude oder Vergnügen bereiten kann. Meine Bewunderung gibt ihm die Sicherheit, daß er nicht allein ist und daß ich wirklich für ihn da bin ... Ein Mensch, der nicht von irgend jemand oder etwas gebraucht wird, gehört nirgendwohin und lebt wie ein welkes Blatt, das der Wind umhertreibt. Ich habe das Bedürfnis, gebraucht zu werden, und die Tatsache, daß andere mich brauchen, geht Hand in Hand damit, daß ich sie brauche.

Weiter schreibt er:

Bei einer echten Freundschaft ist das Gefühl der Zuwendung gegenseitig, und jeder kümmert sich um den anderen; die Zuwendung wirkt ansteckend. Indem ich mich um den anderen kümmere, fördere ich seine Sorge um mich; und seine Sorge um mich fördert in gleicher Weise meine Sorge um ihn, sie ›gibt mir die Kraft‹, mich um ihn zu kümmern.

Sie können also keine größere Freude bereiten als Ihrem Ehepartner oder Lebensgefährten/in oder Freund/in das Gefühl zu vermitteln, er oder sie werde von ihnen geliebt und geschätzt. Denn wenn ein Mensch weiß, daß er von jemandem geschätzt wird, den er selbst schätzt, hebt das sein Selbstwertgefühl ganz immens, und der oder die Betreffende wird anfangen, sich selbst zu lieben und sich emotional zu öffnen und Ihnen Liebe und Wertschätzung zurückzugeben.

Dr. Frederick Humphrey, früherer Präsident des Verbandes Amerikanischer Eheberater und Familientherapeuten, betont, wie wichtig es für jede Beziehung ist, die Romantik lebendig zu erhalten, und daß Sie, sofern Sie verheiratet sind, Ihr Ehegespons genauso behandeln sollten, als sei er oder sie Ihr(e) Geliebte(r), und in Ihre Ehe genausoviel Energie und Fantasie einfließen lassen, wie Sie es täten, wenn Sie eine außereheliche Beziehung hätten. Dagegen dürfte wohl niemand etwas einzuwenden haben. Wer will schon als selbstverständlich hingenommen werden? Ich jedenfalls nicht. Ich möchte, daß mein Ehemann oder Freund mich für jemand ganz Besonderen hält. Schließlich wollen wir das doch alle, nicht wahr, jemand ganz Besonderer sein – egal ob in der Arbeit oder beim Sport oder in unserer privaten Beziehung. Oder finden Sie das Gefühl erstrebenswert, daß kein Mensch auf Gottes weiter Welt sich um Sie schert und daß niemand Sie vermissen würde?

Frances Wilshire hat ein wunderbares Büchlein geschrieben. Es heißt *You*, und sie spricht darin die drei Lebensgesetze an – das Gesetz der Anziehung, das Gesetz der Freiheit und das Gesetz des Gleichgewichts:

›Erstens. Das Gesetz der Anziehung:
Wenn Sie irgend etwas für sich selbst oder andere anziehend (also attraktiv) gestalten wollen, machen Sie es so romantisch, so interessant, so schön und so fesselnd, daß schon allein seine Attraktivität Anziehungskraft genug ist. Auf diese Art und Weise sprechen Sie die Emotionalität an oder wecken Gefühle. Jedesmal, wenn es Ihnen gelingt, Gefühle zu wecken, hinterlassen Sie einen Eindruck, den man nicht so rasch wieder vergißt. An intellektuelle Konzepte, die Sie vorlegen, erinnern sich die wenigsten Menschen, wenn Sie jedoch ein Gefühl wachrufen, und

mag es noch so leise sein, werden Sie bewußt oder unbewußt Eindruck machen. Und letztlich zählt ja das, was man über Sie denkt, nachdem Sie den Raum verlassen haben.

Zweitens. Das Gesetz der Freiheit:

Allein der Einsatz dieses Gesetzes wird dafür sorgen, daß Sie die Anziehungskraft eines Magneten besitzen werden. Wenn ein Mensch durch das Gesetz der Anziehung gewonnen wurde, ist er freiwillig in Ihr Leben getreten; und dieselbe Anziehungskraft wird ihn dort auch halten. Das vermittelt ihm ein Gefühl der Freiheit. Freiheit ist Leben. Jedes Lebewesen hat einen inneren Drang nach Freiheit. Was Sie freiwillig aufgeben, gewinnen Sie! Indem Sie irgend etwas seine Freiheit schenken, gewinnen Sie es! Wenn Sie eingeschränkten oder unterdrückten Gedanken oder Gefühlen freien Lauf lassen, werden diese ihre Macht und ihren Einfluß verlieren, und Sie werden ein Gefühl der Freiheit erleben, wie Sie es nie zuvor gekannt haben.

Drittens. Das Gesetz des Gleichgewichts:

Ihr Gleichgewicht stützt sich auf etwas, das wir das Gesetz des geistigen Equilibrium nennen, was zur einen Hälfte Sie, zur anderen die Welt meint. Die erste Hälfte, die Ihnen zugeteilt wird, ist so wichtig, daß die zweite Hälfte ohne sie keine Daseinsberechtigung besitzt. Zuerst müssen Sie Ihre ganze Aufmerksamkeit darauf richten, sich selbst zu entwickeln, Ihr Wissen zu erweitern. Zuerst müssen Sie Ihre Zeit, Ihre Mühe und Ihr Geld für sich selbst aufwenden. Denn Sie müssen Kraft, Vitalität, Weisheit oder Geld besitzen, um geben zu können und damit die zweite Hälfte zu erfüllen, die, in anderen Worten gesagt, aus Geben besteht. Sie können nur dann geben, wenn Sie etwas haben, was Sie geben können.‹

Bevor Sie also einem anderen Freude bereiten können, müssen Sie sich selbst Freude bereiten. Angenommen, Sie bringen Ihren Körper mit Hilfe des *Dynamite Energy Shakes* und der Vitamine in Hochform und machen jeden Tag Ihre Übungen, und Sie haben einen Job, in dem Sie wirklich aufgehen, oder Sie haben vor, einen Eignungstest zu machen, damit Sie eine Arbeit finden *werden*, die Sie erfüllt, dann ist JETZT der richtige Moment, um darüber nachzudenken, wie Sie anderen Freude bereiten können. Falls Sie aber im Augenblick noch nicht soweit sind, sollten Sie nichts übereilen. Warten Sie, bis Sie sich selbst gut und selbstsicher fühlen – dann können Sie auch anfangen, sich anderen gegenüber gut zu fühlen.

Es macht Spaß, andere mit kleinen Aufmerksamkeiten zu überraschen, weil sich die Menschen darüber meistens so freuen, daß Sie sich im Gegenzug einfach super fühlen. Wenn Sie zum Beispiel einen Raum durch eine Schwingtür betreten oder verlassen, dann werfen Sie doch einfach einen kurzen Blick hinter sich, um zu sehen, ob jemand hinter Ihnen kommt, und wenn ja, halten Sie ihm die Tür auf. Sie werden sich wundern, wieviel Freude Sie damit machen. Und das Gefühl, jemand anderem eine Freude bereitet zu haben, führt unweigerlich dazu, daß auch Sie sich gut fühlen. Sie können sogar eine Art Spiel daraus machen (und wir alle könnten weiß

Gott etwas mehr Spaß am Leben gebrauchen, stimmt doch, oder?). Denken Sie sich verschiedene Wege aus, mehr Freude in die Welt zu bringen. Ich erinnere mich noch genau daran, wie ich vor ein paar Jahren in der Nähe meiner Wohnung die Third Avenue hinunterging und sah, wie eine Politesse auf ein Auto zusteuerte, das an einer abgelaufenen Parkuhr stand. Also ging ich hin und steckte eine Münze in die Parkuhr, und die Politesse ging weiter; sie nahm wohl an, es sei mein Auto. Ich war schon ein ganzes Stück weiter, als ich hörte, daß ein Mann mir nachrief: »Miß, Miß!« Also blieb ich stehen. Es war der Besitzer des Autos. Er war in einem Geschäft einkaufen gewesen und hatte gesehen, daß ich die Münze in die Parkuhr geworfen hatte und daß die Politesse weitergegangen war. Nun ist es so, daß ich das Ganze wirklich nur zu meinem eigenen Vergnügen getan hatte, weil es mir einfach Freude machte, jemand davor zu bewahren, einen Strafzettel zu bekommen, aber weil er mich zufällig beobachtet hatte und hinter mir hergerannt war, habe ich einen neuen Freund gewonnen. Er fragte mich, warum ich es getan hätte, und ich sagte: zum Spaß (was er mir zuerst nicht glauben wollte), und dann sagte ich ihm, wenn er mir nicht glaube, daß es Spaß mache, solle er es selber einmal ausprobieren, wenn er das nächstemal ein Auto an einer abgelaufenen Parkuhr sehe. Es ist nämlich wirklich ein tolles Gefühl, etwas Gutes zu tun. Wenn Sie einmal einen älteren Menschen treffen, sollten Sie versuchen, ihm oder ihr die Tür aufzuhalten, und Sie werden nicht glauben, wieviel Dankbarkeit Sie dafür ernten werden. Wobei Sie sich selbst unheimlich toll fühlen.

Ich habe versucht herauszufinden, warum das so ein tolles Gefühl ist, und ich bin auch tatsächlich auf eine Antwort gekommen: Wenn ich etwas Nettes tue (wie beispielsweise jemandem die Tür aufzuhalten) und der Betreffende ist wirklich überrascht und erfreut und dankbar, dann wird auch er auf die Liebe und das Gute in dieser Welt aufmerksam und fängt vielleicht an zu glauben, daß die Menschen überhaupt nett und gut und freundlich sind, und das wird ihn glücklich machen, und dann wird auch er anfangen, anderen Menschen Gutes zu tun, und einer von diesen anderen bin ich. Ich tue deshalb so gerne etwas Nettes, weil ich weiß, daß wir das, was wir geben, letztlich wieder zurückbekommen.

Glauben Sie jetzt aber bitte nicht, daß ich *immer* fröhlich und gut gelaunt durch die Welt marschiere und zu allen Leuten nett bin. Auch ich habe so meine Zeiten, in denen mir absolut nicht danach ist, jemandem die Tür aufzuhalten oder einer alten Dame ihre schwere Tasche zu schleppen. Manchmal bin ich wegen irgend etwas frustriert oder mache mir über etwas Sorgen, aber ich habe mich so daran gewöhnt, alle negativen Gedanken aus meinen Kopf zu verbannen, daß es mich kaum mehr Mühe kostet, so etwas einfach wegzuschieben und dafür an etwas Positives, etwas Schönes und Erfreuliches zu denken. Und selbstverständlich ist mein Körper wirklich in *Top-Form*, weil nicht ein Tag vergeht, an dem ich nicht meinen Energietrank trinke und meine Vitamine nehme (die dafür sorgen, daß mein Körper sich super fühlt und topfit ist), und außerdem mache ich auch täglich (auch dann, wenn ich keine Lust dazu habe und mir überhaupt nicht danach ist) alle meine Übungen (das kostet mich nicht mehr als zehn Minuten).

Aber ich bereite den Menschen nicht nur deshalb gerne eine Freude, weil es gut oder nett ist. Ich tue diese Dinge, weil sie ehrlich Spaß machen und weil sie mir dazu verhelfen, mich selber gut zu fühlen. Schon allein das Ausdenken neuer und origineller Ideen, wie man anderen Freude bereiten kann, wird Ihnen selber Freude machen und dazu führen, daß Sie sich selber super fühlen. Wenn Sie sehen, daß jemand einem anderen etwas Gutes tut, dann sieht das vielleicht so aus, als handle der »Tuer« selbstlos, und Sie könnten auf den Gedanken kommen, er versuche, ein Heiliger und ooohhh so gut zu sein, aber das muß gar nicht unbedingt der Fall sein. Ich denke, daß es allen Menschen, die öfters Gutes tun, wirklich *Vergnügen* macht, nett zu sein – sie werden dadurch glücklich, daß sie andere glücklich machen. Es ist eine besondere Art der Selbstbefriedigung, und wenn Sie mir nicht glauben, dann probieren Sie es doch mal selber aus.

Nun ist es natürlich so, daß ein physisch kranker Mensch nicht viel für andere tun kann, weil er vielleicht Schmerzen hat oder zu schwach ist, sich zu bewegen. Körperliche Krankheiten machen uns zu echten Egoisten – sie zwingen einen dazu, ausschließlich an sich selbst zu denken. Überlegen Sie doch nur mal, wie es war, als Sie das letztemal krank waren und Schmerzen hatten. Sie konnten an nichts anderes denken als an Ihre Schmerzen und wie Sie sie am schnellsten wieder loswerden würden. Es liegt in der Natur physischer Krankheiten, daß sie uns introvertiert machen und dazu führen, daß wir nur noch an uns selber denken. Nun, genau dasselbe passiert, wenn wir emotional krank oder traurig oder von Problemen überhäuft sind, mit denen wir einfach nicht mehr fertig zu werden glauben. Emotionale Probleme machen uns ganz genauso egoistisch wie körperliche Beschwerden. Und eben das ist auch der Grund, warum die meisten Menschen sich oft nicht um andere kümmern – sie stecken bis zum Halse so in ihren eigenen Problemen, daß sie beim besten Willen nicht noch an andere denken können. Daraus folgt: Um anderen helfen zu können, müssen wir zuallererst uns selbst helfen.

Wenn Sie körperliche Beschwerden haben, sollten Sie unbedingt einen Arzt aufsuchen, um festzustellen, ob Sie ernstlich krank sind oder nicht. Und dann sollten Sie sich daranmachen, den Teil Ihres Lebens zu ändern, der Ihnen Probleme verschafft und Sie ganz offensichtlich krank macht. Lassen Sie alles ungesunde Essen weg, und steigen Sie statt dessen um auf den Energietrank und die Vitamine, und sobald Sie anfangen, sich supergut zu fühlen, sollten Sie auch mit ein paar einfachen Übungen beginnen, damit Ihr Kreislauf in Schwung kommt. Und je besser es Ihnen geht, desto mehr werden Sie von sich aus tun wollen. Und sobald Sie sich dann fantastisch und viel, viel tatkräftiger fühlen, werden Sie merken, daß Sie auch viel weniger verspannt sind und daß Ihre Depressionen verschwinden und daß Sie sich eigentlich kaum noch jemals ›down‹ fühlen, sondern fast immer obenauf sind. Das heißt aber nicht, daß Sie nicht noch eine Menge emotionaler Probleme haben können, und wenn das der Fall ist, dann sollten Sie versuchen, mit einem guten Freund

/ einer guten Freundin darüber zu sprechen, oder jemandem, den Sie nicht kennen, einem Psychologen zum Beispiel oder einem Eheberater oder einem Psychoanalytiker, davon zu erzählen.

Wir alle brauchen Hilfe, und der erste und wichtigste und größte Schritt besteht darin, daß wir erkennen, daß es jemanden geben wird, der uns helfen könnte. Je kranker ein Mensch emotional ist, desto geringer ist die Chance, daß er oder sie in der Lage und Verfassung ist, das Problem von sich aus zu analysieren. Das liegt in erster Linie daran, daß das Problem zu tief sitzt und zu schwerwiegend ist und daß der Betroffene selber panische Angst davor hat, die bösen und häßlichen Dinge herauszulassen, die seiner Meinung nach in seinem Inneren stecken. Ich weiß, daß ich es als Kind niemals wahrhaben wollte, wenn irgend etwas nicht stimmte – und zwar nur deshalb, weil so furchtbar viel nicht stimmte. Schließlich aber war ich dann doch so weit, daß ich erkannte, daß ich unbedingt Hilfe brauchte, weil sonst die ganzen bösen und häßlichen Dinge mein Leben beeinflussen (und es ruinieren!) würden. Es fiel mir unheimlich schwer zuzugeben, daß ich möglicherweise Hilfe brauchte, aber ich tat es trotzdem, und allein schon die Tatsache, daß ich mit einem Außenstehenden darüber sprach (der kein Urteil über mich fällte, sondern im wesentlichen nur zuhörte), hat mir viel geholfen. Meiner Meinung nach ist alles gut, was uns helfen kann, das bewußt zu machen, was in unserem Inneren vorgeht und was dazu beiträgt, daß wir mehr über uns selbst erfahren.

Aber zurück zum Freude *geben*. Sobald Sie Ihr eigenes Leben psychisch und physisch auf die Reihe gebracht haben, werden Sie von sich aus das Bedürfnis entwickeln, anderen zu helfen. Warren Avis (der Gründer der gleichnamigen Autoverleihfirma) hat zwei Bücher (*Shared Participation* und *The Art of Sharing*) veröffentlicht und ein drittes (*The Avis Axiom*)* geschrieben, das demnächst erscheinen wird. Er sagt:

In meiner Jugend hat man mir beigebracht, daß wahre Liebe selbstlos sei, daß sie viel zu rein sei, als daß ich damit etwas hätte anfangen können. Als meine Kinder dann etwas erreichten, worauf ich sehr stolz war und was ich ausschließlich für ihr eigenes Verdienst hielt, glaubte ich, die Grenzen meiner Möglichkeiten erreicht zu haben. Ich fing an, mich gut zu fühlen und stolz auf sie zu sein, und gleichzeitig kam ich mir sehr egoistisch vor, weil man mir beigebracht hatte, daß ich keine Genugtuung empfinden dürfe. Das wiederum hält einen davon ab, etwas anzustreben, was einem Genugtuung verschaffen könnte, weil eben das eine Sünde sei. Man glaubt, weniger gut zu sein als die eigenen Eltern. Sobald man aber verstanden hat, daß Erfüllung und Genugtuung ein Teil der Liebe und deshalb durchaus normal und notwendig sind (was im Gegensatz zu einigen religiösen Lehren steht, denen zufolge wahre Liebe selbstlos ist), dann wird es einem leichtfallen, sich darauf zu konzentrieren, Gutes zu tun (das heißt: sich um andere zu kümmern) und stolz und glücklich darüber zu sein, etwas in dieser Rich-

* In Deutsch liegt lediglich vor »Der Weg nach oben«.

tung unternehmen zu können. Der Mensch ist ein Herdentier und steht deshalb immer in Verbindung mit anderen Menschen. Sich mit seinen Mitmenschen auszutauschen, eine Beziehung zu ihnen aufzubauen, ist also ein ebenso notwendiges wie natürliches und gutes Bedürfnis.

Was ist das größte Geschenk, das wir einander machen können? Ralph Waldo Emerson hat gesagt: »Das einzige wahre Geschenk ist ein Teil unseres Selbst.« Warren sagt, Liebe sei »Zuwendung plus Erfüllung«, aber ich glaube, daß jeder, der Liebe gibt, automatisch Erfüllung findet, und daß jeder, der in der Lage ist, sich selbst zu vertrauen und ein Stück von sich selbst hinzugeben, dem Himmel ein ganzes Stück nähergerückt ist.

Aber Liebe zu geben ist nur die eine Hälfte vom Kuchen. Wir müssen auch fähig sein, Liebe anzunehmen. Clark Blackburn, Mitautor des Buches *How to Stay Married*, Vorstand der Family Service Association und auch selbst Eheberater, sagt, es komme häufig vor, daß die beiden Ehepartner unterschiedliche Vorstellungen davon hätten, in welcher Form Liebe zum Ausdruck kommen sollte, und daß darin vielfach auch der Grund für das Scheitern einer intimen Beziehung zu sehen sei. Wenn ein Ehemann das Gefühl hat, seine Liebe dadurch zu zeigen, daß er den ganzen Tag hart arbeitet und abends heimkommt, und sich schon geliebt fühlt, wenn seine Frau dann das Abendessen fertig hat – seine Frau aber diese Dinge als Pflichtübungen einstuft und nicht als Liebesdienst ansieht und sie deshalb andere Beweise der Zuneigung, wie zum Beispiel

Küsse oder kleine Geschenke oder ein ›Ich liebe dich‹ braucht, werden die beiden nur dann miteinander glücklich werden können, wenn sie einen Weg finden, ihre jeweiligen Wünsche zum Ausdruck zu bringen. Manchmal nehmen wir irrtümlicherweise an, daß ein Mensch, der uns aufrichtig liebt, ahnen kann, was uns glücklich macht, aber das kommt nur in seltenen Ausnahmefällen vor. Deshalb müssen wir lernen, unserem Partner mitzuteilen, was uns erfreut (und was wir nicht mögen) – oder aber wir werden für immer dasitzen und zunehmend frustriert auf unseren Traummann oder unsere Traumfrau warten, die uns unsere Wünsche von den Augen ablesen können und von selbst wissen, was uns glücklich macht. Aber so spielt das Leben nun mal nicht. Wir müssen miteinander reden und einander zuhören, erst dann – und nur dann – kann die Vertrautheit wachsen.

Wenn Sie merken, daß Ihr Partner sich Mühe gibt, Ihnen seine Liebe so zu zeigen, wie Sie es wollen, müssen Sie stets positiv darauf reagieren, auch wenn Ihnen in dem Moment vielleicht gar nicht danach ist. Liebe anzunehmen ist ganz genauso wichtig wie Liebe zu geben. Die Augenblicke, die Sie gemeinsam auf einer emotionalen Ebene zubringen, werden Ihnen ein Gefühl der Nähe und Sicherheit und Geborgenheit vermitteln, und Liebesbeziehungen basieren nun einmal auf dem Gefühl gegenseitiger Sicherheit. Sobald Sie diese Sicherheit fühlen, werden Sie sich selbst mehr öffnen und mehr von sich selbst geben können.

Der Psychiater Dr. Pierre Mornell, Autor von *The Lovebook* (nicht in Deutsch), sagt, daß die Liebe einem komplizierten Puzzlespiel gleiche und daß fast allen Menschen immer irgendein Teil zum vollständigen Glück fehle. Wir müssen unsere Hoffnungen und Träume mit unserem Partner teilen. ›Ältere‹ Paare vergessen nämlich sehr häufig, wie aufregend es früher war, als sie miteinander sprachen und die gemeinsame Zukunft planten; solche gemeinsamen Träume werden neue Kraft und Fantasie in Ihre Liebe bringen. Wir müssen zusammen träumen und unsere Hoffnungen und Fantasien miteinander teilen (und das geht nicht, ohne sich einander mitzuteilen!). Ihr Liebesleben muß keineswegs zur Gewohnheit oder gar langweilig werden; Sie brauchen nichts weiter zu tun als das, was Ihnen gerade abgeht, durch etwas zu ersetzen, was Sie beide aufregend, anregend und erregend finden.

Dazu, daß ein großer Teil der Freude geistiger Art ist, sagt Dale Carnegie:

> Wenn wir uns mit Menschen befassen, müssen wir uns immer bewußt sein, daß wir es nicht mit logisch denkenden Wesen zu tun haben. Wir haben vielmehr mit gefühlsmäßig handelnden Individuen zu tun, mit Wesen, die voller Vorurteile stecken und deren Hauptbeweggründe Stolz und Eitelkeit sind.

Ich habe Warren Avis gefragt, wie er anderen Freude bereite, und er sagte, er bringe Geschenke mit, erzähle lustige Geschichten, mache Komplimente, ziehe sich gut an und achte auf sich – all das mache anderen Freude.

Eine der größten Freuden im Leben und etwas,

das mir persönlich das allergrößte Vergnügen bereitet, ist jene besondere emotionale Intimität zwischen zwei Menschen, die sich lieben und gerade miteinander geschlafen haben – das gemeinsame Gespräch über Gott und die Welt im allgemeinen oder über irgend etwas Bestimmtes; und das kann von allem möglichen bis hin zur Diskussion um die Frage reichen: »Wie war die Beziehung zwischen Freud und seiner Frau deiner Ansicht nach *wirklich*?«

Wenn das Gefühl der Liebe zwischen Ihnen beiden hin und her schwingt, ist die Kommunikation offener, das Gespräch freier, entspannter – und macht besonders viel Spaß. Selbst das schwerste und schwierigste Thema läßt sich amüsant und entspannt diskutieren, wenn Ihre Beine miteinander verschlungen sind und Sie aneinandergekuschelt daliegen.

Und weil wir gerade dabei sind: Wie steht es bei Ihnen überhaupt mit Händchenhalten und einander Umarmen und sich Anfassen? Ich bin ein echter Fan von Körperkontakt aller Art. Ich mag das Gefühl, Haut auf Haut zu spüren (natürlich kommt es darauf an, wessen Haut!), und mir tun die Leute leid, die nie jemanden berühren. Es ist eine Art Energie- oder Spannungsaustausch, was die Strömungen zwischen zwei Menschen angeht.

Tiere lieben es, angefaßt und gestreichelt zu werden. Seymour, mein Hund, geht mir manchmal direkt auf die Nerven, wenn er meint, jetzt sei Zeit zum Schmusen. Wenn ich lese, kommt er oft an und drückt seine Schnauze unter meine Hand, bis sein ganzer Kopf darunter liegt, und dann streichle ich ihn eine Sekunde und nehme die Hand wieder weg.

Er kommt dann aber wieder und immer wieder, und zwar so lange, bis ich endlich nachgebe. Sein Rekord liegt momentan bei gut zwanzig Minuten (ich sollte besser sagen: *mein* Rekord, weil er es wahrscheinlich stundenlang aushalten könnte). Wenn also Seymour und alle seine Brüder und Schwestern unheimlich gerne schmusen, dann habe ich doch wohl auch ein Anrecht darauf, oder?

Ich hatte das obige schon geschrieben, als ich in der *Vogue* einen Artikel von Barbara Lang Stern entdeckte, der die Überschrift trägt: ›Sie brauchen Körperkontakt mit anderen: Nur so befriedigen Sie den ‚Haut-Hunger'‹. Darin sagt sie:

> Wie gefällt Ihnen das Gefühl, umarmt oder festgehalten zu werden? Gibt es Zeiten, in denen Sie gerne mehr berührt oder gestreichelt oder festgehalten würden, als es tatsächlich der Fall ist? Wenn ja, dann haben auch Sie ein Bedürfnis, das in unserer heutigen Gesellschaft nur allzu häufig ignoriert wird. Man hat diesem Gefühl, physischen Kontakt und Zuwendung zu vermissen, sogar einen eigenen Namen gegeben: ›Haut-Hunger.‹

Barbara Stern sagt auch, daß Babys, die zuwenig Körperkontakt und Zuwendung bekommen, teilweise *nicht überleben* – selbst dann nicht, wenn alle anderen physischen Bedürfnisse erfüllt werden. Sie zitierte aus dem Artikel ›Die Berührung des Körpers‹ von Arthur Burton und Louis Heller:

Disziplinlosigkeit bei Kindern ist häufig das verlagerte Bedürfnis nach Zuwendung. Diese Tatsache ist allseits bekannt. Weit weniger bekannt ist die Tatsache, daß ein Kind selbst dann berührt werden will, wenn dies mit schwerer körperlicher Züchtigung verbunden ist.

Barbara Stein weist darauf hin, daß die Haut nicht nur unser größtes Organ ist, sondern auch unser ältestes, daß sie unser erstes Kommunikationsmittel war und daß der Tastsinn deshalb unser fundamentalster und entscheidendster Sinn sei.

Gut zu wissen, daß Sie Körperkontakt ganz genauso brauchen wie ich. Jedesmal, wenn ich jemanden berühre, weiß ich, daß ich ihm damit genausoviel Freude bereite wie mir selbst.

Dem anderen, dem Du Freude bereiten, ist eines der Dinge, die das Leben angenehm und wunderbar und aufregend machen. Sich etwas Schönes auszudenken macht Spaß, und es auszuführen ist aufregend, weil es so viel Freude macht zu sehen, daß der andere dadurch Freude erhält.

Tatsache ist nämlich: Indem ich dem Du Freude bereite, bereite ich mir selbst Freude!

3. Kapitel
Du-Vertrauen

Was heißt eigentlich Du-Vertrauen? Wenn jemand fragt, ob ich meinem Lebensgefährten oder Ehegatten vertraue und treu bin, dann heißt das nichts anderes als: Traust du ihm oder ihr? Hast du ihn oder sie betrogen?

Wenn ich das Wort Du-Vertrauen benutze, meine ich damit aber noch viel mehr. Ich meine damit: Glauben Sie an Ihren Lebensgefährten oder Ehegatten? Vertrauen Sie ihm oder ihr? Sind Sie überzeugt, daß er oder sie ein Mensch ist, mit dem Sie alles besprechen und demgegenüber Sie offen und verletzlich sein können? Glauben Sie, daß er oder sie Ihnen nie willentlich und wissentlich weh tun wird und daß er oder sie Sie niemals ausnutzen wird?

Vor einiger Zeit lief eine super Werbekampagne des Diamantenhändlers De Beers Consolidated Mines Ltd. Eine Anzeige fiel mir ganz besonders auf. Der Text lautete:

Mit diesem Diamanten geloben wir ewige Freundschaft.
Stets offen und ehrlich zueinander zu sein. Und immer alles offen auszusprechen, damit wir miteinander darüber reden können.
Niemals aufzuhören, auf die Bedürfnisse des anderen einzugehen.
Und auch nach der Hochzeit immer füreinander

dazusein. Manchmal miteinander zu albern. Manchmal einfach nur zuhören.

Das ist der Teil der Liebe, den wir nie verlieren dürfen. Und dieser Diamant ist das Versprechen, daß wir immer daran denken werden.

Wenn ich dir vertraue, an dich glaube, dann bist du mein Freund, und ich werde dir nie wissentlich weh tun und weiß, daß auch du mir nie wissentlich weh tun wirst. Manchmal tarnt sich sexuelle Anziehungskraft als Freundschaft, aber ein Freund wird niemals vergessen anzurufen und irgendwelche dummen »Was-sich-liebt-das-neckt-sich-Spielchen« zu machen. Ein Freund ist jemand, der wirklich nur das beste für mich will und der mich auf meinen ›Wert‹ aufmerksam macht.

Das erste, was ich in einer Beziehung will, ist also ein Freund, jemand, der ernsthaft auf mich und meine Gefühle eingeht und sich um mich kümmert – denn sich kümmern ist Liebe. Klar, natürlich kannst du mir stundenlang und immer wieder erzählen, wie sehr du mich liebst, aber wenn wir uns ein paar Tage nicht gesehen haben und du es nicht einmal für nötig befindest, kurz anzurufen und zu fragen, wie es mir geht, dann ist das keine Liebe.

In seinem Buch *On Caring* (nicht in Deutsch) schreibt Milton Mayeroff:

Um mich um jemanden kümmern zu können, muß ich eine Menge Dinge *wissen*. Ich muß zum Beispiel wissen, wer der andere ist, wo seine Stärken und seine Schwächen liegen, welche Bedürfnisse er hat und was er braucht, um wachsen zu können. Ich muß wissen, wie ich auf seine Bedürfnisse eingehen kann und wo meine eigenen Stärken und Schwächen liegen.

An jemanden zu glauben, sich um ihn zu kümmern und für ihn zu sorgen ist nichts, was einfach ganz automatisch passiert. Es ist etwas, woran ich arbeiten muß, etwas, was ich erschaffe. Sich kümmern ist etwas sehr Kreatives, genauso kreativ wie ein Bild zu malen oder ein Gedicht zu schreiben – und es macht auch eine Menge Spaß. Ich finde, daß *alles* im Leben Spaß machen sollte, und wenn irgend etwas so aussieht, als könne es keinen Spaß machen, dann müssen Sie bloß ein bißchen Kreativität hineinstecken, und schon *wird* es Spaß machen – genauso wie Sie Ihre Fantasie dazu verwenden würden, Ideen und Worte zu einem Roman zusammenzusetzen oder Ideen und Baupläne zu einem Haus zu verbinden, genauso können Sie aus Ideen und Zuwendung eine liebevolle partnerschaftliche Beziehung aufbauen.

Jerry Stiller und Anne Meara sind nicht nur das (meiner Meinung nach) witzigste Comedy-Team von ganz Amerika, sie sind auch ein unheimlich aufmerksames und liebevolles Ehepaar. Und sie sind nicht nur zueinander liebevoll, sondern auch zu allen anderen Menschen. Jerry liebt Anne, Anne liebt Jerry, und beide lieben alle Menschen. Aber sie arbeiten auch wirklich an ihrer Ehe, und vor einigen Jahren haben sie sogar aufgehört gemeinsam aufzutreten, weil sie das Gefühl hatten, ihre private Beziehung würde darunter leiden und womöglich daran kaputtgehen. Der Druck, in Nachtclubs aufzutreten und pausenlos gutgelaunt und fröhlich zu sein, und die Tatsache, daß sie so wenig von ihren beiden Kindern sahen, war schlecht für die ganze Familie. Also hat Anne zu Hause viel fürs Fernsehen gearbeitet, vor allem für Serien wie *Rhoda* und *Kate McShane*, und Jerry hat die Hauptrolle in dem Broadwaystück *The Ritz* und in *Joe and Sons* im Fernsehen gespielt. Ihre Radiowerbung für die Weinfirma Blue Nun ist ein echter Klassiker geworden (im Radio konnten sie weiter als Team zusammenarbeiten, weil das leicht ist und schnell geht und man dafür nicht reisen muß). Besonders gelungen finde ich den Werbespot, in dem Jerry sie fragt, welchen Wein sie am liebsten trinken würde, und Anne sagt, das wisse sie nicht, und deshalb erkundigt sich Jerry, was sie von ›a little Blue Nun‹ hielte, und daraufhin sagt Anne in ihrem bezauberndsten Brooklyn-Akzent: »Wissen Sie, ich möchte kein Wunder, ich möchte bloß etwas Wein.«

Für Jerry und Anne gibt es nichts Wichtigeres als ihre Ehe, und um sie zu schützen, würden die beiden so ungefähr alles tun, und das ist das Geheimnis ihres Erfolges – weil sie beide daran arbeiten (dabei aber viel Spaß haben!). Anne spielt übrigens in meinem neuen Film ›PK‹ mit, und sie ist großartig!

Es gibt ein wundervolles Buch von Marcia Lasswell und Norman M. Lobsenz, *No-Fault Marriage*, und darin geht es unter anderem um Intimität:

›Ein Mann und eine Frau können sich körperlich nahe sein und dabei emotional völlig fremd bleiben. Sich vor dem anderen zu verschließen, seine Gedanken und Gefühle für sich zu behalten, heißt jedoch, dem Partner das schönste Geschenk vorzuenthalten, das man überhaupt zu geben vermag – die wahrste Form von Intimität.

Vier von fünf Paaren, die einen Eheberater aufsuchen, klagen über sexuelle Schwierigkeiten. Natürlich sind zum Teil auch andere Gründe daran schuld, doch resultiert ein überraschend hoher Prozentsatz dieser sexuellen Probleme aus der direkten Furcht vor Intimität. Diese Paare haben am Anfang ihrer Ehe vielleicht noch Spaß am Sex. Sobald sie aber merken, daß zu einer guten Ehe noch viel mehr Innigkeit und emotionale Verpflichtungen gehören, kann es vorkommen, daß sie sich vom Sex zurückziehen.

Sexuelle ‚Distanzierung' tritt häufig in Verbindung mit einer generellen Gefühlsentfremdung innerhalb der Ehe auf. Ein Symptom dafür kann Untreue sein – die in den meisten Fällen weniger Suche nach sexueller Abwechslung als vielmehr nach emotionaler Intimität ist. Ein Paar, das sich darüber im klaren ist, kann etwas dagegen unternehmen, und die Chancen, den Treuebruch nicht nur zu überstehen, sondern dadurch sogar noch enger zusammenzuwachsen, stehen nicht schlecht.

Intimität bringt unweigerlich Verletzbarkeit mit sich. Was, wenn wir verletzt werden? Was, wenn wir zurückgewiesen werden?

Das Meiden von Intimität ist kein Garant dafür, daß man nicht trotzdem verletzt wird – von irgend jemand, irgendwie. Langfristig gesehen ist gegenseitige Offenheit also nicht nur weniger riskant, sondern sogar unendlich viel lohnender.‹

Intimität ist jenes herrliche Gefühl, Geheimnisse miteinander zu teilen, und wenn auch vielleicht nicht alle (denn es bleibt immer ein winziger Teil unseres Selbst zurück, den wir für uns alleine reservieren), so doch die allermeisten. Sollte ein Freund nicht alles über uns wissen? Und uns trotzdem lieben? Wenn wir Angst davor haben, einem Freund unsere sogenannten ›Schwächen‹ zu offenbaren, dann vertrauen wir diesem Freund nicht, und ohne Vertrauen kann es keine wahre Freundschaft oder Nähe geben.

Dazu nochmals Milton Mayeroff:

> Wenn ein anderer Mensch durch meine Zuwendung wachsen soll, muß er mir vertrauen, denn nur dann wird er sich mir öffnen und zulassen, daß ich zu ihm durchdringe. Vertraut er mir dagegen nicht, wird er abweisend sein und sich meiner Hilfe verschließen ...
> Dem anderen zu vertrauen, heißt sich zu offenbaren; dazu gehört die Bereitschaft, ein gewisses Risiko einzugehen und den Sprung ins Ungewisse zu wagen, was beides eine kräftige Portion Mut erfordert.

Welche Art von Beziehung beinhaltet nun das meiste Vertrauen? Die größte Verpflichtung, die wir eingehen können, ist die Ehe. Klar vertrauen wir unseren Freunden, aber doch immer nur bis zu einem gewissen Grad. Die Ehe dagegen bildet ein Band, das Sie zu einem Team verbindet. Und als Team stehen dann Sie beide gegen den Rest der Welt, was Sie schließlich – in einer guten Ehe – zehnmal so stark macht. Wo Ihr Partner schwach ist, können Sie stark sein, und wo Sie schwach sind, kann Ihr Partner stark sein. Sie ergänzen sich gegenseitig, und deshalb können Sie ein unschlagbares Team bilden. Aber das geht nur, wenn gegenseitiges Vertrauen vorhanden ist. Das ist die wichtigste Voraussetzung für die Liebe. Jemanden, vor dem ich Angst habe, kann ich nicht lieben. Kann sein, daß ich mich körperlich ganz schrecklich zu ihm hingezogen fühle, daß ich mich unheimlich in ihn ›verliebe‹, daß wir gemeinsam die höchsten Gipfel leidenschaftlicher Lust erklimmen – aber ich kann ihn nicht *lieben*. Wenn ich vor jemandem Angst habe, kann ich ihm nicht vertrauen, und wem ich nicht vertrauen kann, dem kann ich mich nicht öffnen, was für die Liebe ganz, ganz wichtig ist. Möglicherweise turnt mich dieser Jemand unheimlich an und wir haben eine großartige Liebesaffäre, aber die Intimität, die für eine großartige *Liebe* vonnöten ist, wird fehlen, und eines weiß ich ganz bestimmt: Wenn man mit jemandem verheiratet ist, zu dem das Vertrauen fehlt, dann sind die Tage der Ehe gezählt.

Viele Leute vertreten die Ansicht, daß die Ehe auf dem absteigenden Ast sei, daß die Zukunft der ›Ehe ohne Trauschein‹ gehöre, aber alle Fakten sprechen dagegen. Menschen brauchen die Ehe und wollen die Sicherheit und die Geborgenheit und die emotionale Stärke, die nur die Ehe zu geben vermag. Dr. Clara G. Livsey, Professor für Psychiatrie an der Johns Hopkins University, meint, daß jeder Mensch mit all den Problemen, die mit der eigenen Gesundheit, dem Beruf, Geld oder den Kindern zu tun haben, viel leichter fertig werden könne, wenn er oder sie die Stärke einer guten Ehe hinter sich wisse. Dr. Livsey meint, sehr viele Ehen zerbrächen daran, daß beide Partner einander nicht mehr zuhören. Sie verlieren Ihre Kommunikationsebene, und wenn das passiert, dann beginnt auch das Vertrauen abzubröckeln.

Der Psychologe Dr. Jon D. Boller meint, für eine gute und dauerhafte Beziehung sei ein Trauschein sehr wichtig, auch wenn viele freidenkende, unverheiratete Paare in ihm nur ein bedeutungsloses Stück Papier sehen (Führerschein, Geburtsurkunde, Paß, Hypothek – auch das sind alles nur Papiere, aber ohne sie zu leben, ist ausgesprochen schwierig). Viele Studien zeigen, daß Paare, die ohne Trauschein zusammenleben, Probleme haben, sich in einer bestimmten Rolle zu sehen, und der Beziehung eher unverbindlich gegenüberstehen. Sie fühlen deshalb keine Verantwortung, weil keine legalen Bande sie verknüpfen. Menschen, die lediglich zusammenleben, haben kein vorgegebenes ›Rollenverständnis‹. Dr. Linda Budd, eine Sozialwissenschaftlerin der University of Minnesota, USA, sagt, unverheiratete Paare verhielten sich im wesentlichen genauso wie verheiratete (sie kopierten die Rollen verheirateter Paare), hätten jedoch nicht dieselben Verpflichtungen. Doch auch heute noch glauben die meisten Menschen – bewußt oder unbewußt – an die Ehe und heiraten deshalb früher oder später.

Sie können sich nicht vorstellen, wie viele Leute immer noch meinen, die Ehe sei nur für die Frau von Vorteil, und kein Mann würde sie wirklich brauchen. Das ist ein schreckliches Klischee, dieses ›die Frau jagt den Mann so lange, bis er sie erwischt.‹ In

Jessie Bernards Buch *The Future of Marriage* (nicht in Deutsch), einer faszinierenden Studie, wird dieses Problem eingehend erörtert.

›Normalerweise sehen Männer die Ehe als eine Falle für sich und als Gewinn für ihre Ehefrauen an. Statistisch gesehen bekommt die Ehe den Männern jedoch ausgezeichnet, und zwar sowohl physisch als auch gesellschaftlich und psychisch.

Normalerweise wollen alle Frauen heiraten, und die meisten wollen auch Kinder. Statistisch gesehen sind kinderlose Ehen jedoch glücklicher.‹

Sie fährt fort:

›Seit Jahrhunderten klagen die Männer über die Ehe. Wäre die Ehe für die Männer aber wirklich so schlimm, wie sie immer behaupten, wäre sie schon längst ausgestorben. In Anbetracht all der Angriffe, die immer wieder auf sie unternommen werden, überrascht es, wie lebendig die Ehe noch heute ist. Männer haben sie verflucht, verunglimpft, beklagt, Spottverse darauf geschmiedet – und niemals aufgehört, sie zu wollen, zu brauchen und von ihr zu profitieren.

Man findet wenig Untersuchungsergebnisse, die logischer, beständiger, eindeutiger und überzeugender sind als die zuweilen spektakuläre und immer eindrucksvolle Überlegenheit, die verheiratete Männer unverheirateten gegenüber in so gut wie jeder Hinsicht aufweisen – demographisch, psychologisch und auch gesellschaftlich. Allen Witzen, die Männer über die Ehe machen, und allen Beschwerden zum Trotz, die sie gegen sie vorzubringen haben, ist die Ehe doch mit der größte Segen des männlichen Geschlechts. Arbeitgeber, Bankiers und Versicherungsleute wissen das schon lange. Und ob sie es nun wahrhaben wollen oder nicht: Für Männer ist die Ehe wichtiger als für Frauen.

Die Tatsachen im Hinblick auf die Ehe sprechen eine deutliche Sprache ... War ein Mann einmal verheiratet, kann er ohne Ehefrau kaum noch existieren. Fast alle geschiedenen und verwitweten Männer heiraten wieder. Die Quote der Eheschließungen liegt in allen Altersgruppen bei geschiedenen und verwitweten Männern höher als bei ledigen. Die Hälfte aller geschiedenen Männer heiratet binnen weniger als drei Jahren erneut. So scheint es keineswegs abwegig, die Schlußfolgerung zu ziehen, daß *die abfälligen Bemerkungen, die die Männer über die Ehe machen, nichts weiter sind als eine Art Kompensation dafür, daß sie so abhängig davon sind.*‹

Ich finde dieses Buch deshalb so interessant, weil darin deutlich wird, daß Männer und Frauen gleichermaßen erkennen müssen, wie wichtig die Ehe für sie ist – nur dann nämlich werden sie hart dafür arbeiten, sie erfolgreich zu gestalten. Wenn Männer die Ausrede benutzen, daß sie ja von Anfang an gegen die Ehe waren und eigentlich gar nicht erst hatten heiraten wollen oder daß sie auch ohne Ehe glücklich wären, dann werden sie keine echten Anstrengungen unternehmen, sie zu retten. Da zwei Partner beteiligt sind, müssen beide etwas dafür tun, wenn die Ehe funktionieren soll. Beide müssen kommunizieren, beide müssen füreinander sorgen, beide müssen einander vertrauen – nicht nur jeweils einer. Wenn nur einer daran arbeitet, ist sie von vornherein zum Scheitern verurteilt. Natürlich sind nicht nur ausschließlich Männer gegen die Ehe eingestellt, es gibt auch einige Frauen, die nicht heiraten wollen.

Haben wir also erst einmal unser Bedürfnis nach einer liebevollen Beziehung in Form einer Ehe erkannt, können wir versuchen, die Probleme zu lösen, anstatt weiterhin vor ihnen davonzulaufen und uns der trügerischen Hoffnung hinzugeben, hinter der nächsten Ecke warte bereits der Mann oder die Frau unserer Träume auf uns, und wir würden von nun an bis in alle Ewigkeit glücklich und zufrieden leben.

Nun zeichnet sich ein steigender Trend in Richtung Treue ab, was die Institution der Ehe naturgemäß stärkt, und immer mehr (und zunehmend auch junge) Leute finden zurück zu den ›altmodischen‹ ehelichen Tugenden. Dr. Carlfred Broderick, Soziologe und Leiter des Ehe- und Familienberatungscenters der University of Southern California, sagt, es spiele überhaupt keine Rolle, wie fantastisch jemand im Bett sei, bei einem One-night-Stand bestünde einfach nicht die Möglichkeit, echte und tiefe Zuneigung zu empfinden. Experimente belegten, daß Menschen mit sexuell freizügigen Ehen schnell ihre Illusionen verlören und entdecken würden, daß man das Glück nicht dadurch finde, indem man wegliefe – man baue es vielmehr innerhalb der Ehe auf. Dr. Broderick meint auch, daß immer mehr Paare lernten, ihre Probleme gemeinsam zu besprechen, anstatt daß jeder für sich außerhalb der Ehe nach Lösungen suchen würde; und daß immer mehr Menschen aufhörten, sich selbst vorzumachen, die nächste Eroberung werde garantiert allen ihren Träumen gerecht werden. Folglich konzentrierten sie sich mehr und inniger auf ihren Partner, anstatt sich anderweitig umzusehen.

Dr. Arthur Weider, Professor für Medizinische Psychologie am Columbia University College of Physicians and Surgeons, sagt, daß tatsächlich immer mehr Menschen anfangen würden, an ihrer Ehe zu arbeiten, bevor sie nach außerehelichen Anregungen suchten. Und die Psychologin Dr. Leslie Rabkin meint, Intimität sei, was die Menschen wollten, während Untreue Schmerzen verursache und dazu führe, daß Ehen zerbrächen.

Wie liest man schon bei Honoré de Balzac:

Liebhaber haben es leichter als Ehemänner, denn es ist schwieriger, jeden Tag geistreich zu sein, als nur gelegentlich etwas Intelligentes und Witziges von sich zu geben.

Es gibt ein sehr gutes Buch, *Learning of Love Again* (nicht in Deutsch), von Mel Krantzler. Darin spricht er davon, die Vergangenheit von der Gegenwart abzugrenzen; eine Beziehung wachsen zu lassen; erklärt, was bei einer Trennung passiert und wie man die Verbindung zwischen Sex und Liebe herstellt, und nennt viele weitere wundervolle Ideen. Eine Stelle, die mir besonders gut gefällt, möchte ich zitieren:

Sex ist ein Ausdruck von Intimität und Vertrauen in einer engagierten Beziehung. Promiskuität vernichtet jegliches Vertrauen.

Reife Liebe (und man kann bereits mit achtzehn reif sein, mit achtzig aber noch immer unreif – das Alter hat damit überhaupt nichts zu tun), die Verpflichtung, ein Leben mit- und füreinander aufzubauen, ist eine der schönsten Erfahrungen der Ehe. Lieben heißt, die angenehmen wie auch die weniger angenehmen Erfahrungen miteinander zu teilen und sich in jeder Phase der Ehe gegenseitig zu unterstützen. Wenn ein Ehepaar sich gegenseitig Halt gibt, wird die Liebe sie wie ein inniges Band verbinden. Dabei spielt die Treue eine unheimlich wichtige Rolle. Einem untreuen, treulosen Menschen zu vertrauen, ist kaum möglich. Es gibt viele verschiedene Arten, seinem Ehegespons oder Lebensgefährten den Rücken zu stärken, wenn er oder sie zum Beispiel wegen eines geschäftlichen Mißerfolgs down ist. Durch loyale Unterstützung können Sie sein Selbstwertgefühl wieder aufbauen. Ergreifen Sie nie die Partei der Gegenseite, wenn Ihr Partner in eine Diskussion verwickelt ist – auch dann nicht, wenn Sie nicht seiner Meinung sind oder innerlich sogar dem anderen recht geben.

Es ist leicht zu lächeln, wenn alles wunderbar klappt, wichtig ist Loyalität und Treue aber vor allem dann, wenn die Dinge anfangen schiefzugehen. Klar, daß Sie keineswegs immer einer Meinung sein müssen, und natürlich können Sie zu Hause auch alle strittigen Punkte ausdiskutieren – wenn Sie aber auf einer Party oder sonstwo mit Leuten zusammen sind, sollten Sie immer die Partei Ihres Partners ergreifen oder ihm bzw. ihr zumindest nicht widersprechen. Und sollten Sie derjenige sein, der Unterstützung braucht, sollten Sie sie auch annehmen können. Weisen Sie die Hilfe Ihres Partners nicht zurück und versuchen Sie nicht, Ihre Bürde allein zu tragen. Liebe heißt, alles zu teilen – das Gute und das Schlechte.

Aber noch mal zurück zu Professor Dorothy Tennov und ihren Gedanken über Limerenz oder romantische Liebe. Sie sagt, daß Ausschließlichkeit ein ganz wichtiges Merkmal der Limerenz sei:

> Der Limerent will das Limerent-Objekt und niemand anderen. Es ist unmöglich, zwei Menschen gegenüber limerent zu sein – nacheinander ja, aber niemals gleichzeitig.
> Um sich dieser Ausschließlichkeit sicher sein zu können, sehnt sich der Limerent häufig nach Liebesbeweisen irgendwelcher Art. Nach einem Ring beispielsweise oder nach dem Versprechen, der/die Geliebte werde niemals mit jemand anderem ausgehen. Die Sehnsucht nach einem Liebesbeweis in Form einer Verpflichtung ist so stark, daß Menschen im Zustand der Limerenz Versprechen abgeben, von denen sie wissen, daß sie sie nicht werden halten können. Ich habe ein Zitat gefunden, das dieses Dilemma ganz deutlich zum Ausdruck bringt: ›Liebe führt dazu, daß Menschen, die an sich gegen monogame sexuelle Beziehungen sind, weil Eifersucht und Besitzanspruch ihrer Anschauung nach nicht Teil der menschlichen Natur sind, sondern nur die Nebenprodukte

einer dekadenten kapitalistischen Gesellschaft, alles Derartige nicht mehr wahrhaben wollen.

Carl R. Rogers meint, daß die Liebe nie so weit führen dürfe, daß man den anderen damit erdrückt:

> ›. . . das Maß, in dem ich Beziehungen aufbauen kann, die zur Entwicklung des anderen als eigenständige Persönlichkeit beitragen, ist das Maß an Persönlichkeitsentwicklung, das ich selbst erreicht habe . . .‹

Eine glückliche Ehe ist der Idealzustand, aber dorthin zu kommen, scheint recht schwierig. Ich kenne nicht viele glücklich verheiratete Paare, aber die wenigen, die ich kenne, lassen mich glauben, daß zwei Menschen mit Hilfe der Liebe und Aufmerksamkeit und Arbeit (die meisten Leute bringen sich für ihren Job fast um, merken aber nicht, daß auch eine Beziehung Arbeit kostet – und dabei ist die meiner Meinung nach ungleich wichtiger als der Job; im Normalfall ist es nämlich wesentlich einfacher, eine neue Arbeitsstelle zu finden als eine neue gute Beziehung) ihr ganzes Leben lang zusammen *glücklich sein können*. Ein Paar ist seit achtundzwanzig Jahren verheiratet und sagt, sie amüsierten und unterhielten sich immer noch prächtig miteinander. Und erst neulich hat mir Laura, meine glücklich verheiratete Freundin, erzählt, daß ihr Ehemann Matty ihr öfters sagt, daß er, wenn er sein Leben noch einmal leben könnte, sie sofort wieder heiraten würde. Wenn das nicht romantisch ist?!
Ein weiteres wunderbares verheiratetes Paar, das

einander vergöttert, sind Mitzi Gaynor und Jack Bean. Sie sind seit über fünfundzwanzig Jahren verheiratet, aber wenn Sie sie sehen, würden Sie glauben, die beiden machten gerade Flitterwochen. Sie brauchen einander (was ist eigentlich daran falsch – einander zu brauchen?), aber was noch wichtiger ist: sie mögen sich. Jedes Jahr reisen Mitzi und Jack zusammen quer durch die Vereinigten Staaten, wobei sie in den grandiosen Musicals auftritt, die ihr Ehemann produziert und überwacht. Jack ist immer bei Mitzi, und Mitzi ist immer bei Jack, weil beide es so wollen. Wenn sie ihr alljährliches TV-Special macht, bereitet Jack alles vor; nur auftreten muß sie noch selber. Beide sind unheimlich lustig, und vielleicht liegt es sogar an diesem Sinn für Humor, den beide besitzen, daß ihre Ehe so glücklich ist. Aber ganz gleich, woran es liegt: Die beiden sind jedenfalls der lebende Beweise dafür, daß eine Verbindung zwischen zwei Menschen nicht nur viele Jahre lang andauern, sondern sogar mit der Zeit immer besser werden kann. Beide sagen, daß sie jetzt mehr ineinander verliebt seien als vor fünfundzwanzig Jahren, und genauso verhalten sie sich auch. Vor kurzem habe ich mit Jack über das wunderschöne Haus der beiden in Beverly Hills geredet und ihn gefragt, ob er es jemals verkaufen würde oder ob er nicht eine zu starke emotionale Bindung daran hätte. Er antwortete: »Das Haus und die Autos bedeuten mir überhaupt nichts. Die einzige emotionale Bindung, die ich habe, ist die zu Mitzi. Sie ist das einzige auf der Welt, worum ich mir wirklich Gedanken mache.«

Vor kurzem habe ich auf einer Party Sloan Wilson

kennengelernt, den berühmten Romanschriftsteller, der *Der Mann im grauen Flanell* und *Die Männer der Arluk* und viele andere tolle Bücher geschrieben hat. Er war mit seiner reizenden Frau Betty da, die mir erzählte, daß sie, seit sie mein ›Energy‹-Buch gelesen habe, täglich meinen *Dynamite Energy Shake* trinke, worüber ich mich natürlich unheimlich freute. Dann lernte ich Jessica, ihre hübsche Tochter kennen, und alle zusammen unterhielten wir uns über Schriftsteller, Vitamine und das Leben im allgemeinen. Sloan und Betty sind siebzehn Jahre verheiratet, und jeder, der sie zusammen sieht, merkt, daß sie noch immer ineinander verliebt sind. Er sagte mir: »Ohne meine Frau leben zu müssen, wäre schlimmer als mein Leben lang auf einem Bein zu stehen. Ich könnte ohne Betty nicht leben – sie ist mein Partner in jeder Beziehung. Sie ist mein seelischer Partner, mein physischer Partner und mein Geschäftspartner. Sie kümmert sich um die ganzen geschäftlichen Details, für die ich keine Zeit habe. Wenn ich mich um all das Geschäftliche kümmern müßte, bliebe mir keine Zeit zum Schreiben. Betty nimmt mir das alles ab, damit ich mich ganz auf meine Arbeit konzentrieren kann. Ohne sie hätte ich keinen Arbeitseifer, keinen Trost und keine Freude.« Später las ich Sloans ›Autor-Biographie‹ auf dem Schutzumschlag von *Small Town*, und darin sagt er es noch mal:

Auch wenn es vielleicht sentimental klingt, habe ich herausgefunden, daß der wahre Sinn meines Lebens meine Frau und meine Kinder sind. Ohne sie wäre ich verzweifelter als ein bankrotter Millionär.

Die Bee Gees sind eine fantastische Rockmusik-Band, und ihr Album *Saturday Night Fever* ist eine meiner liebsten LPs. Alle vier, Barry, Robin, Maurice und Andy, sind sehr familienorientiert und leben auch nicht weit voneinander entfernt. Sie alle glauben an die Ehe – vermutlich weil ihre Mutter Barbara, früher selbst Sängerin, und ihr Vater Hugh, Kapellmeister auf einem englischen Fährschiff, sie dazu erzogen haben, enge Familienbande zu schätzen und an die Ehe und das Familienleben zu glauben.

Gladys Shelley ist eine schöne, liebesfähige Frau, die viele tolle Songs geschrieben hat (›My World Is You‹, ›Clown Town‹), darunter auch eine der wunderbarsten Liebesschnulzen aller Zeiten, ›How Did He Look?‹ Sie und ihr kürzlich verstorbener Mann Irving Rosenthal (ihm gehörte der Palisades Amusement Park, den er auch leitete), waren mehr als fünfundzwanzig Jahre lang glücklich verheiratet. Gladys erzählt, wieviel Kraft beide daraus zogen und wieviel Spaß es ihnen machte, sich gegenseitig Freude zu bereiten: »Jeden Morgen machte er das Frühstück und brachte es mir ans Bett. Und jeden Abend machte ich ihm ein Lunchpaket zurecht, obwohl er über fünfunddreißig Eßgelegenheiten im Palisades hatte, nur damit er eine gesunde, vollwertige Mahlzeit bekam. Unser größtes Vergnügen war immer, dem anderen etwas Gutes zu tun.«

Jacqueline Susann war eine der berühmtesten Romanautorinnen (und die einzige, die die Number One auf allen amerikanischen Bestsellerlisten mit drei Titeln hintereinander schaffte), und sie war eine schöne und sehr liebe Frau. Ich kannte Jackie und ihren Mann Irving Mansfield, und die beiden waren während der gesamten zweiunddreißig Jahre ihrer Ehe ein perfektes Paar. Ich habe Irving nach dem Tod seiner Frau gefragt, woran es seiner Meinung nach lag, daß ihre Ehe ein so durchschlagender Erfolg gewesen sei, wo doch die meisten Ehen keineswegs glücklich sind. Er sagte: »Wo hätte ich eine bessere Frau finden sollen – sie war klug, schön, sehr lustig, großzügig, gütig – alles, was ich mir von einem anderen Menschen nur wünschen konnte. Sie war der beste Kamerad, den man sich vorstellen kann.« Dann fragte ich ihn, was ihn als Ehemann ausgezeichnet hätte, und er sagte, er sei Jackie gegenüber immer sehr aufmerksam gewesen – nicht ein einziges Mal hätte er ihren Geburtstag, den Geburtstag ihrer Mutter oder ihren Hochzeitstag vergessen. Und am Tag ihrer Hochzeit hätte er, obwohl er damals alles andere als reich war, seine gesamten Ersparnisse in Höhe von sechshundert Dollar genommen und damit einen über dreitausend Dollar teuren Nerzmantel für seine Braut angezahlt. Na, wenn das keine Liebe ist (natürlich ist es einfacher, wenn man viel Geld hat). Irving zitierte sinngemäß Freud: Man zieht sich gegenseitig an, und es entsteht eine Bindung. Ihre Bindung dauerte zweiunddreißig Jahre, weil sie sich nicht nur sehr liebten, sondern weil sie es sich gegenseitig auch immer wieder bewiesen.

Howard Cosell war als Rechtsanwalt tätig, bevor er der wahrscheinlich bekannteste Sportreporter Amerikas wurde und seither mit seinem ›Telling it like it is‹ die Nation über das neueste Geschehen informierte. Er zählt heute zu den meistgehörten Stimmen des Landes, und obwohl viele Leute, die ihn nicht kennen, ihn nicht mögen, ist er einer der nettesten Männer, die ich je getroffen habe. Als ich in seiner landesweit ausgestrahlten Radioshow auftrat, gab er sich bei dem Interview mit mir unheimlich Mühe, da er ein liebenswerter und gütiger Mann und alles andere als oberflächlich oder gleichgültig ist. Howard war über dreißig Jahre lang verheiratet (seine Frau Emmy starb leider vor kurzem), und er nennt seine Ehe ›meinen wichtigsten Erfolg‹. Er glaubt – und seine Frau war derselben Ansicht –, daß die Liebe das einzig wirklich Wichtige ist und daß die Liebe den Sex bei weitem übertrifft, daß es aber viele Leute gäbe, die leider Sex für wichtiger hielten. Howard sagt, daß es *nichts* Wichtigeres gibt, als einander zu brauchen, daß aber heutzutage die Menschen Angst davor zu haben scheinen, das zu zeigen. Er sagt, daß die Liebe alle Hindernisse überwinden könne, doch müsse sie wie jede andere Sache gepflegt werden. Wenn Sie eine Pflanze nicht gießen und ihr kein Licht gönnen, wird sie eingehen. Wenn Sie Ihren Hund nicht füttern und nicht mit ihm spazierengehen, wird er sterben. Und genauso braucht auch die Liebe Aufmerksamkeit, wenn sie lebendig bleiben soll. Howard und Emmy haben einander viel, viel Aufmerksamkeit geschenkt.

Dr. Neil Solomon und ich sind schon seit mehreren Jahren gute Freunde. Wir lernten uns bei einer Fernsehshow in Washington, D.C., kennen und trafen uns später bei anderen Talkshows wieder. Bis vor kurzem war er Gesundheitsminister des Bundesstaates Maryland. Jetzt schreibt er Artikel, die in über hundert Zeitungen erscheinen, hat gerade den

Pilotfilm für eine Fernsehshow mit dem Titel *Take Care* gedreht (ich war sein erster Gast), und außerdem arbeitet er natürlich auch weiterhin als Arzt: Er ist ein hochangesehener Spezialist für Gewichtsprobleme und Allergien. Neil Solomon hat mehrere Bestseller veröffentlicht, und *The Truth About Weight Control* (nicht in Deutsch), sein bisher meistverkauftes Buch, hat Millionen von Lesern erreicht. Neil und seine wunderschöne Frau Frema sind seit mehr als fünfundzwanzig Jahren verheiratet und ein wirklich glückliches Paar. Sie glauben an das Zusammenleben, und sie praktizieren es. Frema war die Produzentin von Neils eigener regionaler Fernsehshow in Baltimore, *Prescription For Family Health*, zusammenzuarbeiten heißt, seine Liebe wirklich auf die Probe zu stellen.

Die große Liebe in Walter Cronkites Leben ist seine wunderbare Frau Betsy, und die beiden sind seit über vierzig Jahren glücklich verheiratet. Sie haben eine großartige emotionale Partnerschaft und unternehmen soviel wie möglich. Eines ihrer Lieblingshobbys ist, gemeinsam segeln zu gehen, und das tun sie so oft sie können. Walter liebt die See und engagiert sich deshalb auch aktiv für ökologische Meeresforschung. Er ist viel gereist und hat ein TV-Special über die Ozeane zusammengestellt, weil er sich große Sorgen macht, daß wir eines Tages all unsere natürlichen Ressourcen ruiniert und alle Fische umgebracht haben werden, wenn wir die unverantwortliche Ausbeutung der Naturschätze bzw. ihre Verseuchung nicht schnellstmöglich verhindern. Walter sorgt sich um Betsy und um alles ihn umgebende Leben, und das merkt man.

Der jüngst verstorbene Otto Preminger war mehr als zwanzig Jahre glücklich mit seiner Hope verheiratet und sagte, daß er immer an die Ehe geglaubt habe, daß aber nicht jedem Mensch das Glück zuteil werde, auf Anhieb (oder manchmal auch im zweiten Anlauf) den richtigen Partner zu finden. Aber dem zu begegnen, sei (und hier zitierte er Shakespeare) eine ›Erfüllung, die sehnlichst man erwünscht‹.

Auch Frank Gifford ist überzeugt, daß man seinem Partner treu sein müsse – sonst sei er oder sie kein echter ›Partner‹. Er sagt, er brauche sehr viel Aufmerksamkeit – natürlich habe er auch ohne gelebt, aber mit mache das Leben unvergleichbar mehr Spaß –, und ganz wichtig sei es auch, daß man Erfolge und Errungenschaften mit einem Menschen teilen könne, so wie er mit seiner Frau Cathy Lee. Frank findet verheiratet zu sein einfach herrlich und sagt: »Die Ehe ist die beste und schönste Art, alles miteinander zu teilen.«

Vor einigen Jahren war meine eigene Beziehung in Gefahr zu zerbrechen, und für den Versuch, unsere Ehe zu retten (bzw. um herauszufinden, ob sie überhaupt rettbar war), brauchten wir ganz dringend Hilfe. Im Laufe mehrerer Jahre suchten wir zwei Eheberater, zwei Psychologen und einen Hypnotiseur-Psychologen auf (Sie können also nicht behaupten, ich hätte es nicht versucht!). Dann hatte ich das unglaubliche Glück, eine herausragende Psychiaterin zu treffen: Dr. Helen Singer Kaplan. Nun gibt es natürlich eine Menge guter Eheberater, und wie ich schon sagte, ich habe auch einige kennengelernt, aber Dr. Kaplan ist etwas so Besonderes, daß ich gerne ein bißchen mehr über sie erzählen möchte. Es war eine sehr schwere Zeit (wie immer), und Helen berichtete mir sofort, wie ihre eigene Ehe in die Brüche gegangen war, was noch nicht allzu lange zurücklag, und wie traumatisch dieses Erlebnis für sie gewesen sei. Ich fand es wunderbar, daß sie den Mut aufbrachte, mir zu sagen, wie sehr sie gelitten und was sie durchgemacht hatte. Es ist nicht leicht, zugeben zu müssen, daß man bei etwas derart Wichtigem wie der eigenen Ehe gescheitert ist (glauben Sie mir, ich weiß das aus allereigenster Erfahrung!). Sie erzählte mir einige Details, doch allein schon der Gedanke, daß diese hochintelligente und schöne Frau ihren Schmerz überwunden, ihre kaputte Ehe hinter sich gelassen und sich aufgemacht hatte, eine neue und stärkere Liebe zu finden, gab mir unheimlich Kraft und Zuversicht, und ich fühlte mich auf einmal wirklich gut und sehr optimistisch (sie heiratete übrigens einige Monate nach unserem Kennenlernen zum zweitenmal). Als außerordentlich einfühlsamer Mensch war ihr schon bald nach unserem ersten Treffen klar, daß meine Ehe nicht funktionieren konnte. Ich hatte versucht, gegen unüberwindliche Probleme anzugehen, weil ich jemand bin, der nie freiwillig aufgibt, aber manchmal gewinnt man gerade dadurch, daß man aufgibt. Natürlich muß man vorher alles Menschenmögliche probiert haben.

Jedenfalls wußte ich sofort, nachdem wir uns endgültig getrennt hatten, daß Dr. Kaplan recht gehabt hatte, denn ich fühlte mich unheimlich erleichtert. Wahre Liebe, wie sie zu einer positiven Beziehung gehört, wächst beständig und vermittelt ein Gefühl von Geborgenheit und Glück. Eine negative Beziehung aber bringt Spannungen, Streß und sehr viel Unglücklichsein mit sich.

Dr. Kaplan hat eine Menge Zeitschriftenartikel veröffentlicht. Ganz besonders aus dem Herzen spricht mir ein Artikel, der in *Harper's Bazaar* erschien:

> Vermutlich wären fast alle Menschen am glücklichsten in einer guten, engagierten, intimen Beziehung, die darüber hinaus auch sexuell voll befriedigend ist. Ich glaube, daß die Spezies Mensch angelegt ist, Bindungen einzugehen, was keineswegs für alle Lebewesen zutrifft. Einige binden sich nur für den Zeitraum der Begattung, andere auf Lebenszeit. Wir können nicht wissen, wie unser natürliches Bindungsverhalten aussieht – das heißt, wozu wir eigentlich programmiert sind –, weil die ökonomischen und soziologischen Verhältnisse immer nach einer lebenslangen Bindung verlangt haben ...

Sie fährt fort:

> Aber ich denke – doch das ist freilich nur eine Vermutung –, daß die meisten Menschen sich als verheiratetes Paar sehr wohl fühlen.

So schwierig es ist, eine glückliche Ehe zu führen, ist es doch kaum leichter, ein ›erfolgreicher Single‹ zu sein. Der Psychologe Dr. Terry Richards arbeitet viel mit unverheirateten Paaren, und er sagt, die Tatsache, daß sie ledig seien, heiße noch lange nicht, daß sie immer Highlife feierten. Nun verfügen erfolgreiche Singles in der Regel über ein hohes Selbstwertgefühl, tun etwas zur Förderung zwischenmenschlicher Beziehungen und haben viele Freunde bzw. Liebesbeziehungen. Erfolglose Singles dagegen isolieren sich zusehends, haben Angst, ausgenutzt zu werden, und sehen auch ihrerseits andere Menschen als ›Dinge‹ an, die sich kaufen lassen. Ihre Beziehung zum Geld ist häufig geradezu zynisch. Männer benutzen Geld, um Eindruck zu schinden und Frauen zu kaufen, während Frauen sich auf der Suche nach Männern mit Geld machen. Einige Singles sind völlig monogam und leben in ihrer Welt und ihrem Freundeskreis wie ein verheiratetes Ehepaar. Nicht monogame Singles bevorzugen immer neue Beziehungen, die sie sexuell stimulierend finden, leiden aber häufig unter Erfolgsdruck und der Angst zu versagen. Erfolglosen Singles fehlt jede Möglichkeit zu echter Kommunikation, so daß sie ihre Bedürfnisse nicht zum Ausdruck bringen können und von Mensch zu Mensch irren, ohne je eine Bindung einzugehen. Natürlich kommt das auch bei einigen verheirateten Individuen vor. Dr. Richards vertritt die Ansicht, beide Partner müßten sich darum kümmern, eine Beziehung gut und dauerhaft zu gestalten, ein Gleichgewicht zu erreichen, in dem sich Gemeinsamkeit und eigene Interessen die Waage halten. Er sagt, es gäbe nur wenig Menschen, die sich gestatten, zu lieben oder geliebt zu werden, und nur wenige kennen die Freuden geteilter Liebe. Auch sagt er, daß es keineswegs leicht sei, dies zu ändern – es erfordere harte Arbeit, aber die Erfolge lohnten die Mühe ganz bestimmt.

Wenn ich also meinem Partner vertraue und ihm /

ihr treu bin und er/sie mir vertraut und mir treu ist, und wenn wir beide fest aneinander, aber auch an uns selbst glauben, dann werden wir nicht nur ein unschlagbares Team bilden, sondern auch jeder für sich als Individuum wachsen, stärker und produktiver werden. Und wenn das geschieht, dann wird auch unsere Liebe zueinander wachsen, dann wird unsere Liebe zu allen Lebewesen wachsen, und unsere Liebe zu uns selbst wird wachsen, und dann werden wir wissen – nicht vermuten oder glauben oder denken, sondern WISSEN –, *daß der Himmel der Zustand derjenigen ist, die lieben können.*

Nachwort

Nachdem Sie dieses Buch jetzt gelesen haben, wissen Sie, wie ich über die Liebe denke und was für Gefühle sie in mir hervorruft. Und nun würde ich gerne erfahren, welche Gedanken und Gefühle sie in *Ihnen* weckt.

Deshalb möchte ich, daß Sie sich selbst ein paar Fragen stellen:

1. Fühlen Sie sich körperlich, geistig und seelisch topfit?
   – So topfit, daß Sie fast immer voller Tatkraft und doch entspannt sind?
   – So topfit, daß Sie alles, was Sie zu Hause oder in der Arbeit zu tun haben, mit Elan und Freude angehen?
2. Bereiten Sie sich selbst Freude?
   – So viel Freude, daß Sie wirklich das Gefühl haben, all das Vergnügen am Leben zu haben, das Ihnen Ihrer Meinung nach zusteht?
   – So viel Freude, daß Ihr Liebesleben geradezu boomt?
3. Haben Sie genügend Ich-Vertrauen?
   – Genügend Ich-Vertrauen, um wirklich an sich selbst zu glauben und von allem, was Sie tun, überzeugt zu sein?
   – Genügend Ich-Vertrauen, um sich niemals selbst wegen irgendwelcher sogenannter Fehler

Vorwürfe zu machen? Um zu wissen, daß all das, was immer Sie getan haben, seinen Sinn hatte und daß es auch einen guten Grund dafür gibt, wenn es anders ausging, als Sie geplant haben – nämlich daß Sie daran erstarken sollen?

4. Glauben Sie an die Quelle Ihrer Kraft, die der Anfang von *allem* ist, was Sie tun?

– So sehr, daß Sie sich wirklich keine Sorgen um die Zukunft machen und nichts Vergangenes bereuen, weil Sie wissen, daß die Quelle Ihrer Kraft sich darum kümmert?

– So sehr, daß Sie alle positiven Chancen wahrnehmen, weil Sie darauf vertrauen, daß die Quelle Ihrer Kraft immer bei Ihnen ist und daß Sie, wenn Sie ihr wirklich vertrauen, auch immer die richtige Entscheidung treffen werden?

5. Kennen Sie das fantastische Gefühl, geliebt zu werden?

– So geliebt zu werden, daß Sie sich dieses Gefühl immer herbeirufen können und daß Ihnen schon bei dem Gedanken daran ganz warm ums Herz wird?

– So geliebt zu werden, daß Sie schon bei der Erinnerung daran eine solche Wärme durchströmt, daß Sie sie an andere weitergeben möchten?

6. Verwenden Sie das Wort ›lieben‹ nicht nur für unbelebte Objekte, sondern vor allem und in erster Linie für Menschen?

– So daß Sie zu jedem Menschen, der Ihnen nahesteht, ›ich liebe dich‹ sagen können?

7. Glauben Sie ein wirklich guter Liebhaber zu sein oder eines Tages werden zu können?

– Ein so guter Liebhaber, daß Sie sich um alle

Kreaturen, groß und klein, und alle anderen Dinge auf dieser Welt sorgen und daß Sie keinem davon jemals auf irgendeine Art und Weise weh tun wollen?

– Ein so guter Liebhaber, daß die Menschen in Ihrer Umgebung positiv auf Sie reagieren, weil sie die Liebe reflektieren, die Sie ausstrahlen?

8. Bereiten Sie den anderen Freude?

– Wollen Sie die meisten anderen Menschen wirklich glücklich machen und dabei wissen, daß Sie für ihr Glück verantwortlich sind?

– Wollen Sie, daß das Lächeln auf den Gesichtern Ihrer Mitmenschen Sie ahnen läßt, daß Sie sie glücklicher gemacht haben?

9. Haben Sie genügend Du-Vertrauen?

– Genügend Du-Vertrauen, daß Ihr Glaube an den anderen dazu führt, daß dieser sich deshalb besser fühlt?

– Genügend Du-Vertrauen, um zu wissen, daß Sie wirklich eine positive Kraft im Leben anderer Menschen sind, was wiederum Ihr Leben positiver macht?

1. Wie wichtig ist es Ihnen wirklich, sich topfit zu fühlen? Ist es Ihnen wert, dafür all die Vitamine zu nehmen, die Ihren Körper wieder voll in Schwung bringen? Wie wichtig ist es Ihnen, eine Menge Tatkraft in sich zu haben? So viel Tatkraft und Energie, daß Sie endlich all die Dinge tun können, die Sie schon immer tun wollten, aber nicht tun konnten, weil Sie bisher einfach zu phlegmatisch waren, auch nur einen Versuch zu starten? So viel Energie, um all die Projekte in Angriff zu nehmen, von denen Sie

schon immer geträumt haben? So viel Energie, um alle Projekte, die Sie angefangen haben, dann aber aus Schwäche oder Unlust einfach liegenließen, endlich abzuschließen? Wie wichtig ist es Ihnen wirklich, Ihre Verspannungen und Ängste loszuwerden? Verspannungen, wegen denen Sie unter Kopfschmerzen, Nackenschmerzen, Rückenschmerzen, Bauchschmerzen, Brustschmerzen, Lippenbläschen, Juckreiz am ganzen Körper und Akne im ganzen Gesicht leiden; Ängste, wegen denen Sie am liebsten aufschreien oder losheulen möchten und durch die Ihnen die läppischsten Alltagssorgen als unerträgliche Belastung erscheinen. Wie wichtig ist es Ihnen wirklich, Ihre Depressionen loszuwerden? Depressionen, wegen denen Sie sich den ganzen Tag müde und abgespannt und ausgelaugt fühlen, am liebsten wegen jeder Banalität in Tränen ausbrechen würden und die Ihnen das Gefühl geben, jeder andere sei besser und mehr wert als Sie; Depressionen, die Sie glauben lassen, das Leben sei nicht lebenswert, und die die Frage in Ihnen wachrufen, warum Sie überhaupt geboren wurden.

Sind Sie gewillt, jetzt sofort den Energietrunk und die Vitamine auszuprobieren und sie einen Monat lang zu testen? Im ungünstigsten Fall verschwenden Sie fünf Minuten pro Tag (zum Mixen des Trankes und Einnehmen der Vitamine), im besten Fall aber werden Sie all Ihre körperlichen Probleme los, indem Sie Ihren Organismus in Ordnung bringen. Wenn Sie *irgendein* physisches Problem (Übergewicht, Pickel, Akne, Schmerzen) haben, dann ist das ein Zeichen dafür, daß Ihr Organismus nicht optimal funktioniert, und der Trank und die Vitamine können da Abhilfe schaffen und alles wieder ins Lot bringen. Ihr Körper kann nicht mit Ihnen sprechen – er kann Ihnen höchstens sagen, daß Sie etwas falsch machen, indem er Sie krank oder fett werden läßt oder verursacht, daß Sie Pickel kriegen. Und dann müssen *Sie* dafür sorgen, daß die Ursache dieser Probleme beseitigt wird.

Wenn Sie sich entschließen, den Energietrank einen Monat lang auszuprobieren, dann seien Sie vorgewarnt: Sie werden sich einfach phänomenal fühlen. Freuen Sie sich auf die Energie, die in Ihnen frei werden und Sie unglaublich aktiv machen wird. Vorbei und vergessen sind Depressionen und die allgemeine Schlappheit. Melden Sie sich in einem Fitness-Center an, oder kaufen Sie sich einen Tennisschläger oder wenigstens neue Joggingschuhe. Sobald Sie anfangen, sich topfit zu fühlen, wird Ihr Körper von sich aus mehr Bewegung fordern und Sie zu neuen Aktivitäten treiben.

Also: Probieren Sie den Energietrank und die Vitamine einen Monat lang aus, und Sie werden nie mehr darauf verzichten wollen.

Machen Sie sich darauf gefaßt, vor Tatkraft und Energie nur so zu sprühen.

2. Wie wichtig ist es Ihnen wirklich, Spaß am Leben zu haben und alle erdenklichen Freuden daraus zu schöpfen? Ist es Ihnen wert, ein klein wenig Zeit aus Ihrem überfüllten Tagesablauf dafür zu opfern, daß Sie sich auf sich selbst konzentrieren? Wollen Sie nicht endlich Ihre hektische Lebensweise umstellen, Ihrer Psyche neue Kraft zukommen lassen, all Ihre Kräfte zusammenfassen und Ihren Körper, Ihren Geist und Ihre Seele so zu vereinen, daß eine

geeinte und starke Persönlichkeit entsteht? Wie wichtig ist es Ihnen wirklich, ein super Liebesleben zu haben? Stimmen Sie mir darin zu, daß zwischen zwei Menschen, die sich lieben, alles möglich ist? Daß man *nie* irgendwelche Schuldgefühle hochkommen lassen sollte, weil es nämlich nichts gibt, dessen man sich schuldig fühlen müßte? Können Sie sich vorstellen, Sex als eine ganz normale Körperfunktion anzusehen, genauso wie Essen und Trinken und Schlafen, und sind Sie sich bewußt, daß lediglich *zuviel* oder *zuwenig* (wie bei allen Dingen) nicht gut sein können? Sich mit Essen vollzustopfen und den Körper auszuhungern ist gleichermaßen ungesund. Können Sie sich vorstellen, Sex als eine Körperfunktion anzusehen, die für die physische Gesundheit wichtig ist? Sex ist eines der größten Vergnügen überhaupt und sollte Ihnen und Ihrem Partner als Mittel zum Abbau körperlicher, geistiger und seelischer Spannungen dienen. Sie werden feststellen, daß Sie, indem Sie dem anderen Freude bereiten, auch sich selbst glücklich machen.

3. Wie wichtig ist es Ihnen wirklich, an sich selbst und daran zu glauben, daß Sie alles erreichen können, was Sie sich schon immer gewünscht haben? Ist es Ihnen wert, dafür eine mentale Diät einzuhalten und alles zu tun, um die vielen negativen Gedanken aus Ihrem Kopf zu verbannen, die sich immer wieder einschleichen und die Sie immer und überall beschränken? Glauben Sie, daß Sie in der Lage sind, sich von negativen Menschen, die Sie zu sich hinunterziehen, fernzuhalten und sich statt dessen auf positiven Umgang zu konzentrieren? Wenn jemand aus Ihrer näheren Umgebung Ihre Negativismen

schürt, können Sie sich dann für eine Zeitlang zurückziehen – wenigstens so lange, bis Sie selbst stark
genug sind und wissen, wie Sie mit ihm oder ihr umgehen sollten? Wie wichtig ist Ihnen ein starkes
Selbstbewußtsein mit einer positiven Ausstrahlung?
Ist es Ihnen wert, dafür täglich ein paar Minuten zu
opfern – Sie können mit nur einer Minute am Tag anfangen – und einige mentale Übungen machen, die
langsam, aber sicher dazu führen werden, daß Ihr
Selbstwertgefühl sich von negativ zu positiv um-
polt? Wollen Sie anfangen, sich darin zu üben, jedes
Mal ›umzuschalten‹, wenn Ihnen etwas durch den
Kopf geht, das Ihr Ich belastet und negativ beeinflußt?

Grenzen Sie einfach alles Negative aus – was es
auch sein mag, weigern Sie sich einfach, es anzuer-
kennen, behalten Sie einen klaren Kopf, und lassen
Sie nichts Bedrückendes aufkommen. Denken Sie
immer daran, und verbannen Sie alle negativen Gedanken aus Ihrem Kopf. Sobald Sie das schaffen und
in der Lage sind, Ihren Gedanken zu zeigen, *wer* bei
Ihnen das Sagen hat (nämlich Sie, und nicht umgekehrt!), dann können Sie Ihre Gedanken beherrschen und folglich an etwas Schönes, etwas Positives denken, das Sie schon immer werden oder
haben oder tun wollten. Ihr Selbstwertgefühl ist
nichts anderes als ein selbstgeschaffenes Bild, ein
von Ihnen kreiertes Image Ihrer selbst. Sollten Sie
also das Pech gehabt haben, schon als kleines Kind
der Angewohnheit verfallen zu sein, schlecht von
sich zu denken (das muß nicht unbedingt die Schuld
Ihrer Eltern sein, es können auch Lehrer oder andere
Erwachsene gewesen sein, die Sie so falsch pro-

grammiert haben), dann bietet sich Ihnen jetzt die Chance, das zu ändern und die negativen Gedanken auszumerzen. Als Kind mußten Sie die Meinung der anderen über sich akzeptieren, aber jetzt, da Sie selbst erwachsen sind und für sich selbst denken können, haben Sie die Möglichkeit, diese negativen Meinungen zurückzuweisen; schmeißen Sie sie einfach raus aus Ihrem Kopf, und ersetzen Sie sie durch die positiven Gefühle, die Sie allmählich zu entwikkeln beginnen.

Haben Sie Ihre Gedanken erst einmal unter Kontrolle, können Sie selbst bestimmen, welche Meinungen Sie gelten lassen wollen.

Sind Sie willens und bereit, einen Versuch zu wagen?

4. Wie wichtig ist Ihnen das Gefühl, daß Sie nie allein sind, daß Ihr höheres Selbst die Quelle Ihrer Kraft und immer bei Ihnen ist? Können Sie sich vorstellen, alle Arten von Angst (die manchmal getarnt, als Ärger, Feindseligkeit, Eifersucht, Neid oder irgendein anderes negatives Gefühl auftreten) hinauszudrängen und sie durch Gedanken der Liebe zu ersetzen?

Wollen Sie daran glauben, daß Gott oder die Liebe oder die Quelle Ihrer Kraft oder wie immer Sie es nennen wollen Sie erschaffen hat und daß er weise ist? Und wenn das wahr ist, haben Sie dann nicht auch das Gefühl, daß Sie ganz besonders gut auf sich selber achten sollten?

Da niemand etwas geben kann, was er nicht besitzt, müssen Sie der Liebe Einlaß in Ihr Leben gewähren; dazu müssen Sie zuerst lernen, sich um sich selber zu kümmern, und wenn das der Fall ist, dann werden Sie genügend Liebe in sich haben, um sie an alles und jeden zu verschenken, der in Ihr Leben tritt.

Wollen Sie versuchen, sich selbst zu lieben? Darauf achten, daß Ihr Körper gesund ist und für Ihre Gesundheit genausoviel Mühe und Arbeit und Sorgfalt aufzuwenden wie für Ihren Job, weil sie nämlich sehr viel wichtiger ist als jeder Job, den Sie jemals haben könnten? Fangen Sie an, über sich selbst nachzudenken – blicken Sie in Ihr Inneres. Haben Sie keine Angst, sich selber Fragen zu stellen. Glauben Sie mir, Ihr höheres Selbst oder die Quelle Ihrer Kraft weiß, was Sie brauchen und wird es Ihnen auch zukommen lassen, sofern Sie nur darauf hören. Sie verbringen so viel Zeit mit anderen Menschen und Dingen – beschäftigen Sie sich auch einmal eine Zeitlang mit sich selbst.

Gesteigertes Selbstwertgefühl ist nicht Selbstlosigkeit. Wenn Gott oder Ihr höheres Selbst oder die Quelle Ihrer Kraft so viel von Ihnen hält, daß er Sie hierhergebracht hat, dann müssen Sie schon etwas ganz Besonderes sein (jeder Mensch ist etwas ganz Besonderes – auf der ganzen Welt gibt es niemanden, der genauso ist wie Sie oder ich).

Seien Sie sich bewußt, daß Sie etwas ganz Besonderes sind, und behandeln Sie sich entsprechend. Gönnen Sie sich etwas.

Sind Sie willens und bereit, einen Versuch zu wagen?

5. Wie wichtig ist es Ihnen wirklich, geliebt zu werden? Sind Sie bereit, die Liebe anderer anzunehmen, weil Sie sich ihnen gegenüber liebevoll gezeigt haben und weil Liebe ihrerseits Liebe erzeugt? Das

ganze Leben ist Aktion und Reaktion, Geben und Nehmen, und wenn Sie andere lieben, wirklich und aufrichtig lieben, dann werden Sie wiedergeliebt werden. Und geliebt zu werden, das Gefühl, geliebt zu werden, ist das wunderbarste und erfüllendste und befriedigendste Gefühl, das man sich vorstellen kann. Selbst die unabhängigsten Menschen brauchen das Gefühl, geliebt und begehrt und gebraucht zu werden. Und wenn Sie dieses Gefühl aufleben lassen können, wann immer Sie wollen, kann es eine immense Kraftquelle für Sie sein. Es ist nämlich unmöglich, sich gleichzeitig geliebt und unter Druck zu fühlen. Sie können immer nur ein Gefühl auf einmal erleben, und wenn Sie sich so weit im Griff haben, daß Sie das Gefühl, geliebt zu werden, jederzeit herbeirufen und sich darin sonnen können, dann wird Ihnen das helfen, Ihr Leben positiver zu gestalten – und viel vergnüglicher obendrein.

6. Wie wichtig ist Ihnen die Liebe wirklich? Welche Rolle spielt sie in Ihrem Leben? Sind Sie bereit, sie an oberste Stelle zu setzen und sie in alles einfließen zu lassen, was Sie tun? Es spielt keine Rolle, ob Sie Polizist oder Kosmetikerin sind – jeder kann die Liebe zu einem Teil seiner Arbeit machen. Dann können Sie mehr lächeln und versuchen, Ihre Launen unter Kontrolle zu halten, wenn irgend etwas Sie stört, und dann können Sie immer und überall einfach freundlicher und netter sein.

Am Anfang dieses Buches habe ich Dostojewski zitiert, der gesagt hat: »Die Hölle ist der Zustand der Menschen, die nicht lieben können«, und dann habe ich mich selbst zitiert: »Der Himmel ist der Zustand der Menschen, die lieben *können*«, aber vielleicht hätte ich besser schreiben sollen, daß der Himmel der Zustand derjenigen sei, die lieben *wollen*. ›Können‹ heißt, zu etwas in der Lage, zu etwas fähig sein, ›wollen‹ dagegen bezeichnet eine willentliche Handlung. *Fähig* zu lieben sind wir alle, nur ist es leider so, daß nicht alle auch lieben *wollen* (und die Gründe dafür können unterschiedlichster Natur sein). Wenn wir nicht lieben wollen, dann wollen wir ›*nicht* lieben‹, und wenn wir dazu fähig sind, dann haben wir auch die Möglichkeit ›zu lieben‹.

Allein schon zu wissen, daß liebevoll zu handeln ein bewußter, willentlich bestimmbarer Vorgang ist, macht die Sache einfacher. Wir müssen nicht nach psychologischen Ursachen forschen oder die Vergangenheit oder unsere Kindheit durchleuchten, um liebevoll handeln zu können. Wir brauchen keine Flut von Liebe, um jemanden anzulächeln oder freundlich zu sein oder anderen nicht auf den Wecker oder gar an die Gurgel zu gehen. Wir brauchen nichts weiter tun als den Entschluß zu fassen, häufiger zu lächeln und unseren Mitmenschen freundlicher zu begegnen. Wir sitzen alle im selben Boot, und deshalb sollten wir alle alles Erdenkliche tun, um dem Leben möglichst viel Freude abzugewinnen – und häufigeres Lächeln ist gar kein so übler Anfang.

7. Wie wichtig ist es Ihnen wirklich, ein guter Liebhaber zu sein bzw. Liebhaberin? (Ich verwende auch hier der Einfachheit halber immer die männliche Form – was nicht heißen soll, daß Sie, meine Damen, sich nicht angesprochen fühlen sollten!) Wollen Sie versuchen, ehrlich versuchen, alles Sie Umgebende aufrichtig zu honorieren und die Schönheit

wahrzunehmen, die in allem steckt, was Gott erschaffen hat? Obwohl jeder bei dem Wort Liebhaber automatisch an Sex denkt, gehört sehr viel mehr dazu, ein guter Liebhaber zu sein; Sex ist nur ein klitzekleiner Teil davon. Wenn wir Tiere und Sonnenuntergänge und Gemälde und Musik und Bäume und Blumen und Möbel und Häuser und Autos und Speisen und unseren Körper und unseren Geist und unsere Gefühle lieben können – dann, und nur dann, werden wir auch ein guter Liebhaber sein. Sex ist ein Teil des Ganzen, deshalb müssen wir, um ein guter Liebhaber sein zu können, auch ihn lieben. Aber nicht mehr und nicht weniger als alles andere. Wenn Sie die Liebe in Ihrem Herzen tragen, dann ist es eine Liebe zu allen Dingen. Nun gibt es da natürlich Abstufungen (ich liebe Sonnenblumenkerne mehr als Walnüsse, aber ich liebe auch Walnüsse), doch die Liebe zu einer Sache trägt die Liebe zu allen Dingen in sich. Wenn ich meinen Partner liebe, heißt das, daß ich alle Menschen liebe. Wenn ich nämlich nicht alle Menschen liebe, dann kann ich auch keinen einzelnen Menschen lieben. Vielleicht brauche ich ihn, oder ich fühle mich körperlich zu ihm hingezogen, aber wenn ich nicht alle Menschen und alle Dinge liebe, dann kann ich auch ihn nicht lieben.

Um ein guter Liebhaber sein zu können, müssen Sie anfangen, alle Dinge zu schätzen und geistig und seelisch aufgeschlossen zu sein – schließen Sie nichts und niemanden aus Ihrem Herzen aus. Bemühen Sie sich, das Gute und Schöne in allen Dingen zu sehen und sie alle auf unterschiedliche Art und Weise zu lieben – und dann wird diese Liebe auf Sie zurückfallen, was dazu führt, daß Sie *noch* liebevoller werden, und so weiter und so fort. Alle Liebe, die Sie geben, bringt Ihnen wiederum mehr Liebe ein, so daß auch Sie wiederum mehr Liebe zu geben vermögen. Und das allerschönste an der Liebe ist, daß sie Ihnen niemals ausgehen kann. Je mehr Sie geben, desto mehr werden Sie erhalten.

8. Wie wichtig ist es Ihnen wirklich, anderen Menschen Freude zu bereiten und mit ihnen Spaß zu haben? Können Sie sich vorstellen, anderen willentlich eine Freude zu machen, indem Sie ihnen Wärme und Zuneigung schenken, auch wenn Ihnen das alles andere als leichtfällt und wenn Sie es kaum der Mühe für wert erachten? Aber nur wenn Sie es probieren, werden Sie herausfinden, ob es schwierig oder einfach ist, und nur dann werden Sie auch sehen, ob es sich lohnt oder nicht. Die Chancen stehen nicht schlecht, daß Sie auf diesem Wege herausfinden, daß die Burg mit dem breiten Wassergraben, in der Sie sich bisher verschanzt haben, über eine Zugbrücke verfügt, die so lange nicht benutzt wurde, daß sie schon ganz rostig und nur schwer zu bedienen ist, aber wenn Sie sie erst einmal heruntergelassen haben – und sei es nur für einen kurzen Augenblick –, könnte Ihnen klarwerden, daß die Zuneigung, die über diese Brücke kommt, Ihnen ein Gefühl wiederbringt, dessen bloße Existenz Sie schon lange vergessen hatten.

Diese Zugbrücke ist Ihre Hand, Ihr Lachen, Ihr Verständnis, und wenn Sie damit andere erreicht haben und die Wärme und das Verständnis spüren, das diese Ihnen im Gegenzug entgegenbringen, könnte ich mir vorstellen, daß Sie die Brücke nie wieder hochziehen wollen.

9. Wie wichtig ist es Ihnen wirklich, an andere Menschen zu glauben und ihnen Selbstbewußtsein zu schenken, so daß sie zu sich und allem, was sie tun, Zutrauen gewinnen? Können Sie sich vorstellen, andere nie wieder zu kritisieren und Fehler in dem zu suchen (und zu finden), was immer sie tun? Natürlich ist eine oberflächliche Kritik einfach, viel einfacher als die vielleicht mühsame Suche nach etwas Positivem. Aber Sie sollten immer bedenken, daß Kritik etwas Negatives ist und daß Sie, wenn Sie andere kritisieren, auch bei sich selbst viel Schlechtes finden – und wer braucht das schon? ›Richte nicht, auf daß du nicht gerichtet werdest‹ sagt in Wahrheit nichts anderes aus. Wenn Sie Ihre Mitmenschen verurteilen, verurteilen Sie sich selbst, und das ist das Ende jeder Spontaneität und allen Spaßes. Sie können keine Freude empfinden, wenn Sie sich ständig selbst belauern und andere beobachten und alles überwachen. Und wenn Sie glauben, daß Menschen bestimmte Dinge nicht tun können oder nicht tun sollten, dann schränken Sie Ihre eigene Handlungsfreiheit ein, denn solange Sie meinen, andere sollten irgend etwas nicht tun, werden Sie der Meinung sein, daß auch Sie es nicht tun sollten. Das ist so, als ob Sie sagten, daß Sie Single-Bars gräßlich finden und um nichts in der Welt eine besuchen würden und daß Leute, die in solche Bars gehen, von Natur aus indiskutabel wären etc. etc., und eines Abend wollen ein paar Ihrer Freunde in eine solche Single-Bar gehen und fragen Sie, ob Sie nicht mitkommen wollen, und Sie haben wirklich gar nichts anderes vor und langweilen sich gerade und wollen auch nicht alleine zu Hause bleiben – nun ja,

wie könnten Sie da mitgehen und sich amüsieren, wenn Sie doch ewig was dran auszusetzen hatten? Also hören Sie auf, an allem herumzunörgeln, und fangen Sie lieber an, etwas Positives zu tun (Nörgler sind niemals positiv und bringen kaum jemals etwas Ordentliches zustande, weil sie nämlich ihre ganze Energie darauf verschwenden, andere zu kritisieren, während positiv denkende Menschen viel zu beschäftigt sind, um alles und jeden zu bemäkeln).

Wenn Sie also eine positive Kraft in Ihrem eigenen und auch im Leben anderer sein wollen, raffen Sie sich auf und fangen einfach an zu handeln. Der erste Schritt besteht darin, etwas Gutes und Positives an jedem zu finden, der Ihnen begegnet, aber das ist noch nicht genug – *sagen* Sie dem Betreffenden auch, wie sehr Sie ihn mögen oder wie hoch Sie seine positive Eigenschaft schätzen. Damit erreichen Sie nicht nur, daß sich der oder die Angesprochene freut und mehr Selbstwertgefühl entwickelt, sondern Sie werden sich auch selber viel besser fühlen, weil Sie es gesagt haben.

ANHANG I:

Hinweis des Verlags:

Die auf den folgenden Seiten angegebenen Vitaminmengen entsprechen der Überzeugung der Autorin, aber auch angesehener Wissenschaftler. Jeder interessierte Leser sollte die genannten Dosierungen nur als *Ratschläge* verstehen. Bei manchen Krankheiten sind bestimmte Vitamine kontraindiziert, deswegen ist es notwendig, sich vor der Einnahme von Dosen, die den normalen Tagesbedarf weit überschreiten, von einem fortschrittlichen Mediziner beraten zu lassen.

Dynamite Energy Shake. Dieser Energietrank, den die Autorin immer wieder erwähnt, ist in Deutschland nicht (evtl. noch nicht) erhältlich. Er enthält hauptsächlich *Lecithin, Kalzium* und *Traubenzucker;* man kann sich also nach Beratung mit einem Arzt oder Apotheker daraus selbst eine Mischung herstellen.

Die Vitamine und der *Dynamite Energy Shake* (Energietrank)

Sie können den *Dynamite Energy Shake* so wie ich als Frühstück trinken (es sind zwei große Gläser, und die sättigen *wirklich*), oder dadurch Ihr Mittagessen ersetzen. Sie können aber natürlich auch die eine Hälfte zum Frühstück und die andere Hälfte zum

Mittagessen trinken, oder die eine Hälfte zum Mittagessen und die andere vor dem Schlafengehen, wie immer Sie es am liebsten mögen oder wie es Ihnen am besten paßt. Ich persönlich fange damit am liebsten meinen Tag an und trinke die zwei Gläser als Frühstück, aber das bleibt wirklich jedem selber überlassen. Ein Freund von mir hat rund zwanzig Pfund abgenommen, indem er das Frühstück ausließ und die eine Hälfte des *Energy Shakes* als Mittagessen und die andere als Abendessen trank. Bei ihm hat es wunderbar funktioniert, aber ich würde trotzdem nicht empfehlen, das Frühstück auszulassen, sofern Sie nicht sowieso ein Mensch sind, der am Morgen nichts runterbringt und deshalb erst später oder gar nicht frühstückt. Es ist ausgesprochen wichtig, daß Sie Ihrem Organismus den Trank gleich zu Tagesanfang zukommen lassen. Aber dieser Freund wollte unbedingt abnehmen, so daß ihm auch extreme Maßnahmen angebracht erschienen. Jetzt, da er die überflüssigen Pfunde los ist und sich wieder fabelhaft fühlt, hält er sein Gewicht, indem er die Hälfte des Energietranks als Frühstück und die andere als Mittagessen trinkt.

Welche Vitamine Sie nehmen sollten

Einkaufsliste:

Tagesdosis:
Vitamin A – 25 000 IE (Internationale Einheiten)
Vitamin C – 1000 mg Ascorbinsäure
Vitamin D – 1000 IE
Vitamin E – 400 IE
Dolomit (Kalzium und Magnesium)

Morgens (zusammen mit dem Dynamite Energy Shake):

1 Vitamin A
2 Vitamin C
2 Vitamin D
1 Vitamin E

Abends (nach dem Abendessen):

1 Vitamin A
2 Vitamin C
2 Vitamin D
1 Vitamin E (wenn Sie zu hohem Blutdruck neigen,
sollten Sie nur die Morgenration nehmen)
10 Dolomit-Tabletten (oder 1 gehäufter Teelöffel Do-
lomit-Pulver in etwas Flüssigkeit)

In meinem ›Energy‹-Buch habe ich das Wichtigste
über die Vitamine erzählt, aber jetzt möchte ich
gerne noch genauer beschreiben, was man über die
einzelnen Vitamine wissen sollte, warum wir sie
brauchen und wieviel Sie nehmen sollten. Bevor ich

mich intensiver mit Vitaminen befaßt habe, hatte ich eigentlich gar keine Ahnung, welche – und wieviel von welchen – der menschliche Organismus benötigt. Einmal täglich nahm ich eine Multi-Vitamin-Tablette und dachte, daß mein Körper damit alles bekäme, was er braucht. Aber nachdem ich mich nun genauestens über das Thema informiert habe, weiß ich, daß ich auf diesem Wege bei weitem nicht genug genommen habe. Jeder Mensch ist ein Individuum, und jeder Körper hat seine eigenen Bedürfnisse. Es gibt also kein absolutes Soll-Quantum, wieviel Vitamine der Mensch braucht. Was ich Ihnen hier aufgelistet habe, ist das, was ich für das absolute Minimum für *jeden Körper* halte (ich selber nehme wesentlich mehr, aber davon später). Für manche von Ihnen reicht möglicherweise das Minimum, andere benötigen vielleicht mehr, so wie ich. Auf jeden Fall werde ich Ihnen verraten, wie Sie herausfinden, ob Sie ausreichend Vitamine zu sich nehmen, oder ob Ihr Körper mehr benötigt.

Fangen wir mit dem Vitamin A an. A und D sind die einzigen Vitamine, von denen Sie zuviel nehmen könnten, aber das wäre dann eine derart riesige Dosis, daß ich mir nicht vorstellen kann, daß irgendein vernünftiger Mensch sie einnehmen würde. Das wäre ungefähr so, wie wenn Ihr Arzt Ihnen sagt, Sie sollen zwei Aspirin nehmen, und Sie nehmen zwanzig (vierzig bis sechzig Aspirin sind tödlich!). Zuviel Vitamin A oder D können Nebenwirkungen hervorrufen, aber auch dazu müßten Sie diese Vitamine unheimlich hoch dosiert verwenden. Und selbst dann ist es – laut F. Bicknell und F. Prescott in *The Vitamins in Medicine* – so, daß Vitamin C, wenn Sie genügend davon in Ihrem Organismus haben, die Toxidität neutralisieren kann. Fast alle Drogen, also auch viele nicht verschreibungspflichtige Medikamente, haben einen überraschend hohen Toxiditätsgrad (das heißt, sie sind giftig). Noch schlimmer ist es in der Regel freilich bei verschreibungspflichtigen Medizinen. Drogen sind Fremdsubstanzen, die normalerweise nicht im Körper vorkommen. Vitamine dagegen sind Lebensmittel, die üblicherweise im Organismus zu finden sind. Dr. Harold Rosenberg schreibt in seinem großartigen Buch *The Doctor's Book on Vitamin Therapy* (nicht in Deutsch) sogar, daß zu viele Vitamine noch nie zu gravierenden gesundheitlichen Schäden geführt hätten.

Ich war in vielen Talkshows zusammen mit Ärzten eingeladen, die versuchen, den Leuten Angst einzujagen, indem sie behaupten, daß mehr als 5000 IE Vitamin A gesundheitsschädlich seien. Aber ausnahmslos alle waren überrascht, als ich darauf hinwies, daß laut dem *United States Department of Agriculture Handbook No. 8, Composition of Foods* (herausgegeben vom Agricultural Research Service of the United States) schon 300 Gramm Rinderleber über 100 000 Einheiten Vitamin A enthalten und daß in 100 Gramm Spinat oder anderem gekochten grünen Gemüse 12 000 Einheiten Vitamin A enthalten sind – folglich also 5000 IE beim besten Willen doch wohl nicht zuviel sein können. Ich nehme seit vielen Jahren jeden Tag 50 000 Einheiten Vitamin A *und* esse darüber hinaus viel Obst und Gemüse. Und ich bin der gesündeste Mensch, den ich kenne.

Vitamin A ist wichtig für gute Haut – es schützt und regeneriert die Haut und hilft gegen Hautunreinheiten. Darüber hinaus sorgt es für glänzendes Haar, verbessert das Sehvermögen (vor allem bei Dunkelheit), fördert das Zellwachstum und unterstützt die körpereigene Abwehrkraft.

Die Vitamine A und E wirken zusammen und sollten auch zusammen eingenommen werden, da Vitamin A ohne Vitamin E nicht wirksam werden kann. Vitamin A findet man in grünem und gelbem Gemüse und Obst. Empfohlen werden 5000 Einheiten pro Tag, aber ich nehme wie gesagt 50000 und halte 25000 IE pro Tag für die Mindestdosis für einen Erwachsenen.

Die Vitamine der B-Gruppe heißen B_1, B_2, B_6, B_{12}, Biotin, Folsäure, Inosit, Niacin, Pantothensäure und PABS (p-Aminobenzoesäure). Es gibt noch weitere B-Vitamine, und erst kürzlich ist es Wissenschaftlern gelungen, zwei davon zu isolieren: B_{16} und B_{17}. Alle Vitamine der B-Gruppe sind wasserlöslich und können vom Organismus nicht gespeichert werden, deshalb muß man sie täglich einnehmen. Sie sind synergistisch, was bedeutet, daß eines allein oder einige zusammengenommen das Bedürfnis des Körpers nach den übrigen erhöht (wenn Sie zum Beispiel Unmengen B_1 oder B_6 einnähmen, würde dies einen schlimmen Mangel an allen anderen B-Vitaminen verursachen). Wenn Sie den *Dynamite Energy Shake* trinken, bekommen Sie *alle* B-Vitamine, und zwar in garantiert ausreichender Menge, denn in dem Trank ist viel Hefe und Lecithin enthalten.

Das erste Buch, das ich über Ernährungslehre gelesen habe, war Adelle Davis' *Let's Eat Right to Keep Fit* (nicht in Deutsch), und daraus habe ich viel über Vitamine gelernt. Dann las ich Linda Clarks fabelhaftes Buch *Stay Young Longer* (nicht in Deutsch), und darin steht alles Wichtige über Lecithine, die neueren Forschungsergebnissen zufolge:

1. Den Cholesterinspiegel senken und dazu beitragen, bereits vorhandene Ablagerungen in den Arterien zu lösen.
2. Bei manchen Menschen den Blutdruck senken.
3. Gerade ältere Menschen wacher und lebhafter machen.
4. Das Gammaglobulin im Blut vermehren, was Infektionskrankheiten vorbeugt und bekämpft.
5. Bei Akne, Ekzemen und Schuppenflechte helfen.
6. Alternde Haut glätten und die Haut auch bei Gewichtsabnahme elastisch erhalten.
7. Als Beruhigungsmittel wirken und bei nervösen Erschöpfungszuständen Linderung bringen.
8. Als Gehirnnahrung dienen und dazu beitragen, die Hirnzellen zu regenerieren (einer Studie zufolge wies das Gehirn eines Geisteskranken nur die Hälfte des Lecithingehaltes auf, den man in einem normalen Gehirn findet).
9. Die Potenz erhöhen können (Samenflüssigkeit enthält viel Lecithin).
10. Bei Drüsen- und nervösen Störungen helfen.
11. Das Gewicht umverlagern, es also von Körperstellen, wo es unerwünscht ist, auf Körperteile umschichten, wo es gebraucht wird.
12. Die Aufnahme der Vitamine A und E fördern.
13. Einer Fettleber vorbeugen respektive sie heilen können.
14. Das Leben von Tieren verlängern und für ein

schönes Fell und gesteigerte Reaktionsfähigkeit sorgen.

15. Den Insulinbedarf bei Zuckerkranken senken (gemeinsam mit Vitamin E).

Die Vitamine der B-Gruppe und die Lecithine sind also ganz wesentlich für eine schöne Haut. Und wenn Sie nun mit dem Energietrank anfangen, sollte Ihre Haut sichtlich aufblühen! Aber die B-Vitamine sorgen nicht nur für wunderschöne Haut, sondern sind auch für kräftiges Haar, starke Nerven und gesunde Augen verantwortlich.

Vitamin C ist Ascorbinsäure, und der Nobelpreisträger Linus Pauling empfahl eine tägliche Mindestdosis von 3000 mg. Ich nehme jeden Tag mindestens 15000 mg mit viel Flüssigkeit, und das seit vielen Jahren. Wenn ich niesen muß oder das Gefühl habe, eine Erkältung zu bekommen, steigere ich die Tagesdosis auf 50000 mg, und einige Male habe ich schon bis zu 100000 mg am Tag genommen – und jedesmal bin ich den Virus noch am gleichen Tag losgeworden. Ganz ehrlich: Seit ich Vitamin C so hoch dosiert einnehme, bin ich nicht einen einzigen Tag krank gewesen. (Und dabei habe ich früher acht bis zehn Mal im Jahr einen Grippe- oder Schnupfenvirus eingefangen, der mich jedesmal mehrere Tage lang ans Bett gefesselt hat. Meine Arzt- und Medikamentenrechnungen waren enorm.) Vitamin C ist fantastisch, aber Sie müssen wirklich große Mengen einnehmen. *Wenn Sie regelmäßig Vitamin C nehmen und trotzdem noch Erkältungen bekommen, nehmen Sie nicht genug.* Ganz wichtig ist es, die hohe Dosierung *mit viel Flüssigkeitszufuhr* noch mindestens einen weiteren Tag lang beizubehalten, auch wenn Sie sich schon wieder gesund fühlen (normalerweise fühlt man sich bereits direkt nach der Einnahme einer größeren Menge Vitamin C wesentlich besser). Sollten Sie nämlich zu früh damit aufhören, fehlt Ihrem Immunsystem die nötige Unterstützung.

Leiden Sie unter Zahnfleischbluten oder bekommen Sie leicht blaue Flecken, so ist das ein Zeichen für unzureichende Versorgung mit Vitamin C. Sind Sie aber niemals von einer Erkältung geplagt, dann werden Sie wahrscheinlich viel weniger davon brauchen als die meisten Menschen; 3000 mg oder 4000 mg sollten in diesem Fall ausreichen. Vitamin C ist wasserlöslich und kann vom Körper nicht gespeichert werden. Sollten Sie also mehr genommen haben, als Ihr Organismus benötigt, wird der Überschuß rasch wieder ausgeschieden. Aber Sie müssen sich jeden Tag eine ausreichende Menge zuführen. Und ich muß nochmals sagen: Trinken Sie unbedingt sehr viel, wenn Sie viel Vitamin C einnehmen. Haben Sie keine Angst, daß Sie Ihrem Körper zuviel Vitamin C zumuten könnten – das können Sie nämlich nicht; Sie können nur zuwenig nehmen. Benutzen Sie einfach Ihren Körper als Barometer: Falls Sie sich fantastisch fühlen und keine Viren oder Erkältungen aufschnappen, dann reichen, wie gesagt, 3000 mg am Tag. Wenn Sie jedoch anfällig für Erkältungskrankheiten etc. sind, dann brauchen Sie mehr.

Ein Glas Orangensaft enthält etwa 100 mg Vitamin C, das heißt, Sie bekommen nur dann genug, wenn Sie Ascorbinsäure-Tabletten nehmen, die billiger als »natürliche« Vitamin-C-Tabletten sind; nach Aussage von Linus Pauling besteht chemisch keinerlei Unterschied. Sobald nun ein Virus – zum Beispiel ein Grippebazillus oder eine Fremdsubstanz – in Ihren Körper eindringt, greift er das Vitamin C an, zerstört es und geht dabei selbst kaputt (deshalb die massiven Dosen). Rauchen (eine Fremdsubstanz) frißt bis zu 25 mg Vitamin C pro Zigarette, wenn Sie also rauchen oder Aspirin (oder ein anderes Medikament) nehmen oder eine Allergie haben, dann sollten Sie Ihrem Körper reichlich Vitamin C gönnen, um besser mit diesen Giften fertig werden zu können. Am wirkungsvollsten ist es, wenn ausreichend Kalzium vorhanden ist, deshalb empfehle ich dringend, jeden Tag Kalzium/Magnesium- (und Dolomit-)Tabletten einzunehmen.

Irwin Stone, der Biochemiker, der Linus Pauling auf das Vitamin C gebracht hat, verfaßte ein wunderbares Buch: *The Healing Factor: Vitamin C Against Disease* (nicht in deutsch). Darin heißt es, daß Vitamin C im Grunde gar kein richtiges Vitamin sei und daß alle Tiere – Löwen, Tiger, Hunde, Katzen, Echsen – in ihrer Leber Vitamin C produzieren; alle Tiere, mit Ausnahme des Menschen, des Affen (und anderer Primaten), des Meerschweinchens und einer indischen Fledermausart, die sich von Früchten ernährt. Durch irgendeine Mutation haben wir diese Fähigkeit vor Millionen von Jahren verloren, und wenn wir unserem Körper nicht auf dem Nahrungswege Ascorbinsäure zukommen lassen, sterben wir innerhalb weniger Wochen. Irwin Stone empfiehlt für ein einjähriges Baby ein Gramm (1000 mg) Vitamin C pro Tag, für ein vierjähriges Kind vier Gramm und für ein Zehnjähriges zehn Gramm – und bei zehn Gramm pro Tag sollten Sie dann auch bleiben. Linus

Pauling hat sein großartiges Buch *Vitamin C and the Common Cold* (nicht in Deutsch) Irwin Stone gewidmet, und ich rate jedem, der sich für seinen Körper interessiert, die Bücher von Pauling und Stone zu lesen.

Wir wissen heute, daß viele Anzeichen, die eigentlich als normale Altersschwäche gelten, in Wahrheit Krankheitssymptome sind. Auch acht- und zehnjährige Kinder, die an Skorbut (Vitamin-C-Mangel) leiden, haben vornübergebeugte Schultern und schlaffe, faltige Haut, und auch ihnen fallen die Zähne aus. Wenn Sie sich Bilder von skorbutkranken Kindern anschauen, werden Sie merken, daß sie genau wie uralte, zusammengeschrumpfte Greise aussehen – die Ähnlichkeit ist wirklich verblüffend. Das erste Anzeichen von Skorbut ist Zahnfleischbluten, ein weiteres Merkmal besteht darin, daß man leicht blaue Flecken bekommt. Falls Sie also zu blauen Flecken neigen und Zahnfleischbluten haben, sollten Sie Ihre tägliche Vitamin-C-Dosis so weit erhöhen, bis beide Symptome verschwunden sind.

Das amerikanische Gesundheitsministerium gibt Richtlinien an Ärzte heraus, in denen die empfohlenen Mindestmengen für Vitamine (MDR = ›Minimum Daily Requirements‹) genannt werden. In diesen Richtlinien, an die sich zahllose Ärzte halten, wird als MDR für Vitamin C die Menge von 60 mg genannt, was ich für lächerlich gering halte. Der Gesundheitsstatistik zufolge sind 60 mg Vitamin C gerade genug, um Skorbut zu verhindern, eine Krankheit, die das letzte Stadium an Vitamin-C-Mangel kennzeichnet – kurz vor dem *Tod!* Das ist in etwa dasselbe, als ob man sagen würde, daß die MDR an

Wasser rund 100 Gramm beträgt – gerade genug, um einen Menschen vor der Dehydrierung (Austrocknung) zu bewahren. Nun wird wohl jedem daran gelegen sein, sich einer besseren Gesundheit zu erfreuen, als nur gerade knapp dem Tod durch Mangelkrankheiten zu entrinnen, und deshalb ist es so besonders traurig, daß viele Leute sich strikt an die MDRs halten und deshalb ihren armen Organismus auf Vitamin-Sparflamme dahinvegetieren lassen. Und besonders betrüblich finde ich, daß auch viele Ärzte die MDRs als letzte Weisheit im Bereich Ernährungslehre ansehen. Es gibt viele großartige Ärzte auf der Welt, aber es gibt auch viele engstirnige. Wenn Sie klug sind, dann suchen Sie sich einen Arzt (oder natürlich eine Ärztin), die aufgeschlossen sind, sich über die jüngsten Forschungserkenntnisse informieren und immer auf dem neuesten Stand sind, was Gesundheitsvorsorge und Ernährungslehre angeht.

Vitamin D heißt auch Licht- oder Sonnenscheinvitamin und hilft dem Organismus dabei, Kalzium aufzunehmen und zu speichern. Ohne Vitamin D geht sehr viel Kalzium verloren. Da unsere Nahrungsmittel sowieso nicht besonders reich daran sind, leiden viele Menschen an Mangelerscheinungen und wissen gar nicht, warum sie so nervös sind. Vitamin D kann ohne Fett oder Öl nicht aufgenommen werden, deshalb sollten Sie es nach einer Mahlzeit einnehmen, die etwas Fett enthält. Wie Vitamin A kann auch Vitamin D Störungen und Vergiftungen verursachen, aber nur, wenn es in zu massiven Dosen zugeführt wird. Ich nehme jeden Tag zwei Tabletten, was 3000 IE Vitamin D entspricht. Dr.

J. A. Johnston vom Henry Ford Hospital in Detroit hat sich intensiv mit Vitamin D beschäftigt, und seinen Forschungen zufolge kann ein Erwachsener täglich mindestens 2000 IE verwerten.

Vitamin E erleichtert die Anreicherung mit Sauerstoff im Zellgewebe und unterstützt alle Muskeln, indem es den Sauerstoffbedarf herabsetzt. Mit mehr Sauerstoff versorgt, kann das Herz leichter arbeiten. Vitamin E wird manchmal auch Sexvitamin genannt, weil es die normale Produktion der Geschlechtshormone positiv beeinflußt. Darüber hinaus fördert es die Gehirndurchblutung und wird seit Jahren bei der Behandlung geistig behinderter Kinder eingesetzt. Dr. Del Giudice, Leiter der Abteilung Kinderpsychologie am Institut für Nationale Gesundheit in Buenos Aires, Argentinien, hat geistig behinderte Kinder jahrelang mit einer täglichen Dosis von 2000 bis 3000 IE Vitamin E behandelt und damit überraschende Erfolge erzielt. Anzeichen für Vergiftungen durch Überdosierungen fand er keine. Wenn Sie unter hohem Blutdruck leiden, würde ich Ihnen allerdings raten, sehr langsam mit täglich 100 IE Vitamin E anzufangen und die Vitamin-E-Dosis erst dann auf 400 IE pro Tag anzuheben, wenn sich Ihr Gesundheitszustand allgemein verbessert hat und Ihr Blutdruck gesunken ist. Alle anderen sollten mit 800 IE beginnen, oder, wenn Sie es lieber allmählich angehen wollen, nehmen Sie zuerst 400 IE und steigern dies dann auf 800 IE Vitamin E pro Tag. Ich persönlich nehme jetzt täglich 2000 IE und fühle mich dabei großartig.

Denken Sie immer daran, daß Vitamine Lebensmittel sind und keine Drogen (es überrascht mich immer wieder zu hören, daß es Ärzte gibt, die von der Einnahme von Vitaminen abraten, die der Gesundheit wirklich zuträglich sind, gleichzeitig jedoch nicht vor dem Genuß von Kaffee, Tee oder Zucker warnen, die ausnahmslos süchtig machen). Sobald Sie körperbewußt geworden sind und darauf hören, was Ihr Körper Ihnen sagt, werden Sie auch erkennen, was er braucht, was man ihm geben und was man ihm besser nicht geben sollte. Wenn Sie Ihren Körper so gut kennengelernt haben und anfangen, sich körperlich richtig gesund zu fühlen, werden Sie auch Ihre psychische Belastbarkeit erfahren. Und das ist der Grundstock für wahres Glücklichsein. Denn nur wenn Sie sich *wirklich* kennen, können Sie alles Negative ausschalten und alles Positive verstärken. Und das ist der Beginn eines neuen Lebens, eines Lebens, das Spaß macht und positive Höhepunkte zu bescheren vermag.

Der Energietrank und die Vitamine sind keine besondere Art der Ernährung, sie repräsentieren vielmehr eine bestimmte Lebensweise. Sie werden Ihnen so sehr zur Gewohnheit werden wie das tägliche Zähneputzen. Alles, was Sie Ihrem Körper zuführen, wirkt sich irgendwie aus – manches sofort, in Form von Mitessern und Pickeln, Kopfschmerzen, Lippenbläschen etc. – und anderes oft erst viel später, wie Herzinfarkte, Schlaganfälle oder Magengeschwüre. Wenn Sie Ihren wundervollen Körper mißhandeln, brauchen Sie sich nicht zu wundern, daß er nicht mehr ordnungsgemäß funktioniert. Das Wunderbarste daran ist freilich, daß es *nie* zu spät ist, sich umzustellen. Auch wenn Sie sich jahrelang falsch ernährt haben, können Sie trotzdem heute mit Ihrem neuen Leben beginnen, mit einem gesünderen und glücklicheren Leben. Und wenn es erst einmal soweit ist, dann werden Sie auch anfangen, all die guten Dinge zu bekommen, die Sie sich redlich verdient haben.

ANHANG II:

Naura Haydens Aussagen vor dem Ernährungsaus-
schuß des Kongresses der Vereinigten Staaten von
Amerika

Lassen Sie mich zunächst einmal sagen, wie sehr ich
mich freue, heute hier sein zu dürfen, und daß ich
mich geehrt fühle, daß der Kongreßabgeordnete
Fred Richmond und sein Komitee mich eingeladen
haben, an diesem Hearing teilzunehmen. Allein
schon die Existenz dieses Komitees sehe ich als Zeichen für fortschrittliches Denken an; es sollte unbedingt als wesentlicher Teil des Kongresses aner-
kannt und auch öffentlich so dargestellt werden.
Und hier neben Ihnen, meine Damen und Herren,
sollte als kritischster Zuhörer der Präsident der Vereinigten Staaten sitzen, um diese wirklich wichtigen
Aussagen zu hören.

Ich möchte damit beginnen, Sie darauf hinzuweisen, daß wir hierzulande eine Humanenergie-Krise
haben und daß es mich sehr enttäuscht, daß die ge-
genwärtige Regierung bisher nicht erkannt hat, daß
dieser Mangel an menschlicher Energie ein weit größeres Problem darstellt als die ständig geringer wer-
denden Ölvorkommen.

Millionen Menschen werden dafür bezahlt, täglich acht Stunden zu arbeiten, und sind zwar willig
und auch bereit dazu, aber schlichtweg nicht in der

Lage, mehr als vier oder fünf Stunden tätig zu sein – ihre Kaffee- und Nasch- und Zigarettenpausen, ihre Krankmeldungen und Unfälle kosten dieses Land Milliarden von Dollar.

Wie tragisch wäre es, könnten wir das Problem der Inflationsspirale lösen, die Anzahl der Straftaten senken, für alle Opfer der Rezession Arbeitsplätze schaffen – und müßten dann feststellen, daß wir es am Ende mit einer Generation ausgelaugter, schwacher und entnervter Menschen zu tun haben.

Jetzt möchte ich jeden der hier Anwesenden, der sich wirklich super gut fühlt und voller Tatkraft ist, bitten, die Hand zu heben . . .

Nun, wie viele von Ihnen trinken täglich Kaffee oder ein koffeinhaltiges Getränk? Wie viele von Ihnen rauchen täglich mehrere Zigaretten? Wie viele von Ihnen nehmen täglich Zucker zu sich? Wie viele von Ihnen trinken mittags oder abends einen oder mehrere Martinis oder Whiskys?

Auch ich habe das alles früher einmal gebraucht – Koffein, Nikotin und Zucker, um meinen Körper aufzuputschen, und dann zur Entspannung am Abend Alkohol. Das waren meine ›Aufputsch-‹ und ›Beruhigungsmittel‹, bis mein Körper bereits in sehr jungen Jahren einfach nicht mehr mitmachte und ich ins Krankenhaus eingeliefert wurde, weil ich buchstäblich nicht mehr genug Energie hatte, um ohne Hilfe laufen zu können. Aus diesem Grund habe ich meine Karriere als Schauspielerin und Sängerin unterbrochen und mein ›Energy‹-Buch geschrieben – weil ich am eigenen Leib die Erfahrung gemacht hatte, was es bedeutet, ein Leben zu führen, das voll von Krankheiten, Anspannungen, Ängsten und Depressionen ist. Ich habe am eigenen Leib erfahren, welchen Schaden Koffein dem Körper zufügt, und ich frage mich ernsthaft, warum diese Droge nicht verboten wird. (Koffein *ist* eine Droge, auch wenn wir es nicht gerne zugeben. Und wenn Sie mir nicht glauben, dann versuchen Sie einmal, von einem Tag auf den anderen auf Kaffee und alle koffeinhaltigen Getränke zu verzichten, und Sie werden erleben, was das Wort ›Entzugserscheinungen‹ bedeutet.)

Ich habe am eigenen Leib erfahren, wie abhängig Zucker macht – je mehr Sie davon essen, desto mehr wollen Sie; und hier verhält es sich ganz genauso: Wenn Sie mir nicht glauben, dann versuchen Sie einmal, *gänzlich* auf Zucker zu verzichten, und Sie werden sehen, wie schwierig das ist – und das liegt daran, daß Sie *süchtig* danach sind.

Gerade zum Zucker möchte ich noch etwas sagen: Dieses kommerzielle Produkt, das wir alle tagtäglich in großen Dosen zu uns nehmen, ist eine der Hauptkrankheitsursachen in unserem Land. Es vergiftet unseren Organismus. Wir können uns nur schwer vorstellen, daß etwas, das Mommy und Daddy uns gaben, so schädlich sein soll, aber Mommy und Daddy haben sich von der Zuckerindustrie genauso irreführen lassen wie wir alle.

Es scheint paradox, daß kaum etwas unternommen wird, um auf die schädlichen Wirkungen des Zuckers hinzuweisen, während man gleichzeitig weder Geld noch Mühe scheut, um Zuckerersatzstoffe in Mißkredit zu bringen. Ich kann nicht umhin, den Eindruck zu gewinnen, daß hinter diesen Versuchen, Zucker um jeden Preis durchzusetzen, eine starke Lobby steht. Die Tests gegen Saccharin lieferten keineswegs eindeutige Ergebnisse, und doch führten sogenannte Aufklärungskampagnen dazu, die Leute glauben zu lassen, daß schon ein paar Schluck eines künstlich gesüßten Getränkes Krebs verursachen. Hätte man den Ratten der Saccharin-Versuche dieselbe Menge Zucker verabreicht, ich bin mir sicher, sie wären elendiglich eingegangen. Und ich halte es für unbedingt notwendig, Testreihen durchzuführen, bei denen dieselbe Menge Zucker verfüttert wird wie bei den Versuchen mit Saccharin.

Selbstverständlich wissen wir alle, daß Alkohol eine Droge ist und daß es in unserem Land Millionen von Menschen gibt, die aus gesellschaftlichen Gründen zu Alkoholikern geworden sind. Und nicht zu vergessen die Abermillionen ›heimlicher‹ Trinker, die sich schämen, vor aller Welt zuzugeben, daß ihre Körper von dieser Droge abhängig sind.

Woher kommt es nun, daß so viele Amerikaner süchtig nach Koffein, Nikotin, Zucker und Alkohol sind? Es kommt daher, daß sie sich falsch ernähren und deshalb keine Energie besitzen. Sie stopfen ungesundes Essen in sich hinein, das ihnen zu einem kurzen Hoch verhilft, sie dann aber kurz darauf um so tiefer absacken läßt. Das ist nichts anderes, als wenn man ein müdes Pferd mit der Peitsche immer weiter treiben will; es beweist, daß wir zwar viel, wenn nicht sogar zuviel, aber eben das Falsche essen und dadurch nicht genügend Nährstoffe zu uns nehmen.

Im Laufe des letzten Jahres hatte ich Gelegenheit, mein ›Energy‹-Buch in über dreißig Städten vorzustellen, habe in Fernseh-Talkshows, Radioshows

und in Buchhandlungen mit zahllosen Leuten gesprochen und habe herausgefunden, daß sich die
Mehrzahl der Menschen nicht besonders gut fühlt.
Sie sind verspannt und gestreßt, leiden unter Depressionen, sind häufig krank und haben es, kurz gesagt,
satt, alles satt zu haben. Aber das ist noch nicht einmal alles, denn wenn sie zu ihrem Arzt gehen und
ihn fragen, warum sie so verspannt sind, dann sind
die Ärzte sehr schnell mit Beruhigungsmitteln bei
der Hand, und wenn sie über Müdigkeit und Depressionen klagen, dann verordnen die Ärzte viel zu
schnell irgendwelche Aufputschmittel, und wie bei
allen Drogen ist es auch dabei so, daß man sich um so
schlechter fühlt, je mehr man nimmt. Natürlich sind
nicht alle Ärzte ›drogenwütig‹, es gibt auch gute, be-
sonnene Ärzte, die sich intensiv mit Präventivmedizin beschäftigen; aber die meisten Mediziner lernen
in der Ausbildung, ihre bereits kranken Patienten
mit Drogen zu behandeln – wie wäre es nun, wenn
man diesen Ärzten beibrächte, wie sich Krankheiten
von vornherein vermeiden lassen und wie man einen
Körper durch gesunde Ernährung und Vitamine gesund, kräftig und energiegeladen macht?

Wie oft werden täglich in unzähligen Arztpraxen
unzählige Rezepte für Drogen ausgestellt, wo es
doch Vitamine und Nahrungsmittel-Ersatzstoffe
gibt, die, regelmäßig genommen, Krankheiten vorbeugen können. Ich finde es einfach nicht richtig, daß
so viele Ärzte aus reiner Ignoranz heraus den Leuten
angst machen, was Eier und Milch und Vitamine angeht, die allesamt gute Nahrungsmittel und der Gesundheit zuträglich sind, sie andererseits aber nicht
vor Kaffee, Zucker und Alkohol warnen.

Ausgesprochen irreführend ist auch die Fehlinformation, die man Kindern zukommen läßt. Sie werden mit Werbespots überfüttert, die ihnen erzählen, daß zuckerhaltiges Müsli gesund sei und daß es alle Vitamine und Nährstoffe enthielte, die sie bräuchten; das ist nicht nur irreführend, sondern regelrecht gelogen.

Alle Kinder sollten im Unterricht darauf hingewiesen werden, was Vitamine sind und wozu unser Körper sie braucht, und sie sollten auch lernen, welche Lebensmittel dazu beitragen, daß sie kräftig und exzellente Fußballspieler oder Turnerinnen werden, und welche gut für ihr Gehirn sind, damit ihnen das Lernen leichterfällt und sie klarer denken können. Und natürlich müssen sie auch erfahren, welche Lebensmittel ungesund sind, deshalb schlechte Noten und schwache Muskeln verursachen und sie unkonzentriert und sogar krank werden lassen.

Wenn Sie jetzt den Eindruck haben, daß ich, was Vitamine und Nährstoffe angeht, sehr engagiert bin, dann darum, weil mir dieses Thema wirklich am Herzen liegt. Nur jemand, der soviel krank war wie ich, kann beurteilen, wie wichtig eine gute Gesundheit tatsächlich ist, und deshalb möchte ich alle Menschen motivieren, aus dem, was ich gelernt habe, Nutzen zu ziehen, damit *jeder* sich so gut fühlen kann, wie ich es tue.

Sollten manche von Ihnen jetzt glauben, ich übertreibe, dann haben Sie unrecht. Wenn Sie soviel im Land herumgekommen und auf soviel Resonanz gestoßen wären wie ich, dann wäre auch Ihnen klar, wie verzweifelt unzählige Menschen nach etwas suchen, das ihrer körperlichen, geistigen und seelischen Gesundheit zugute kommt. Sie haben es satt, ihr Geld an Ärzte und Psychiater zu verschwenden und sich nachher noch elender zu fühlen.

Ich bin überzeugt, daß es jetzt an der Zeit ist, der nackten Wahrheit ins Gesicht zu blicken. Koffein, Nikotin, Zucker und Alkohol schaden dem Körper, und es ist an uns, den Mund aufzumachen und die Allgemeinheit darüber aufzuklären. Ich mußte mich von all den Krankheiten, die meinen Körper peinigten, selber heilen, aber vorher habe ich viele tausend Dollar für Arztrechnungen und Medikamente ausgegeben. Ich habe völlig unnötigerweise unter Depressionen gelitten, bevor ich herausfand, welche Rolle Nährstoffe und Vitamine spielen und wie ich mich selber heilen konnte. Heute bin ich der gesündeste Mensch, den ich kenne, und auch der energiegeladenste. Allein im letzten Jahr habe ich mehr als 15 000 Briefe von Menschen bekommen, die mit Hilfe von Vitaminen und durch Umstellung ihrer Ernährung ihr Leben verändert haben und sich jetzt zum erstenmal wirklich gut fühlen.

Ich danke dem Komitee für seine Aufmerksamkeit und möchte zusammenfassend noch einmal betonen, für wie wichtig ich es erachte, *Ernährungslehre* als *Pflichtfach* in das Medizinstudium aufzunehmen, ja, es zu einem Teil der normalen Schulausbildung zu machen, und wie wichtig es ist, daß der Wirkung von Zucker genausoviel Publicity zuteil wird, wie man sie auf die Untersuchung von Saccharin verwendet hat. Ich würde empfehlen, die Nahrungsmittel, die *keine* lebenswichtigen und gesundheitsfördernden Nährstoffe enthalten, mit einer besonderen zusätzlichen Steuer zu belegen und sie mit einem ähnlichen Warnhinweis zu versehen, wie man ihn auf Zigarettenpäckchen findet – mit einer Warnung, daß sie die Gesundheit gefährden können.

Ich hoffe sehr, daß sich hier im Raum einige Kongreßabgeordnete und Senatoren befinden, die es sich zur Aufgabe machen werden, den Präsidenten davon zu überzeugen, daß die Humanenergie-Krise wichtiger ist als der Panamakanal, die Wirtschaft oder irgendeine andere nationale Frage. Ich denke, sie sollte in den nächsten sechs Monaten seiner Amtszeit absolute Priorität genießen.

Sollten Sie Freiwillige suchen, die sich daran beteiligen, dann lassen Sie es mich wissen, denn ich stehe zu meinen Aussagen und bin jederzeit bereit, mich dafür zu engagieren.

Vielen Dank

NAURA HAYDEN

Weiterführende Literatur

Die hier angegebenen Titel liegen in Deutsch teilweise nicht vor und können nur über den auf angloamerikanische Literatur spezialisierten Buchhandel bezogen werden.

1. *Emotional Common Sense* von Dr. phil. Rolland Parker
   Ein exzellenter Beginn, wenn Sie vorhaben, an Ihrem Gefühlsleben zu arbeiten.

2. *Learning to Love Again* von Mel Krantzler
   Ein gutes Buch für alle, die an einer liebevollen, festen Bindung interessiert sind.

3. *Self Creation* von Dr. George Weinberg (in Deutsch liegen vor: ›Du mußt nicht sein, wie du bist‹ und ›Wie der Sinn ins Leben kam‹)
   Fangen Sie an, sich selbst in einen stärkeren, besseren und zuversichtlicheren Menschen zu verwandeln.

4. *On Caring* von Milton Mayeroff
   Dieses Buch zeigt uns, daß wir es mit dominantem Verhalten und Besserwisserei nicht weit bringen, sondern daß es auf Zuwendung und Fürsorge ankommt.

5. *The Doctor's Book on Vitamin Therapy* von Dr. Harold Rosenberg und Dr. phil. A. N. Feldzamen
   Eines der besten Bücher über Vitamine und Mineralstoffe, die ich kenne.

6. *Love* von Leo Buscaglia (in Deutsch sind erschienen: ›Liebe das Leben und das Leben liebt dich‹; ›Leben, Lieben, Lernen‹; ›Einander lieben‹)
   Ein wunderbares Buch, das voller Liebe steckt

und das auf eine ›Love-Class‹ zurückgeht.

7. *Mega-Nutrients* von Dr. med. H. L. Newbold
Dieses von einem Psychiater verfaßte Buch behandelt in erster Linie Ihr Nervensystem, geht aber auch genau auf Allergien und Ernährungsfragen ein.

8. *You* von Frances Wilshire
Eines meiner absoluten Lieblingsbücher, das ich seit vielen Jahren immer wieder zur Hand nehme. Es erklärt Ihnen, was Sie tun müssen, um sich selber kennenzulernen.

9. *The Human Miracle* von Dr. phil. Loriene Chase und Clifton W. King
Ein ungewöhnlicher Ratgeber, der von Meditation und Traumdeutung handelt.

10. *Super Nutrition for Healthy Hearts* von Dr. phil. Richard Passwater
Dieses Buch, das ein Biochemiker geschrieben hat, ist nicht nur gut für Ihr Herz, sondern auch für alle anderen Teile ihres Körpers.

11. *Restoring the American Dream* von Robert Ringer
Ein hochinteressantes Buch über die Vereinigten Staaten und ihre Bevölkerung.

12. *Food Facts and Fallacies* von Dr. phil. Carlton Fredericks und Herbert Bailey
Ein gutes Buch, das uns helfen kann, durch gesunde Ernährung physisch und psychisch fit zu werden.

13. *Of Love and Lust* von Theodor Reik (deutsch ›Von Liebe und Lust‹)
Wenn Sie dieses Buch lesen, erfahren Sie, was der namhafte Psychoanalytiker über die Geheimnisse der Liebe und über Sex zu sagen hat.

14. *The Secret of Staying in Love* von John Powell S. J.
Ein wunderbares Buch über Liebe und Kommunikation, über menschliche Bedürfnisse und das (Mit-)Teilen von Gefühlen.

15. *Self Analysis* von Karen Horney (deutsch ›Selbstanalyse‹)
Eines der besten Bücher über Psychoanalyse und darüber, wie Sie sich selbst analysieren können. Geschrieben hat es eine der namhaftesten Psychotherapeutinnen der Welt.

16. *Love and Hate in Human Nature* von Dr. med. Arnold A. Hutschnecker
Hutschnecker erläutert, wie man seelische Tiefs zu verstehen hat und möglicherweise Erkrankungen verhüten kann.

17. *How to Survive the Loss of a Love* von Dr. phil. Melba Colgrove, Dr. med. Harold H. Bloomfield und Peter McWilliams
Dieses Buch hilft Ihnen dabei, folgende Verluste zu überstehen:
1. den Verlust eines geliebten Menschen
2. den Verlust der Arbeitsstelle
3. das Ende einer Liebesbeziehung
4. den Verlust eines größeren Geldbetrags
5. eine Scheidung
und weitere dramatische Verluste.

18. *Nutrigenetics* von Dr. R. O. Brennan und William C. Mulligan
Dieses Buch kann Ihnen zu größerem Wohlbefinden und einem längeren Leben verhelfen.

19. *Your Fear of Love* von Marshall Bryant Hodge
Ein Buch darüber, wie man sich frei fühlt und sich selber akzeptieren lernt.

HEYNE BÜCHER

Erotische Romane und Erzählungen

Aufregende literarische Entdeckungen von befreiender Offenheit, ausgezeichnet mit dem renommiertesten spanischen Literaturpreis für Erotik.

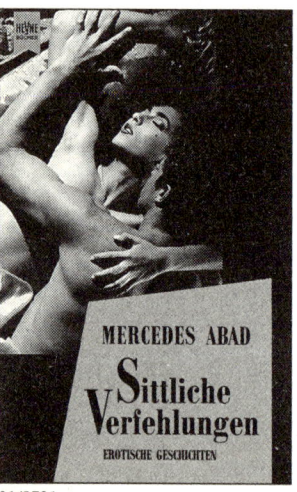

MERCEDES ABAD
Sittliche Verfehlungen
EROTISCHE GESCHICHTEN

01/8791

Außerdem lieferbar:

Alicia Steimberg
Amatista
Roman
01/8761

Leopoldo Azancot
Verboten
Roman
01/8775

Wilhelm Heyne Verlag
München